本项研究获得国家自然科学基金
专项项目（L2124034）资助

基础研究支撑原始创新
FROM BASIC RESEARCH TO ORIGINAL INNOVATION

——中国经验
CHINESE EXPERIENCE

吕 薇 柳卸林 温 珂 等著

中国发展出版社
CHINA DEVELOPMENT PRESS

图书在版编目（CIP）数据

基础研究支撑原始创新：中国经验 / 吕薇等著 . 北京：中国发展出版社，2025. 3. -- ISBN 978-7-5177-1445-3

Ⅰ. F124.3

中国国家版本馆 CIP 数据核字第 2024JC3280 号

书　　名：基础研究支撑原始创新——中国经验
著作责任者：吕　薇　柳卸林　温　珂　等
责 任 编 辑：王　沛
出 版 发 行：中国发展出版社
联 系 地 址：北京经济技术开发区荣华中路 22 号亦城财富中心 1 号楼 8 层（100176）
标 准 书 号：ISBN 978-7-5177-1445-3
经　销　者：各地新华书店
印　刷　者：北京博海升彩色印刷有限公司
开　　本：710mm × 1000mm　1/16
印　　张：17.5
字　　数：224 千字
版　　次：2025 年 3 月第 1 版
印　　次：2025 年 3 月第 1 次印刷
定　　价：88.00 元

联 系 电 话：（010）68990630　68360970
购 书 热 线：（010）68990682　68990686
网 络 订 购：http://zgfzcbs.tmall.com
网 购 电 话：（010）88333349　68990639
本 社 网 址：http://www.develpress.com
电 子 邮 件：330165361@qq.com

《基础研究支撑原始创新——中国经验》
课　题　组

组　长：吕　薇

副组长：方　新　柳卸林

协调人：温　珂

成　员：（按姓氏笔画排序）

丁　琪　丁雪辰　李　瑞　张　宜　杨　超

程　鹏　游玎怡

序

党的二十大报告提出到21世纪中叶全面建成社会主义现代化强国。建设现代化强国，科技强国是重要支撑。基础研究作为科技创新之源，关乎我国源头创新能力和国际科技竞争力的提升，对促进实现“两个一百年”奋斗目标有着重要作用。正在发生的科学研究范式变革和日益严峻的全球性挑战也给基础研究发展带来新挑战和新机遇。因此，深刻认识基础研究的重要作用和时代特征，理性客观分析发展现状与问题，自信地探索基础研究高质量发展的路径，具有重要意义。

《基础研究支撑原始创新——中国经验》一书通过鲜活的案例研究和系统的问卷调查，生动而深刻地揭示了基础研究的特点和规律，总结了从基础研究到产生重大科技成果的全过程和形成机制，为基础研究支撑前沿技术创新和关键技术攻关提供了经验。正如本书概括总结的那样，一是原创性重大科技成果的形成是一个循序渐进、理论突破和实践探索的长期过程，要有耐心，允许试错和容忍失败。二是自由探索和原创思想的形成需要宽松的研究环境。由于一些开创性理论研究往往要提升或革新主流理论或开辟新路径，早期难以获得学术界广泛共识，甚至存在质疑，国家自然科学基金支持早期基础性研究，起到培育和遴选研究方向的作用。三是一些重大应用技术创新需要基础理论支撑。实践中，许多重大科技成果是根据工程技术创新需求凝练科学问题，基础研究与应用研究交叉融合，相互促进。四是自由探索与有组织研究相结合，促进重大科技成果形成。要充分信任牵头专家，鼓励自由探索和挑战科学前沿，实行跨学科和跨领域的合作研究。五是重大科技成果形成的各阶段需要各类资金接力支持，分工协作，互相补充，全链条覆盖。

本项研究的组织特色鲜明。一方面，研究团队力量雄厚，由国务院发展研究中心创新发展研究部、中国科学院科技战略咨询研究院和中国科学院大学的知名专家领衔，充分体现了互补合作研究的优势。另一方面，研究方法和过程严谨认真，从统一案例研究模式，到以问卷验证典型经验的一般性，实行特殊性与一般性相结合。

当前，我国进入高质量发展阶段，处于新旧动能转换期。原始创新、引领性创新和颠覆性创新更迫切需要基础研究的支撑。全球新一轮科技革命和产业变革正在蓬勃兴起，基础研究领域的科学突破加速涌现，科学范式发生变化，呈现出基础研究与应用研究结合，科学、工程与设计融合的融通创新发展趋势。要坚持自由探索和目标导向并举，加强从工程和关键技术攻关中凝练关键科学问题，提高基础研究对技术和工程的实质性支撑。基础研究组织化程度越来越高，制度和政策对基础研究产出的影响也越来越大，要进一步深化基础研究体制机制改革，提高基础研究的质量和水平。

本书总结了过去我国组织基础研究的规律，为我们提供了有益的成功经验。新形势下，广大科学工作者要坚定敢为天下先的志向，在独创上下功夫，勇于摆脱惯性思维，挑战最前沿的科学问题，提出更多原创理论，做出更多原创发现，广泛开展学科交叉和合作，共创全人类科学事业的新辉煌。

李静海*

2024 年 10 月 18 日于北京

* 十四届全国人大常务委员会委员，教科文卫委员会副主任委员，中国科学院院士。

前 言

党的二十大报告提出到2035年建成科技强国，实现高水平科技自立自强，进入创新型国家前列。科技强国应具有世界前列的科学实力和创新能力，拥有强大的基础研究和原创能力、关键核心技术能力，以及国际影响力和引领能力。因此，增强高水平基础研究能力成为建设科技强国和实现高水平科技自立自强的重要支撑。

当前，我国进入经济高质量发展阶段，支撑发展的条件发生变化，传统发展动力减弱，必须培育新动力、新模式和新优势，科技创新为高质量发展提供强大动能。党的十八大提出实施创新驱动发展战略以来，我国科技实力从量的积累迈向质的飞跃、技术创新从点的突破向系统能力提升，原始创新能力被摆到更突出的位置。目前，我国已进入创新型国家行列。2023年我国全球创新指数名列世界第12位，全社会研发经费支出超过3.3万亿元，居世界第2位；基础研究实力和学术水平不断提升，基础研究经费支出达到2212亿元，占研究与试验发展经费支出的6.65%，高水平国际期刊论文数量及被引用次数均排在世界第1位；创新能力从以技术跟踪为主向跟跑、并跑和领跑并存转变，专利申请量和科技集群数量居世界第1位，一些行业和企业进入前沿技术创新阶段。但与处于前列的创新型国家相比，我国基础研究支出强度偏低，投入来源单一，跟踪研究较多，原创性研究较少，缺乏具有全球影响力的成果，对关键核心技术攻关的支撑作用不足等。随着基础研究在国家创新体系中的地位不断提升，如何提高基础研究能力和质量，解决基础研究两头在外的问题，支撑发展新质生产力和高水平科技自立自强，成为亟待研究的问题。为此，在国家自然科学基金委员会计划与政策局的支持下，国务院发展研究中心创新发展研究部、中国科学院科技战略咨询研究院与中国科学院大学经济与管理学院组成联合课题组，于 2022 年 1 月至 2023 年 12 月，开展“重大科技成果资助管理经验与政策研究”。

本项研究以如何发挥基础研究对科技创新的源头供给和引领作用为目标，聚焦回答“重大科技成果的形成机制和规律是什么”“什么样的资助方式有助于促进重大科技成果产出”，探索从基础研究到重大技术创新的规律、路径和体制机制，总结中国经验。课题组坚持案例研究与问卷调查相结合，特殊性与普遍性相结合，开展研究。为了从不同角度反映重大科技成果与基础研究的联系，我们选择获得国家自然科学奖和国家技术发明奖的十项重大科技成果及其团队作为案例研究对象，开展深入调查研究，挖掘影响重大科技成果形成的重要因素。为了提高案例研究的可比性，课题组按照统一标准开展调查，从重大科技成果的初始思路形成、立项、组织研究到成果转化应用全过程的每个环节，进行追踪研究。为了印证案例研究得出的结论，课题组开展大规模问卷调查，根据案例研究发现的规律和问题，设计问卷。调查问卷以获得国家自然科学奖和国家技术发明奖的科技成果为研究对象，向 4086 位主要获奖者发放问卷，回收 555 份，为本项研究提供了扎实的数据支撑。上述研究深化了我们对重大科技成果形成规律的认识，形成一些重要发现和建议。最终完成一份总报告、十份案例研究报告和一份问卷分析报告。

本项研究获得如下主要启示。一是原创性重大科技成果的形成是一个长期过程，通常是基础研究与应用研究交叉融合的结果，需要统筹基础研究、应用研究、关键技术开发和成果转化应用、示范工程和产业化发展等创新链条各环节的接力资助和政策支持。二是原创思想往往要突破现有的理论和探索前人没有走过的路，需要营造宽松的学术环境，改进基础研究人员评价方法并建立非共识原创项目的遴选机制，实行机构和项目稳定支持相结合的资助机制。三是重大原创研究不是事先规划出来的，不会一蹴而就，而是一个由浅入深和不断完善的过程，要充分信任有责任心的领军科学家，给予他们布局研究方向和选择技术路线的自主权，允许试错和宽容失败，进行滚动支持和评估。四是处理好自由探索与有组织研究的关系。在原创研究的早期，少数领军科学家在理论突破中发挥重要作用，当技术路线比较明确时，开展有组织的团队研究。五是原创性关键核心技术的突破需要科学研究支撑，必须实行产学研深度合作。要进一步完善目标任务导向的科学问题凝练机制，加强对“真科学问题”研究的支持。六是国家自然科学基金为重大科技成果的形成打下坚实科学基础，发挥了培养人才和团队，发现和培育研究方向的重要作用。在科研人员基数庞大的形势下，要鼓励社会力量设立各类科学基金，实现基础研究基金来源和选题模式多元化，拓展年轻人获得科学研究资助的途径。七是进一步完善基础研究项目和人才评价机制，建立分类评价体系。选题重点看其原创性、引领性和前沿性，是否符合国家重大需求；选人重点看责任心、讲信用和评贡献；对基础研究项目实行学术共同体评价与长周期考察效果相结合的评价机制。

在案例研究和问卷调查中，院士、专家和学者们给予课题组积极支持。在此，对接受案例调研采访和问卷调查的专家和团队表示衷心感谢。在案例研究中，我们常常被院士、专家们对科学事业甘于奉献、一丝不苟、持之以恒的精神所感动，他们对科学研究规律的深刻理解和真知灼见给予我们许多启发，对形成报告中的观点有重要帮助。如我在调研中提出的问题经常得到院士专家们认真回答和讲解。可以说没有专家们的支持，就没有案例研究和问卷调查的顺利完成。

在研究过程中，课题组成员们团结一致，为课题完成付出智慧和辛勤劳动。在此，我向课题组研究团队表示衷心感谢。特别要感谢方新和柳卸林两位知名专家对本项研究的热情支持和重要贡献。方新教授在课题总体设计、案例选取、问卷调研及课题组的讨论中提供了重要的指导和建议。柳卸林教授的案例研究经验带给课题组重要启示，并主持完成了三项案例调研。温珂研究员主持问卷调查工作和 2 项案例研究，并承担了大量课题组的协调工作。在此表示衷心感谢。我为能够与这样一个团队一起工作感到荣幸，获益良多。

感谢国家自然科学基金委员会对“重大科技成果资助管理经验与政策研究”的支持，感谢计划与政策局的姚玉鹏、孟庆峰等同志对课题研究的关心和指导。

正值本书交付出版之际，党的二十届三中全会胜利召开，会议通过了《中共中央关于进一步全面深化改革、推进中国式现代化的决定》，提出构建支持全面创新体制机制，增加基础研究支出，建立自由探索与有组织基础研究相结合，竞争性和稳定支持相结合，以及非共识性项目遴选机制等基本原则。这为进一步优化基础研究支出结构和组织模式提出了方向，也为我们深入研究明确了重点。

基础研究是未来产业技术创新的源头。面对新一轮科技革命和产业变革，发展新质生产力，培育新兴产业和布局未来产业，如何发挥基础研究对前沿技术创新和关键核心技术攻关的支撑作用，提高基础研究效用，不仅是我国需要解决的问题，也是一个世界性课题。我们希望通过本书的案例研究与大家分享中国经验和启示，为从事基础研究的科研人员、大学和研究机构的基础研究管理者，以及各级政府的基础研究计划和政策制定者提供有益参考。由于我们的认识局限性，书中的观点可能存在不足，欢迎广大读者批评指正。

吕　薇

2024 年 7 月 27 日

目 录

第一章

从源头培育重大科技成果

基础研究是重大科技创新的源头。我国进入高质量发展阶段，创新能力从技术跟踪为主向跟跑、并跑和领跑三跑并存转变，一些产业进入技术前沿，迫切需要加强源头创新。提高基础研究能力和水平成为加强前沿技术创新和实现高水平科技自立自强的重要支撑，受到高度重视。党的十八大提出实施创新驱动发展战略以来，科技创新成为提高社会生产力和综合国力的战略支撑，基础研究在国家创新体系中的作用得到显著提升。《国家创新驱动发展战略纲要》提出，强化原始创新，加强基础研究前瞻布局，增强源头供给。党的十九大报告进一步明确“要瞄准世界科技前沿，强化基础研究，实现前瞻性基础研究、引领性原创成果重大突破”。《中华人民共和国国民经济和社会发展第十四个五年规划和2035年远景目标纲要》强调持之以恒加强基础研究，强化应用研究带动，鼓励自由探索，制定基础研究十年行动方案，加大基础研究财政投入，形成持续稳定投入机制。

党的十八大以来，我国的基础研究投入持续增加，科学研究能力和水平不断提升。基础研究投入从2012年的498.8亿元增加到2023年的2212亿元，占研究开发支出的比例从4.8%增加到6.65%。各学科最具影响力期刊论文数量首次排在世界第1位，高水平国际期刊论文数量及被引用次数均排在世界第1位。但基础研究中普遍存在以论文为目标，课题来源与论文发表两头在外，与产业技术创新需求割裂，对核心关键技术攻关的支撑作用不足等现象。与处于前列的创新型国家相比，我国基础研究支出强度仍然偏低，投入来源单一；跟踪研究较多，原始创新性研究较少，缺乏具有全球影响力的成果。

随着基础研究支出不断增加，面对新一轮科技革命和产业技术变革和国内产业转型升级的需要，如何提高基础研究质量和原创性，增强基础研究对创新发展的源头供给和支撑引领作用，促进其转化为现实生产力，成为社会普遍关注的问题。为此，要认真总结经验，查找问题，发现规律，进一步优化基础研究投入结构和资助方式，改进组织模式，提高资金利用效率。在国家自然科学基金委员会计划与政策局的支持下，国务院发展研究中心创新发展研究部、中国科学院科技战略咨询研究院与中国科学院大学经济与管理学院组成联合课题组，于 2022 年 1 月至 2023 年 12 月，开展“重大科技成果资助管理经验与政策研究”。

一、总体研究思路与框架

（一）聚焦回答两个问题

国家自然科学基金（以下简称科学基金）在我国基础研究资助体系中具有举足轻重的地位。成立 30 多年以来，国家自然科学基金委员会积极推动我国基础研究向世界前沿发展，在培养人才、稳定研究方向、促进学科进步等方面发挥了重要作用。一方面，科学基金策源了许多原创想法并为其提供发展平台，培育和壮大了一批高水平人才队伍。另一方面，科学基金资助的部分项目取得了重大成果，对国家的重大科技工程、前沿技术创新和关键核心技术攻关提供了科学支撑。课题组以科学基金资助项目为基础，开展案例研究和问卷调查。一是通过跟踪追溯重大科技成果的形成过程，回答“重大科技成果的形成机制和规律是什么”。二是通过考察不同资助类型、组织方式等因素对重大科技成果产出的影响，回答“什么样的资助形式和路径更有利于促进重大科技成果产出”。

（二）围绕两条路径深入开展案例研究

课题组从经科学基金资助形成的中国科技三大奖[①]一等奖的成果中选取重大科技成果，展开案例分析研究。在综合考虑获奖案例的类型、依托单位、领域代表性以及资料可得性等因素的基础上，课题组最终从国家自然科学奖、技术发明奖获奖成果中遴选确定10个重大创新成果及其团队，作为重点案例研究对象（见表1–1）。这些案例都经历了从基础研究、应用研究到成果转化和产业化应用，不仅取得关键技术突破，最终还产生了重要的经济和社会效益。

表1–1　研究案例的基本情况

	团队领军人	获奖成果	获奖情况
1	大连理工大学郭东明	硬脆材料复杂曲面零件精密制造技术与装备（简称高性能制造团队）	国家技术发明奖一等奖
2	中国科学院数学与系统科学研究院韩京清、黄一	自抗扰控制系统理论及应用（简称ADRC团队）	国家军队科学技术进步奖一等奖
3	中国科学技术大学潘建伟等	多光子纠缠干涉度量学（简称量子科学团队）	国家自然科学奖一等奖
4	中国科学院遗传与发育生物学研究所李家洋	水稻高产优质性状形成的分子机理及品种设计（简称分子设计育种团队）	国家自然科学奖一等奖，未来大奖
5	中国科学院大连化学物理研究所刘中民	甲醇制取低碳烯烃DMTO技术（简称DMTO团队）	国家技术发明奖一等奖
6	复旦大学赵东元	有序介孔高分子材料创制与应用（简称介孔材料团队）	国家自然科学奖一等奖
7	清华大学邱勇	有机发光显示材料、器件与工艺集成技术与应用（简称OLED团队）	国家技术发明奖一等奖

① 中国科技三大奖是指国家自然科学奖、国家技术发明奖和国家科学技术进步奖。

续表

	团队领军人	获奖成果	获奖情况
8	北京大学高文	超高清视频多态基元编解码关键技术（简称解码技术团队）	国家技术发明奖一等奖
9	中国科学院大连化学物理研究所包信和	纳米限域催化团队	国家自然科学奖一等奖
10	山东大学（清华大学）王小云	国际通用哈希函数的破解（简称密码学团队）	国家自然科学奖二等奖，未来大奖

注：按照获得国家自然科学基金直接资助项目的时间顺序排列。

资料来源：课题组根据相关资料整理，以下同。

为了深入研究和揭示基础研究与重大科技成果之间的关系，10个案例主要从两条路径形成重大科技成果。一是从自由探索的基础研究出发，逐步形成重大科技成果。如获得自然科学奖的团队，包括中国科学技术大学的量子科学团队、中国科学院遗传与发育生物学研究所（以下简称中科院遗传发育所）的分子设计育种团队、复旦大学介孔材料团队和山东大学密码学团队等。二是从应用研究和工程实践需要出发凝练科学问题，通过基础研究支撑前沿技术创新和重大关键核心技术攻关。如获得国家技术发明奖的团队，包括大连理工大学的高性能制造团队、中国科学院大连化学物理研究所（以下简称大连化物所）DMTO团队和清华大学OLED团队等。事实表明，要实现前沿技术创新和原始创新，突破重大关键技术，离不开科学研究的支撑。

为了增加案例研究的可比性，课题组按统一标准开展资料收集和分析工作。从初始思路形成、“第一桶金”的获得到研究项目立项、组织研究和成果应用转化等每一步，分析研究基础研究如何演化为国家重大科技成果。如，原创思想由谁提出，在什么情况下提出；研究的“第一桶金”来自哪里，科学基金何时介入；在基础研究到成果转化应用的过程中，科研团队还接受了哪些方面的资助，发挥了什么作用；如何组织团队研究，领军人物发挥了什么作用；有什么成功经验，遇到了哪些问题；等等。从而揭示在重大科技成果演进过程中资源、制度、领军人才与团队等多个维度的动力因素和作用机制（见表 1–2）。

表 1–2　案例调研的基本框架

成果基本概况	研究和资助过程	重要影响因素
获奖名称、研究的领域和方向、团队成员组成 项目周期及其主要研究过程 产生的学术、经济、社会影响等	选题（想法）来源 第一桶金 科学基金资助进入阶段及持续 其他科技计划等的资助阶段 成果的转化和应用	团队负责人的情况和作用 决定或影响研究方向的主要因素 主要成果 研究过程遇到的主要问题，如何解决

（三）开展广泛的问卷调查验证案例结论的一般性

在案例研究的基础上，课题组开展更大规模的问卷调查，以验证案例发现的关键因素和动力机制的一般性。为了给全面、精准激励重大科技成果提供决策依据，课题组根据案例分析发现的规律和问题，设计调查问卷，进一步揭示科学基金资助项目和产学研合作等对产生重大科技成果和前沿技术创新的影响机制和规律性因素。问卷以 2008—2020 年国家自然科学奖和国家技术发明奖一、二等奖的 1126 个获奖成果为样本，向 4086 位主要获奖人员发送了两轮问卷，共回收有效问卷 555 份。在此基础上进行了深入分析，基本验证了案例调查所得结论，并归纳了一般性规律，为本项研究提供了数据支撑。

二、重大科技成果形成的主要规律

经过深入的案例研究和问卷分析，获得以下重要发现。

（一）原创性重大科技成果的形成是一个长期过程

案例研究表明，从获得第一笔科学基金资助到成果产业化落地和获得国家奖项，10 个案例分别平均经历了约 13.2 年和 17 年（见表 1–3）。有些团队从开始研究到产业化应用，经历了 20~30 年时间。问卷调查结果显示，在 555 位获奖者[①]参与的研究项目中，从开始研究到获奖超过 11 年的占 76.9%，超过 16 年的占 28%。

表 1–3 案例的起源和初始资金来源

领军人物	初创思想来源	第一桶金	首次科学基金资助	第一次应用
郭东明	硕士、博士研究的问题，重大工程技术需求	大连理工大学产学研合作项目（1984 年）	1988 年面上项目	2001 年，发明复杂曲面零件几何厚度及外廓形测量仪 2012 年，研制出精密制造装备
韩京清、黄一	解决实际工程系统控制问题，突破主流观点，提出全新思路	利用中科院 * 的工作和实验条件，科学基金项目，中科院创新工程项目（2002 年），以及寻找合作伙伴支持	1992 年面上项目非线性控制系统研究与应用 2002 年面上项目 ADRC 理论研究与应用	1994 年，非线性 PID 控制器在山东电厂应用 2013 年，ADRC 在美国材料公司应用
潘建伟	在国外研究量子态隐形传输，2001 年回国建量子物理与量子信息实验室	中科院科技基础能力局、人事教育局以及国家科学基金共同资助建立实验室。中科院共支持 600 万元	团队成员郭光灿获 1994 年面上项目“量子非破坏性测量和量子态的制备”的支持	2007 年，首次 100 米量子密钥发送
李家洋	国外回来继续研究植物分子遗传学，从粮食安全需求出发开展水稻育种研究	由中科院等提供 8 万元启动费，开始组建实验室（1994 年）	1995 年国家杰出青年科学基金（“杰青”）项目	2003 年，《自然》杂志年度十大科技进展；培育了十几个水稻新品种
刘中民	解决国家重大研发项目“非石油路线制取低碳烯烃”的科学问题	中科院和有关部委联合委托课题、中科院重大课题（1996 年）	1998 年面上项目	2011 年，首套装置投入运营
赵东元	长期关注相关研究领域，兴趣导向研究	博士后毕业入职复旦大学，学校提供 3 万元科研启动资金	1999 年面上项目	2008 年，建设吨级生产线

① 本文问卷的受访者基数均为 555 位获奖者，以后不再标明。

续表

领军人物	初创思想来源	第一桶金	首次科学基金资助	第一次应用
邱勇	博士毕业留校，开展国家战略需求的前沿显示技术研究（1994年）	由清华大学支持几千元购买旧设备，建立实验室（1994年）	1999年重大课题的子课题	2002年，建成国内第一条OLED中试生产线
			2003年“杰青”项目	2014年，5.5代AMOLED大规模生产线
高文	北京大学任教，根据国家需求，自主选择解码技术方向（1999年）	利用上个科学基金项目结余经费开展研究	2000年面上项目	2005年，以标准形式推动应用
包信和	在德国从事表面催化研究并做出重要成绩，1995年回国从事能源相关的催化基础研究	从国外自费带回两集装箱仪器回国开展研究	1995年“杰青”项目 2001年面上项目	2020年，完成工业全流程试验
王小云	大学讲师期间，按兴趣导向选择研究方向	自费+需求部门的课题（1996年）	2004年面上项目，2005年上升为重点项目	2004年，破解MD5密码和SHA-1密码；2011年，制定相关密码标准

* 中国科学院的简称，以下同。

注：按照获得国家自然科学基金直接资助项目的时间顺序排列。

调研发现，重大原创成果往往不是事先规划出来的，而是一个理论突破和实践探索的循序渐进过程。在研究的每个阶段都会遇到瓶颈，要允许试错和容忍失败。例如，中科院遗传发育所的分子设计育种团队将分子遗传学与水稻育种紧密结合，经过近30年努力，培育出“高产优质”的超级水稻新品种，形成了一系列世界前沿、具有革命性意义的研究成果。其分子设计育种工作分为四个阶段。一是开展拟南芥分子遗传学的基础研究，为后来的水稻育种打下坚实科学基础；二是率先建立植物图位克隆技术体系，利用构建的突变体库，发现首个控制水稻分蘖的基因；三是开展“水稻高产优质性状形成的分子机理及品种设计”研究，提出并建立了高效精准的设计育种体系，育成“中科发”与“嘉优中科”等系列优异水稻新品种；四是提出并证实快速从头驯化“异源四倍体野生稻”的新策略，将野生稻驯化为栽培稻的时间大幅缩短，被业界认为开辟了一条野生植物驯化新路径。又如，中国科学院数学和系统科学研究院（以下简称中科院系统科学院）ADRC 团队，从自抗扰理论提出到成熟应用经历了约 30 年时间，经过几代人的努力。第一步（1979—1989 年），创立线性控制系统理论的构造性方法，率先推动控制系统计算机辅助设计软件开发和研究，为后来自抗扰技术的模拟实验提供了工具。第二步（20 世纪 90 年代起），从“模型论”走向“控制论”，提出基于过程误差来抑制或消除误差的方法来建立控制律，并逐步在工程验证和应用中不断完善，最终广泛应用于各种控制工程领域，成为国际控制工程界不可忽视的技术方向。大连化物所纳米限域催化团队基于我国清洁利用煤炭和天然气的需求，由科学家创造性地从基础科学问题出发，通过重大科学突破，有效解决了有关煤化工的战略性需求问题。

（二）自由探索和原创思想的形成需要宽松的研究环境

案例研究表明，团队领军人的原创性思想的形成大都不是竞争性项目支持出来的，而是得益于能够在稳定、宽松的学术环境中独立思考和自由探索，包括单位提供稳定工资收入、基本实验条件，以及自主研究的环境等。科学基金的早期支持则使这些原创思想获得科学共同体的认可，坚定了研究方向。例如，山东大学密码学团队的领军人王小云破解密码研究源于兴趣导向的自由探索，在做讲师期间得益于山东大学宽松的教学和研究环境，她根据兴趣和国家需要选择了这一研究方向。如表 1–3 所示，10 个案例中的不少团队领军人都是在工作和学习中形成了最初的研究思路和雏形，后来申请科学基金项目。如，上海复旦大学介孔材料团队的赵东元、清华大学 OLED 团队的邱勇和大连理工大学高性能制造团队的郭东明等，均是在选择研究方向和做其他研究时，形成了相关思路。

一些开创性理论研究由于往往要推翻主流理论或者开辟新路径，难以获得学术界共识，甚至存在质疑，很难获得竞争性项目支持。例如，ADRC团队的创建者韩京清研究员[①]针对工程实践中模型控制误差过大的本质问题，以批判的思维反思现代控制理论发展现状，提出了工程系统控制应从“模型论”走向“控制论”的理念，坚持从解决工程实践的根本性问题出发，进行开创性理论研究，探索实用性控制方法。因为突破了经典系统控制的模型论，这项研究较长时间没有取得学术界共识。该团队克服了缺乏业界认同，经费、应用场景不足等困难，发扬“不怕坐冷板凳”的精神，坚持长期不懈努力。韩京清17年没有在国际学术刊物上发表这个研究方向的论文。其间主要依靠中国科学院提供的稳定工资、基本实验条件和知识创新工程项目的小额资助，以及合作研究经费等，也曾获得科学基金面上项目的支持。调研中专家们反映，现行风险规避型的投票式项目遴选机制，选出的大都是对热点问题的跟踪研究。加之目前大学和科研院所的评价考核制度导致研究人员把精力放在发论文、争项目和评奖上，因害怕失败，不敢开展原创研究。

综上所述，支持开创性研究，需要两个条件。一是建立适应非共识项目的遴选机制。二是依托单位为研究人员提供稳定的基本研究条件和减少各种数量考核。

（三）重大科技成果的形成是基础研究与应用研究高度融合的结果

案例研究表明，突破重大关键技术离不开基础研究的支撑。目前有些“卡脖子”技术的根本原因是基础理论研究跟不上，源头和底层科学问题没有搞清楚。案例研究中的一些重大科技成果是根据工程技术创新需求凝练科学研究问题，再从理念突破到工程验证，基础研究与应用研

① 系统与控制专家，我国控制理论和应用的早期开拓者之一，中国科学院数学与系统科学研究院研究员。2008年因病去世。

究交叉融合，相互促进。如，大连化物所 DMTO 团队具有很强的从现实工业问题中凝练科学问题的能力。其甲醇制取低碳烯烃技术（DMTO）的研发，始于对国家能源安全和我国能源资源的实际情况的考虑，属于需求驱动的应用研究。但在甲烷制烯烃技术研发和工程化过程中，为了提高反应效率，保持技术在国际领先，该团队加大基础研究力度，从反应机理等方面开展攻关，解决其中蕴含的科学问题，不断进行技术迭代升级。他们将研究课题拆分为沸石合成、催化剂制备、反应工艺及产物分析和催化剂物化性能表征等多个问题，分别解决国家重大战略需求背后蕴含的各种科学问题，并通过科学研究提升产业化成功的可能性以及实现成功产业化之后的技术升级。又如，大连理工大学高性能制造团队针对高性能要求的硬脆材料复杂曲面天线罩加工问题，探索面向性能补偿的精密修磨的新理论，建立了由性能误差求解其任一点修磨的反求方法，提出逐点可控数字化精密加工方法。在此基础上，研制出专用数控系统和机床，解决了精密修磨加工难题；并研制出对应配套的天线罩几何参数和电厚度参数的精密测量技术和仪器，以及强度筛选和连接的工艺技术与装备。从而探索出了从工艺的基础研究、加工方法、检测技术到设备制造，开展系统设计、分项攻关，最终实现系统集成，全链条的“贯通式”研究路径，为解决高端装备中一大批关键零部件精密制造的难题提供了可行路径和方案。同时，上述案例都是在进行产学研合作的应用研究项目中，根据关键技术攻关需要，凝练科学问题，支撑了重大工程技术突破。

调查中专家们反映，目前凝练影响关键核心技术攻关的科学问题的难点是：一方面，大部分企业因研究能力限制，提不出科学问题；另一方面，大学教授不了解工程实际，其研究不能为解决实际问题提供支撑。因此，解决关键技术攻关的科学问题，必须加强产学研深度合作与充分交流。

（四）重大科技成果的形成需要发挥战略科学家的作用

案例研究表明，重大科技成果的形成需要自由探索与有组织研究相结合，具有战略思维的领军人物与好的团队相结合。领军人才的主要作用是选准研究方向，提出原创思想、培养人才和带好队伍。

一方面，战略科学家对探索学科发展新方向起到重要作用。案例研究发现，在重大科技成果的初始阶段，往往有一些具有战略思维的领军人才能够找到战略方向，并持之以恒开展研究，其独特的战略眼光对于整个科学领域的发展有着推动作用。例如，1995 年中国开始介入量子信息的研究，但国内对量子信息的实验研究几乎为零，对于是否应该支持量子信息研究依然存在很多争议。一批活跃在量子科研一线的具有战略思维的科学家系统地洞察到中国量子调控及量子技术的巨大发展前景，并向科技管理部门强调了量子技术对中国未来发展的重要性，因此，在有关方面的支持下，中科大陆续布局了量子调控、量子通信、量子计算等几个方向的研究团队，使我国在量子科学领域处于国际前沿。又如，清华大学 OLED 团队的领军人邱勇面向世界前沿显示技术，在诸多技术路线中，选择把突破点放在 OLED 材料、器件和制造工艺研究上，将目标定位在实现学术与产业“双赢”上。当 OLED 产业处于低谷时，他又研判形势，提出“低谷建线”的思路，赢得了发展的时间，抢占了产业发展先机。

另一方面，在原创理论探索阶段，领军人才的个人作用至关重要。在原创思想形成的早期，往往是少数人在“琢磨”和钻研。当理论研究基本定型，技术路线比较明确了，需要开展有组织的基础研究，资助重点放在培育团队上。

调研中专家们提出，重大科技成果的组织研究要注意两点。一是要充分信任牵头专家，鼓励自由探索和挑战科学前沿，不要把研究内容限定太“死”；资助项目可实行滚动支持，动态评估和调整。二是要打破“作坊式”的研究，实行跨学科和跨领域的合作研究。

（五）多种资助主体接力支持促进重大科技成果的形成与应用

案例研究显示，在重大科技成果形成和产业化应用过程中，每个案例都获得了多个资助主体的接力支持，其中包括所在单位、国家科学基金、“973”计划、“863”计划、国家重点研发计划，以及产业化示范项目等支持。各类资金分工协作，互相补充，形成创新链全链条覆盖。问卷结果也表明，83% 的项目曾获其他国家级科技项目资助，其中同时受科学基金和其他科技计划项目资助的占 89.3%，认为其他科技项目的资助额度大于科学基金项目的受访者约占 60%。在重大科技成果转化和产业化应用阶段离不开企业的支持。问卷调查显示，555 位接受调研的获奖者中，研究过程中获得企业资金支持的占比 47.93%。

总体看，在团队带头人的初始思路形成时，大都得到来自学习和工作单位的支持，得益于在宽松的学术环境中自由探索。科学基金重点支持早期基础性研究，起到培育和遴选研究方向的作用，使这些思想和观点，获得了科学共同体的认同和肯定，坚定了研究方向。在科学基金项目的基础上，其他国家科技计划项目和产业部门、地方政府，乃至市场资金进行较大力度投入。成果产业化应用阶段则主要是地方政府、企业和市场资金投入，促进产业的形成和发展。我们还发现，不少案例是基础研究和应用技术研发穿插进行，从应用研究中凝练科学问题，支撑重大关键技术的突破。例如，分子育种团队从基础理论研究到应用推广，除了多次获得科学基金的支持外，还获得了科技部“973”计划、“863”计划、重点研发计划、中国科学院重点部署科研专项等项目的支持。OLED 团队在早期多次获得科学基金面上项目、国家杰出青年科学基金项目、重大项目支持，还获得了“863”计划、“973”计划、国家重点研发计划和重大示范项目支持等，在示范项目和产业化项目中还获得地方政府和企业的支持。又如，高性能制造团队在运用科学研究成果研制装备的过程中一直是进行产学合作攻关。

（六）科学文化等非制度因素对促进合作研究和提高研究成效具有重要影响

案例研究发现，合作研究较好的项目承担单位具有较好的合作文化。如大连化物所 DMTO 团队通过六个“五年计划”，进行了长达 30 年的持续研究，共有几代研究人员参与。团队的核心研究人员不断变化，研究重心也发生着变化，但研究者之间通过“以老带新”的合作关系进行专业知识与科研精神的传承。如，在 DMTO 长时间的产业化过程中，刘中民团队与包信和团队通过不同的路径不断提炼和发现全新的科学问题，均取得重大科研成果。前者是根据关键技术攻关需要，凝练科学问题；后者是为了解决国家战略需求，自主选择基础科学问题开展研究。李家洋分子育种团队也与多个相关团队进行长期合作，综合运用遗传学、基因组学、分子生物学、生物化学、细胞生物学、水稻育种学等理论和方法，加快了从基础研究到示范项目的转化，提高了研究质量和效率。郭东明高性能制造团队打破大学研究一个老师带几个学生的“作坊式”研究，加强团队建设，形成集体合作和积极向上的团队文化，尽量保证每个人的发展优于其个人发展，从而形成了一批能“挑大梁”的研究骨干。该团队获得国家科学技术进步奖一等奖（创新团队）。

但在调查中专家们反映，目前在评职称、算业绩、报奖等方面普遍存在“三认三不认”的标准。即只认第一作者、只认第一作者单位、只认通讯作者；不认非第一作者、不认非第一作者单位、不认非通讯作者。这在某种程度上阻碍了合作研究，影响了合作的范围和质量，拖慢了科技创新的进程。

三、科学基金在重大科学成果形成中发挥了基础性作用

案例研究和问卷调查结果表明，科学基金资助了大量的基础研究项目，对促进重大科技成果的产生发挥了重要作用，主要表现在以下方面。

（一）科学基金为众多重大科技成果打下坚实科学基础

根据国家自然科学基金委员会年度报告统计，2003—2017 年，10 项国家自然科学奖一等奖项目获得科学基金资助 237 次；2011—2015 年，6 项国家科学技术进步奖特等奖项目获得资助 129 次；2009—2017 年，69 项国家科学技术进步奖一等奖项目获得资助 1458 次；2008—2017 年，11 项国家技术发明奖一等奖项目获得资助 131 次。在我们调研的案例中，分子育种团队属于前沿科学研究，1995—2023 年，共获得科学基金各类项目支持 20 余次；纳米限域催化团队成员 2001—2019 年共获得 31 次资助；OLED 团队在 1999—2011 年，获得 8 次科学基金项目的支持，对解决工程技术的科学机理问题发挥了重要作用；高性能制造团队 2009 年度国家技术发明奖一等奖的理论研究成果，就是由国家杰出青年科学基金项目支持完成的。

问卷统计结果显示，被调查的获奖者中，近 90% 曾获科学基金资助，其中，获面上项目资助占 82.49%。科学基金的重要性依次为有助于凝练科学问题、培养后备人才、有助于形成原创思路、探索多种技术路线、补齐重要的薄弱方向，以及有助于培养战略科学家等。这充分表明科学基金在培育重要研究方向和培养人才方面发挥了重要作用。

（二）国家自然科学基金是培育杰出科研人才的摇篮

总体看，科学基金在培养科学研究带头人方面发挥了显著作用。如 1995—2021 年间增选的 14 批中科院院士中，曾获“杰青”基金项目资助的占 41.67%；2017 年以来，每年占比超过 70%。

在调研中，各团队普遍反映科学基金对培养科研人才起到了重要作用。如，在采访中王小云院士表示，科学基金对密码学团队的资助，最大的作用是吸引了一批年轻人，稳定了一支从事密码学研究的队伍。现在王小云的密码学团队有一批年轻人已经成长为独当一面的学术骨干。调查中，不少专家反映，科学基金的项目资金管理，允许结余资金用于科研，对稳定队伍和稳定研究，开展自由探索具有积极作用。如，北京大学 AVS 团队研究超高清视频多态基元编解码关键技术自主选题开展研究的第一笔资金，就是上一个科学基金项目的结余资金。

创新研究群体和基础科学中心对培育优秀科研团队和解决前沿科技难题发挥了重要作用。案例研究中，半数以上的团队获得过创新研究群体的支持。专家们认为创新研究群体项目有以下特点。一是既赋予团队负责人自主权又压实责任，可以围绕团队特色方向，提前布局看好方向的自由探索项目研究，二是有助于团队补齐不易获得支持但又很重要的方向，强化团队的整体优势和特色，三是可以对重点青年人才进行培养支持①。如，郭东明带领的高性能制造团队于 2014—2019 年得到“精密制造理论与技术基础研究”创新研究群体项目资助，最终获 2019 年度国家科学技术进步奖一等奖（创新团队）。李家洋带领的分子设计育种团队曾获得过创新研究群体和基础科学中心的支持。又如 2003 年中科院系统科学院以郭雷院士为首席科学家的研究团队“控制科学中若干关键基础问题的研究”入选创新研究群体，他们围绕国家重大工程关键控制难题，将所里的两个研究方向（PID 控制②与 ADRC）联系起来，提出具有性能优越的自抗扰能力的非线性不确定系统 PID 参数设计方法，取得了突出的控制效果。但也有专家反映，如果不能选好带头人和团队，创新研究群体有可能产生项目“拼盘”现象。

---

① 来自课题组对郭东明院士的采访。

② 又称比例—积分—微分控制。

（三）科学基金促进原创思想不断涌现，对基础理论的早期孵化至关重要

科学基金项目数量较多、金额较小，其作用是开展基础性的普遍支持，培育了一批有原创思想、理论方法和前沿技术的成果。案例研究发现，团队学术带头人在重大成果形成的早期都获得了青年科学基金项目、面上项目、国家杰出青年科学基金等项目资助。特别是在研究起步和萌芽阶段，一些研究方向还不被社会认可的情况下，科学基金的支持培育了创新构想。例如，ADRC团队在自抗扰理论不被社会认可的时候，科学基金给予韩京清面上项目支持。又如，复旦大学介孔材料团队在研究起步探索阶段，科学基金给予赵东元相关课题的杰出青年基金项目，以及国际会议和合作交流项目的支持。高性能制造团队的“硬脆材料复杂曲面零件精密制造技术与装备”研究方向是郭东明在做研究生论文时形成的，科学基金的支持，坚定了其持续进行科学研究的信心。1994年我国的量子科技研究也仅仅停留在理论层面，相关实验研究几乎为零，科学基金给予中科大郭光灿教授面上项目《量子非破坏性测量和量子态的制备》支持，开启了研究量子调控与量子技术的新篇章。

案例研究还表明，大部分研究人员在确定研究方向时都参考国际科技发展趋势，通过国际交流获得最新学术动态、相互启发和合作研究等。专家们反映，虽然科学基金用于资助参加和组织专业国际会议的资金金额并不大，但是对获得国际前沿动态和开展学术交流发挥了积极作用。

（四）科学基金培育了凝练科学问题和基础研究的能力，促进国家重大工程技术和前沿技术创新

案例研究表明，重大科技成果都是从国家战略需求出发，凝练科学问题。问卷调查结果显示，在形成重大科技成果过程中，科学基金的作

用排在第一位的是“有助于凝练科学问题”。例如，清华大学 OLED 团队一开始就将研究目标定位在促进新一代显示技术产业发展上，聚焦前沿关键技术开展科学研究，完成了多项理论突破、发明创新，通过产学研合作，实现了研究成果从实验室到产业化。从而使我国 OLED 产业从无到有，逐渐进入快速发展的轨道。大连化物所的 DMTO 技术团队，最早项目来自国家战略需求的应用研究项目“甲醇制取低碳烯烃”，但在研究过程中，为了提高反应效率，保持技术的国际领先，研究团队加大基础研究力度，从反应机理等方面开展攻关，不断对技术进行升级改造，解决其中蕴含的科学问题。大连理工大学高性能制造团队也是为了解决硬脆材料复杂曲面零件（天线罩）精密制造的难题，凝练出基础科学问题，解决了使精密加工由经验试凑法走向科学、精准的核心理论问题。

（五）各类科学基金项目为重大原始创新提供了互补支持

科学基金自设立以来，根据国内外科技发展趋势和国家战略需求，不断优化和调整项目类型，形成了功能多样化、结构比较合理的项目资助体系。目前，科学基金的项目分为 3 个系列[①]，17 个细类，项目之间既有联系又有分工。如人才项目系列分为青年科学基金项目、优秀青年科学基金（“优青”）项目和国家杰出青年科学基金（“杰青”）项目，对不同层次青年人才给予阶梯性支持。从项目层面看，面上项目、重点项目、重大项目等对不同阶段研究给予由浅入深的支持。正如在调查中专家所说，在从事科学研究早期阶段，面上项目、青年科学基金项目等发挥比较重要的作用，起到孵化研究方向的作用；在科学研究的中期，国家杰出青年科学基金项目、重点项目、重大项目等对一些基本成形的科研方向给予较大力度支持，发挥更大支持作用；在科学研究的攻坚阶

① 分别为研究项目系列、人才项目系列和环境条件项目系列。

段，创新研究群体、基础科学中心等项目往往起到更关键的作用[①]。

四、需要解决的问题与建议

（一）调研中发现的主要问题

1. 原始创新项目申报难以获得支持

一是在目前项目官员轮岗和避险为主的管理体制下，项目管理人员没有权利也不愿意承担责任，完全根据专家投票决定申请项目取舍。二是在盲选专家的评审制度下，一些评审专家领域较窄，很难判断原创思路，大都按照研究热点进行选择。三是研究人员为了提高项目中标率，不敢贸然提出一些原创思想。如，ADRC 团队领军人韩京清对当时主流的模型控制论提出了挑战，在申请面上项目时，险些没有通过评审，还是由当时的项目管理人员，根据他以往主持完成项目的优秀记录，做了工作才通过的。

2. 支持科学研究的基金单一，资助率低

目前支持基础研究的国家基金只有科学基金，因此青年基金项目申请非常激烈，资助率比较低。统计分析也证实了这一结果。目前，一些大学将科学基金项目申请作为提职提薪的一个标准，甚至有的大学为了提高申请科学基金的成功率，要求青年教师普遍申请基金项目。社会上还将获得“杰青”项目作为“帽子”，与薪酬、职位挂钩。结果出现了“千军万马闯独木桥”的现象，不仅导致科学基金申请中出现不正之风，影响了广大青年研究人员的积极性，同时还增加了管理机构的负担。也有专家反映，目前科学基金的“优青”和“杰青”项目间隔期较短，一些青年人才忙于连续申请“优青”和“杰青”项目，难以进行深入扎实的研究。

---

① 来自课题组对李家洋院士的采访。

3. 在重大科技成果的创新链上，中试和产业化初期的资金相对短缺

同时，专家们反映，“973”计划（重点基础研究发展计划）对促进面向国家重大战略需求的基础研究重大项目发挥了重要作用。自取消“973”计划后，现有科学基金和其他国家科技计划难以弥补留下的缺口。有些专家还反映，目前科学基金的重点项目和重大项目之间缺乏有效衔接，有些存在界限不清和重复。而科学基金的重大计划项目由于规模小、数量少，难以满足需要。因此，需要进一步优化项目结构，打通基础研究向应用转化的渠道。

（二）有关建议

1. 充分发挥科学基金培养科研人才和培育研究方向的作用，为重大科技成果打好科学基础

科学基金要坚持以培养科研人才，发现和培育研究方向，提高国家基础科研能力和质量为目标，扎扎实实筑牢基础。研究表明，青年基金和面上项目以自由探索为主，对发现人才和培育研究方向具有重要作用，因此，科学基金的重点应以鼓励自由探索和孵化研究方向、培育学术带头人和优势团队为主要任务，保持较大比例的青年基金和面上项目，使其资助规模、资助金额和资助率维持在较高水平上。重点项目和“杰青”项目等，则应加强目标导向的基础研究，重点支持意义重大、有应用前景的项目。目标导向的基础研究要聚焦国家战略需求，突出科学研究特色，支持关键核心技术攻关背后的科学问题研究。适当延长“优青”和“杰青”项目之间的年龄间隔，使年轻领军人才有足够的深入研究和提升时间。

2. 建立非共识项目资助机制，鼓励原创研究

建立有利于原创性非共识项目的遴选机制。一是发挥战略科学家在重大原创项目遴选中的作用，选择具有真才实学和前沿思维，公正客观的专家，参与非共识项目评议或由这些科学家直接提出项目建议。二是

对非共识原创项目实行分阶段滚动支持，动态评估，经过几个周期就可得出公正客观的结论。三是适当简化评价标准，由申请专家提出前沿研究方向、拟开展的研究路径和创新点即可。四是给予资深项目管理人员一定的项目建议权。

3. 改进基础研究人才和项目评价体系，加强基础学科建设

前瞻性的基础研究周期长，在初始阶段很难看到产业化机遇。建立良好的评价体系对于激发科研工作者创新积极性、检验学科发展水平、引导学科持续发展具有重要作用。改进学术评价制度的重点是要尊重规律，切合实际，有符合科学内涵的评价程序，准确评价研究质量、原创价值和实际贡献。选题重点要看其原创性，引领性和前沿性，以及是否符合国家重大需求。对基础研究和前沿技术研究、应用研究、成果转化等不同的活动进行分类评价。对基础研究成果和人才进行长周期评价，加大对基础研究的稳定支持力度。

4. 进一步优化科学基金的资助结构

一是进一步理顺学科关系和团队研究方向布局，大力推动学科间的渗透、交融，形成多学科相生共长的学科体系。汇聚创新资源，打造结构合理、功能完善、分工明确、运转高效的多学科交叉融合平台。以优势学科为轴心，跨学科融合、多学科嫁接，培育新兴学科增长点。二是加强顶层设计，凝练科学目标，以重大科学研究项目为牵引，多学科支撑，培育若干优势学科群，重点解决国家战略需求的关键科学问题，促进基础研究从点的突破向集成应用转化。三是改进创新群体和基础科学中心的资助机制，改变过去自行申报的模式，根据长期支持的结果，成熟一个支持一个，实行滚动、稳定支持一些优势团队和重点方向。关键是选好领军人才，以及相互关联的集成创新的项目群。

5. 健全推进重大科技成果产业化的多元投入主体协同接力机制

重大科技成果从立项到研发、中试直至产业化应用的整体过程，需

要集成多种要素资源，经过多个研究开发阶段，需要系统性和体系化的支持。研究表明，重大科技成果获得了国家相关部门的科研计划项目和政策支持，是科学家及团队、政府、企业等各个主体相互作用的结果，构成了技术要素网络和要素集成。因此，要构建多元主体分工协作的接力式资助链条。主要科研资助机构，如国家自然科学基金委员会、中国科学院、教育部、科学技术部、工业和信息化部、国家发展和改革委员会等部门之间要增强沟通和统筹协调，形成互补性的资助体系，协同推进项目、人才、学科、经费的融合创新。要加强科学基金成果与其他科技部门和产业部门的对接，促进重大科研成果的转化和应用，提高基础研究成果转化效率。在示范项目和产业化阶段，鼓励社会资金投入，发挥多层次资本市场的作用。同时，制定相应政策，鼓励社会设立多种形式的科学基金，改变单一国家自然科学基金的局面。

6. 扩大青年科研工作者的学术上升通道

改进教育部门和大学的评价考核体系，减少各类“帽子”工程和以“帽子”、排名、评奖为导向的评价体系，缩小国家级人才和校内人才的薪酬、待遇差别，减少因评价体系导致的不公平问题，把广大年轻教师引导到教书育人和做真学问解决真问题上。要改变片面将承担各种青年科学基金项目作为评价青年科研人员的学术水平决定性指标的倾向，使科学基金流向真正热爱研究的青年人。鼓励社会捐助建立科学基金，实现基础研究基金多元化。

7. 加强自然科学基金的国际交流合作

加大对国际科学学术交流的资助力度，有效发挥科学基金在建立国际科学合作网络中的独特作用。建立专业国际会议动态报告制度，将国际顶级专业会议的学术动态，作为科技项目资助指南和前沿布局的参考。同时，为办好国际专业学术会议，提供必要的便利条件，不断提升我国优势学科的国际影响力。

第二章

聚焦解决重大工程技术问题，实施全链条贯通式创新

——大连理工大学郭东明高性能制造团队案例研究

高性能制造是在对产品性能建模和制造全过程建模基础上的产品设计和制造，是数字化和可计算的制造，实现了以保证精度为主的传统精密制造向满足高性能要求为主的先进制造的跃升。大连理工大学高性能制造团队在郭东明院士带领下，历经30余年，坚持从解决重大装备制造中的关键技术和瓶颈问题出发，提炼需要解决的科学问题，从机理上找出根源，从工艺的基础研究、加工方法、检测技术到设备制造，开展系统设计、分项攻关，最终实现系统集成。这种全链条的研发路径具有工艺理论基础研究与工艺装备研发应用相结合的特色，被称为“贯通式”研究。这种研发模式为解决高端装备中一大批关键零部件精密制造的难题提供了可行的路径和方案，研究成果广泛应用于近200家企业和科研院所，为提高航空航天、国防、能源等领域装备制造水平发挥了重要作用。该团队获得国家技术发明奖一等奖2项、二等奖3项，国家科学技术进步奖一等奖（创新团队）1项、国家科学技术进步奖二等奖1项，“十一五”国家科技计划执行突出贡献奖等[①]。

课题组在案例研究过程中对大连理工大学高性能制造团队开展调研，并对团队负责人进行了深度访谈，对其研发思路和实施过程进行了深入分析研究，获取了宝贵的一手资料。同时，通过国家自然科学基金委员会官网、大连理工大学官网、Web of Science、中国知网等渠道，查阅学术文献、检索相关媒体报道及公开信息，获取有关团队的相关信息

① 中国机械学会:《对话郭东明院士关于“高性能制造技术——制造技术的进步和制造理念的提升”报告答观众问》,《机械工程学报》，2022年6月7日。

资料。在此基础上，归纳总结重大科技成果形成脉络和多元投入机制，以及相关启示，并提出政策建议。

一、案例背景

（一）高性能制造技术简介

高性能制造（High Performance Manufacturing，HPM）是实现高端高性能装备和零件制造的必然要求，也是制造技术发展的必然趋势。在机械工程领域，从航空器、轮船到高铁、汽车以及重大工程的成套设备，零件形状多样、材料构成复杂，它们需要在高温、强冷、辐射等超常工况下运行，对精密度和性能的要求极高，且其性能往往受材料、结构、制造工艺和使役环境条件等多因素的耦合作用影响，一些在常规设计中可视为不变量的关键参量，其微小的差别也可能导致高端装备在某个或某些特定性能指标上的显著差异。随着航空航天、能源动力、国防军工等领域对装备和产品性能的要求越来越高，以往单纯以几何尺寸及公差保证为目标的常规制造理论与方法已难以满足未来发展的需求，一大批高性能产品的制造问题凸显，亟待突破废品率高、效率低、周期长、综合性能指标不达标等难题。

当前，设备制造理念正在从以往的以几何要求为主跃升为以性能要求为主，性能与几何、材料密切关联的高端装备制造。高端装备的性能属性贯穿于设计、制造和服役等全生命周期内的各个环节。目前，普遍的做法是设计与制造分属于严格区分的两个环节，即在设计阶段根据功能等要求完成装备的总体设计、结构设计和具体的零件设计，而在制造阶段则主要关注零件的几何形状、公差、表面完整性、材料性能的保证及公差驱动的装配问题。其中“设计”主要是基于经验、类比或基于理想条件和工况完成的，做了大量的简化；而“制造”是直接面向性能的，二者的割裂是制约高端装备性能提升的瓶颈因素和根源所在[①]。

选择直接以性能保证为首要目标的高性能装备和零件制造，发展高性能制造的基础理论、方法和技术，对于提升装备制造的技术水平，掌握关键核心技术，提高我国制造业自主创新能力具有重要意义。在高端装备制造中，往往是某些关键零件的性能对装备的总体性能起决定性作用，如导引头天线罩、航空发动机叶片、核主泵推力轴承等，以及具有空间异质微纳结构、三维超材料隐身结构、减阻 / 疏水 / 耐磨功能表面等特征的零件。国际上一些学者注意到，表面完整性是评价工件加工表面质量最重要的指标之一[②]，较早开展了加工表面完整性对零件耐磨抗蚀、抗疲劳等性能的影响研究，并采用统计分析等方法建立加工参量与表面粗糙度、微观硬度和残余应力等之间的联系。虽然这些正向模型解决了给定工艺参量下表面完整性特定指标的预测问题，但如何从产品性能反推工艺参量和初始条件的反向建模并未得到足够的认识与重视。

长期以来，大连理工大学高性能制造团队面向航空航天、信息电子、能源交通等领域对高性能装备的重大需求，系统研究了高性能复杂曲面零件精密制造、超高精度表面零件和多尺度微纳结构制造等理论与技术，倡导并引领了高性能精密制造国际学术发展前沿，产出一批国际领先的原创性科研成果，解决了一批高端装备研制和高性能精密制造难题，成为精密制造领域国际一流的“创新军团”。

（二）高性能制造团队的重要成果

由郭东明院士领衔的大连理工大学高性能制造团队是 20 世纪 90 年代在机械制造教研室基础上组建起来的。30 多年来，团队以解决高端

① 郭东明：《高性能制造》，《机械工程学报》2022 年第 21 期。

② 雷明凯、郭东明：《高性能表面层制造：基于可控表面完整性的精密制造》，《机械工程学报》2017 年第 17 期。

装备制造中的“卡脖子”技术难题为使命担当，面向高端装备的高性能精密制造需求和挑战，提出了以性能精准保证为核心的高性能精密制造思想，系统研究了高性能精密制造基础理论和关键技术，为高性能制造提供了可行的求解方案和制造技术手段，解决了一批高端装备研制和批量生产中的高性能精密制造的难题。该团队的成果应用广泛，经济和社会效益显著。团队创建以来，不断汇聚发展合力，研究能力持续增强，规模不断壮大，不同学科间的学术思想交叉融合，形成了老中青“传帮带”持续创新的优良传统，获得了 2019 年度国家科学技术进步奖一等奖（创新团队）。与此同时，该团队树立潜心教书育人、矢志科研报国的鲜明导向，形成了以全国先进工作者郭东明院士和全国优秀教师贾振元院士领衔、10 多名高端人才为骨干的高水平师资队伍。截至 2022 年，累计培养了 2100 余名高水平人才。2022 年高性能制造教师团队成功入选“全国高校黄大年式教师团队”[①]。该团队在高性能制造领域开展了一系列研究，取得了丰硕成果。

1. 1992—2001 年，开展“复杂曲面零件几何厚度及外廓形测量仪”的研究，2001 年获中国高校科学技术进步奖一等奖

过去，基于传统测量方法的复杂曲面制造是按照图纸的几何尺寸加工。但是随着科学技术的不断发展，一方面，复杂曲面的形状越来越多样化，另一方面，零件的性能要求也越来越高。郭东明与课题组的贾振元教授根据科研实践发现，仅仅依据几何尺寸加工零件，对于性能要求特别高的一类零件，往往无法完成，通过反复测量修整加工的“试凑”方法肯定不是最优的，也不尽科学。

在充分调研、反复实验的基础上，他们首先“颠覆”了以往的加工测量办法，提出了直接测量复杂曲面薄壁零件壁厚的新原理，发明了复

① 大连理工大学：《我校高性能制造教师团队获评第二批“全国高校黄大年式教师团队”》，大连理工大学新闻网，2022 年 2 月 10 日。

杂曲面零件几何厚度及外廓形测量仪，攻克了三坐标测量机等无法满足其精密测量要求的“堡垒”。

2. 2001—2008 年，开展“硬脆材料复杂曲面天线罩精密修磨技术与设备”研究，相关研究成果获 2006 年度教育部科技进步奖一等奖和 2008 年度国家技术发明奖一等奖

2001—2008 年，郭东明及其团队对复杂曲面问题进行了更加深入系统的研究。该团队针对高性能要求的硬脆材料复杂曲面天线罩问题，探索面向性能补偿的精密修磨的新理论，建立了由性能误差求解其任一点修磨的反求方法，提出逐点可控数字化精密加工方法。在此基础上，团队研制出专用数控系统和机床，解决了精密修磨加工难题；并研制出对应配套的天线罩几何参数和电厚度参数的精密测量技术和仪器，以及强度筛选和连接的工艺技术与装备。团队基于天线罩电性能与材料、几何等参量之间的关联关系，提出并建立了以补偿电性能偏差为目标的天线罩内廓形修磨量的反求模型、具体算法和天线罩高性能制造方法①。他们还针对高性能制造需求，发展了制造反向的面向材料正则化的设计与制造耦合求解方法，可确定与材料、几何、结构相协同的制造工艺参量②。

最终“硬脆材料复杂曲面零件精密制造技术与装备”研究获得 2008 年度国家技术发明奖一等奖，主要完成人为郭东明、贾振元、康仁科、王永青、盛贤君等。

3. 2009—2011 年，开展“核主泵密封环高硬复杂形面超精密加工理论与技术研究”

2009—2011 年，团队承担了科学基金的面上项目“核主泵密封环

① GUO D，LIU M，ZHANG C，et al：“Determination of the scheme of precision grinding compensation on the radome”，*Frontiers of Mechanical Engineering in China*，no. 2（2007）.

② 郭东明：《高性能制造》，《机械工程学报》2022 年第 21 期。

高硬复杂形面超精密加工理论和技术研究”。他们针对核主泵对大直径密封环复杂形面加工精度和表面完整性的严格要求和所面临的加工难题，提出基于工件旋转加工原理的密封环平面和圆锥面组合形面的超精密磨削和抛光加工，以及锥形波纹面等复杂微构形曲面的高精度激光分层加工的新原理和新方法。应用运动学、力学、材料学、纳米摩擦学和表面物理学等理论，建立超精密磨削、抛光和激光加工密封环复杂形面的理论模型，通过理论分析和加工试验，揭示超精密加工密封环的材料去除和表面形成机理及表面损伤机理，研究面形精度和表面完整性的工艺影响规律和工艺保证策略，提出实现密封环高精度无损伤加工的优化工艺方案，为密封环制造提供拥有自主知识产权的先进超精密加工理论和技术。该项研究成果不仅可应用于核主泵的国产化制造，对石化、舰船、航空航天等领域大型密封件的制造也有重要应用价值，并对发展硬脆材料复杂曲面超精密加工理论和技术，提高我国核主泵的自主制造能力和国际竞争力，具有重要理论意义和科学价值。[①]

4. 2012—2016 年，开展“大口径 KDP 光学晶体元件逐点可控微纳潮解抛光新原理与新技术”

面对制成大口径光学晶体元件对超光滑无损伤高面形精度的苛刻要求，现有的超精密飞切加工技术存在的刀纹缺陷和亚表面机械损伤难以消减，使其超精密加工面临重大挑战。

团队成员以大口径磷酸二氢钾（KDP）晶体为对象，在对 KDP 晶体力学、潮解特性进行大量研究的基础上，创新性提出提升工艺性能的新原理、新方法。

① 资料来源：国家自然科学基金委员会网站。

在应用基础理论研究方面，团队将水这一传统 KDP 加工中的不利因素作为材料去除的原动力，创新性地提出了能够快速去除材料的基于超声雾化微水汽和磷酸二氢钾水溶液的 KDP 晶体微纳潮解超精密抛光新原理和新方法，揭示了微纳潮解超精密抛光 KDP 晶体材料去除机理、抛光介质与抛光工具的物理化学—机械协同作用和超光滑表面形成机制。

在工艺方面，团队提出了一系列用于改善工艺性能的新方法。例如：结合大口径光学元件计算机控制光学表面成形（CCOS）技术，提出了逐点可控无磨料微纳潮解超精密抛光工艺方法；构建了符合大尺寸 KDP 元件真空吸附装夹要求的 CCOS 超精密抛光试验台，给出了优化的微纳潮解抛光工艺规程；提出了针对大尺寸光学元件的自动、环保、高效的清洗工艺规程；进行了大尺寸 KDP 晶体样件逐点可控微纳潮解修形抛光加工试验，面形精度与加工质量得到显著提升。相关研究成果对提高可溶解难加工材料的超精密加工水平，加速我国相关技术发展具有重要的科学意义和现实的工程应用价值。

5. 2014—2019 年，开展“精密制造理论与技术基础研究”，入选国家自然科学基金创新群体项目

在国家自然科学基金创新群体项目支持下，该团队一方面聚焦国家重大战略需求、面向国际学科前沿开展科学研究，在高性能复杂曲面零件的面形再设计与精密可控加工一体化理论、方法和技术，超高精度表面的多能量耦合加工理论与装备技术，以及多尺度微纳结构与高性能复合功能表面层制造理论与方法等方面取得突破性进展；另一方面，面向我国航空航天、信息电子、能源交通等领域对高性能零件的重大实际需求，运用深层次科学理论解决高性能复杂曲面零件精密制造、超高精度表面零件和复合材料构件精密加工、功能性表面层和

多尺度微纳结构制造等方面的技术难题[①]。

6. 荣获 2019 年度国家科学技术进步奖一等奖（创新团队）

经过多年发展，该团队面向高端装备的高性能精密制造需求和挑战，接力攻关 30 多年，提出并系统研究了高性能精密制造的基础理论和关键技术，解决了一批高端装备研制和批量生产中的高性能精密制造难题，成果广泛应用于近 200 家企业和科研院所，取得显著的经济和社会效益。同时，该团队培养出院士 2 人、国家自然科学基金杰出青年基金项目获得者 3 人、长江学者 4 人、国家百千万人才工程领军人物 3 人，形成了一支勇于创新、团结协作、特色鲜明、实力强劲的创新队伍，成为机械领域具有重要影响的科技部、教育部创新团队和国家自然科学基金委员会创新研究群体[②]。2020 年初，郭东明院士领衔的大连理工大学高性能制造团队荣获国家科学技术进步奖一等奖[③]，成为 2019 年度唯一获此殊荣的创新团队。

（三）团队领军人的科研之路

团队带头人郭东明院士创造性提出高性能制造思路，建立了以性能精准保证为目标的高性能制造理论体系，系统研究了高性能精密制造的基础理论和关键技术，荣获 2008 年度国家技术发明奖一等奖、2017 年国家技术发明奖一等奖、2019 年国家科学技术进步奖一等奖（创新团队）、2014 年与 2019 年国家技术发明奖二等奖。

---

① 姜雪：《国家基金委实地考核我校“精密制造理论与技术基础研究”创新研究群体》，大连理工大学新闻网，2017 年 5 月 8 日。

② 《2019 年度国家科学技术奖励大会举行 大连理工 4 项成果获奖》，大连理工大学新闻网，2020 年 1 月 11 日。

③ 国家科学技术进步奖创新团队授予以学科带头人为核心，以团队协作为基础，依托一定的科研平台，围绕一个学科、领域或某个研究方向，进行长期合作研究与开发，取得重大原创性成果并具备持续创新能力，得到同行公认的科研群体。

郭东明院士是恢复高考后第一批考生，1978年踏进大连工学院（大连理工大学前身）校门，选择机械工程系机械制造专业就读。毕业后以优异的成绩考取研究生攻读硕士学位；1984年留校任教；1992年3月获得大连理工大学机械制造专业工学博士学位。毕业后，他选择进入特种及精密与超精密加工、数字化设计制造研究领域。郭东明1994年晋升为教授，1995年被评为博士生导师，又赴日本中央大学进行合作研究，并被聘为客座教授。1995年，国家实施推进“211工程”，而后又是“985工程”，大连理工大学机械工程与制造学科被列入国家重点建设学科。这给郭东明和团队建设带来机遇，提供了更大舞台。郭东明1998年赴美国俄勒冈技术研究院学习访问，2000年应邀赴澳大利亚墨尔本大学进行为期一年的学术研究。这让他具备了更加宽广的学术视野、独到而敏锐的洞察能力，更能随时跟踪国内外学术前沿的发展动态，取其精髓，继而与自己的研究相融合①。正如他的研究志向：“既然做研究，就要做点真东西。我愿意选择对机械制造专业发展既有推动意义，又能满足工程实际需求的问题。”郭东明几十年如一日，带领团队在高性能精密制造领域精耕细作，取得了骄人的成绩。

二、案例研究的主要发现

（一）探索创造高性能制造全链条“贯通式”研究路径

在研究过程中，郭东明及其团队探索出了独特的全链条“贯通式”研究路径，即针对重大机械制造中关键技术瓶颈问题，从基础理论、制造技术开发和装备研制方面进行系统研究。通过应用基础研究，从机理

① 姜雪：《郭东明：十二年铸就至高荣誉》，《科技日报》，2009年1月16日。

上找出问题根源，再从工程实践中提炼出解决共性问题的方法。根据此路径，该团队在高性能制造领域开展了一系列研究，取得了丰硕的成果，探索出独特的高性能制造研究路径（见图 2–1）。

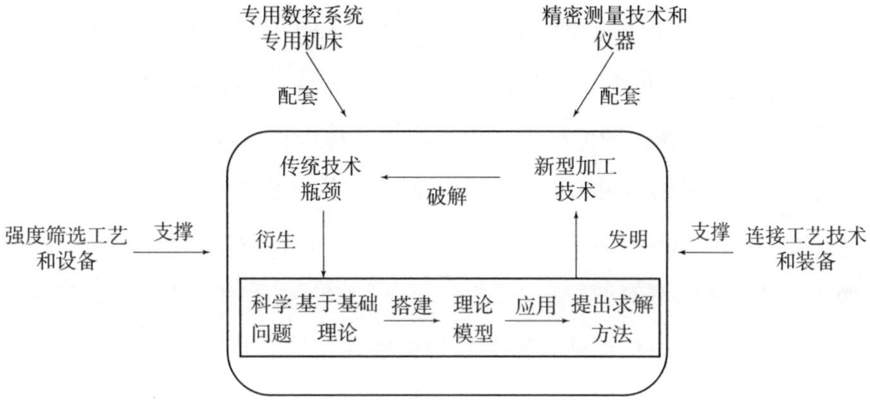

图 2–1　高性能制造团队的研发技术路径

资料来源：作者自制。

1. 从解决工程技术问题出发凝练科学研究项目

高性能制造是应用技术，需要基础研究支撑其创新发展。在机械工程领域，一些重大高端设备的零件形状多样、材料构成复杂，需要在高温、强冷、辐射等超常工况下运行，对性能的要求极高。而直接加工仅符合几何精度要求的零件，存在废品率高、效率低，尤其是性能指标难以保证等突出问题。为了解决这些实际问题，高性能制造团队重视从解决工程技术实际问题出发，凝练科学问题，开展基础性和共性技术研究。

在读研究生时，郭东明的导师要求学生结合产业重大需求进行学位论文选题。在做硕士论文时，其导师正好接了一个企业的课题，也是国家重大需求的课题。郭东明结合这个课题开始做精准测量方法的研究。可以说，他的第一笔研究经费来自企业横向课题。

在研究过程中，他们发现在复杂曲面多样化的情况下，对零件的性能要求越来越高。有些零件材料会存在一些难以克服的非均匀性，即使按照加工尺寸做到“准确”，使用中的性能还会差一点，严重影响了设备性能。这主要因为传统“试凑”式测量方法的局限性。为了解决这个工程技术上的实际问题，郭东明将硕士研究方向确定在研究精准测量方法上。读博士期间，在此基础上，他开展加工技术研究。结合博士论文，1989 年郭东明第一次独立申请国家自然科学基金青年科学基金项目[①]，开展“电场控制电解珩磨去除规律、动态特性及控制技术”研究，从此开启了他对精密复杂曲面零件的加工工艺与装备的研究。

2. 从基础原理发现到专用技术和设备研究、特殊工艺技术与装备开发的“贯通式”研究

一是在物理原理层面，按照物理性能误差反求几何补偿量。郭东明及其团队成员根据电磁场和微波理论，构建了天线罩电性能与几何、材料等参数间多变量耦合关系模型，提出了电性能的口径 / 谱域—表面积分计算模型及数值求解方法，从理论上解决了根据电性能误差反求修磨区域及各点修磨量的工程难题。

二是在新加工方法、专用技术和设备研制开发方面，提出逐点可控数字化精密加工方法，研制出专用数控系统和机床。郭东明及其团队成员在深入分析了天线罩电性能与几何、材料等参数映射关系的基础上，提出了通过精密修磨陶瓷天线罩内廓面、改变任意点几何厚度来补偿电性能误差的逐点可控数字化去除加工的精密加工新方法。专用数控系统和机床的研制，解决了修正天线罩电性能误差的内廓面精密修磨加工难题。同时，采用微波透射原理，发明了石英陶瓷复杂曲面薄壁零件物理厚度精密测量方法、技术与设备，实现了整体扫描测量。

三是开发出适用新技术和新装备的特殊工艺技术与装备。在强度筛

① 经费 4 万元，起止期为 1989 年 1 月至 1990 年 12 月。

选工艺技术与装备方面，发明了能甄别出有微裂纹缺陷的复杂曲面石英陶瓷薄壁零件的充气加压强度筛选方法与设备，解决了零件服役过程中因强度缺陷而破碎失效的问题。在连接工艺技术与装备方面，发明了一种回转式、真空吸附、可控加载、自动定位的硬脆材料薄壁零件与金属环精密粘结方法与技术，实现了陶瓷薄壁零件与金属基体的高精度可靠连接。

3. 聚焦主业主线，坚持不懈，深耕细作

高性能制造团队持续努力多年，研究出高性能硬脆材料复杂曲面零件精密制造的理论与方法、五种工艺技术与装备，包括：面向性能的复杂曲面逐点可控数字化制造新原理；径小孔深、结构复杂的薄壁零件法向厚度和外廓形精密测量方法和仪器；按物理性能误差反求几何补偿量的方法以及修磨加工工艺与装备；有微裂纹缺陷的硬脆材料零件充气加压强度筛选方法与设备；硬脆陶瓷材料零件与金属连接环的高精度可靠连接的粘结工艺与设备。该系列成套技术获得 3 项发明专利，4 项技术通过科技成果鉴定，均属“国内首创，国际先进水平”。这些成果全部获得成功应用，解决了具有高性能要求的石英陶瓷类硬脆材料复杂曲面零件的制造难题，取得重大经济和社会效益[①]。

该团队的经验可以概括为以下三点。第一，聚焦主线，持续做“贯通式”研究。在郭东明院士带领下，该团队持续聚焦高性能精密制造这一主线，用“板凳甘坐十年冷”的劲头，从应用基础研究出发，从机理上找出问题根源，再从工程实践中提炼出解决共性问题的方法。

第二，不同学科间交叉融合、取长补短，氛围好、能干事。多学科“融合”是这支团队的一个鲜明特色。经过多年发展，团队形成了高性能复杂曲面零件精密制造、难加工材料复杂构件精密加工、超高精度表面和功能性表面层零件制造、高性能制造的建模与测量等 4 个优势突出

① 《大连理工大学：硬脆材料复杂曲面零件精密制造技术与装备》，教育部网站，2009 年 1 月 4 日。

的研究方向，会集了不少来自物理、材料等专业的交叉学科人才。团队中每一个大方向下还有若干小方向，每个方向都有不同层次的学术带头人——“既有整体规划，又给予科研人员充分的自由度，鼓励他们去新的研究领域‘开枝散叶’”。

第三，相互扶持，紧紧“咬合”。一方面，团队带头人郭东明院士先人后己、淡泊名利，是团队凝聚力形成的主要力量，更是团队长远发展的关键。团队中，几乎没有主力、替补之分，无论谁冲上去都能独当一面。团队成员们在相互扶持中，形成了强大的凝聚力，就像精密的装备一样，紧紧地“咬合”在一起。

（二）可供借鉴的经验

1. 工程技术创新需要基础研究支撑

案例表明，在工程技术领域，不能将基础研究与应用研究分割开来。重大工程技术创新往往需要基础理论支撑。这些基础理论的突破，既要从重大工程技术问题中明辨出精准的基础科学问题，也需要一支高水平团队，进行久久为功、长期不懈的研究。如复杂曲面的精密加工与测量，在国家经济建设尤其是机械工程以及重大成套设备领域有极广泛的应用。团队带头人郭东明从 1992 年开始，围绕解决硬脆材料复杂曲面零件（天线罩）精密制造（以下简称复杂曲面零件制造）难题的需要，聚焦产品电性能和可靠性这一精密制造的关键问题，凝练出基础科学问题，开展全新的基础理论、制造技术和装备的系统研究。一是“颠覆”了以往的加工测量办法，提出直接测量复杂曲面薄壁零件电性能和几何参数的新原理，发明了复杂曲面零件几何厚度及外廓形测量仪，达到三坐标测量机等无法满足的精密测量要求；二是提出面向性能补偿的精密修磨理论，建立了由性能误差求解其任一点修磨的反求方法，研究出面向性能补偿的精密修磨加工工艺技术与装备，实现了对工件任意区域按要求去除量逐点可控数字化精密修磨加工，从而使精密加工由经验“试凑”走向科学、精准建模。在无任何国内外参考的情况下，郭东明在国家杰出青年科学基金的支持下，带领团队成员和三届博士接力研究，历时10余年，成功研制出“复杂曲面零件制造技术与装备”，并解决了这类产品制造的高性能建模和反求制造理论难题，成为后来建立的高性能制造理论与方法的雏形。

2. 解决重大工程技术问题要逐步深化，配套研究，系统集成

案例显示，一项重大研究成果并不是一开始就能计划好的，而是逐步深化、分阶段深入。如团队领军人郭东明的硕士论文研究精密测量问题，博士论文研究加工技术；后来团队又继续研究加工工艺和装备制造，形成了从基础研究、应用研究、单项技术开发到系统集成，创新链与产业链紧密衔接的全链条研发体系。将原来以精度为主的精密制造工艺研究，拓展到以保障性能为主的高性能产品（包括零件、部件或装备产品）研发，从而实现精密制造工艺设计、测量、设备制造和控制一体化，完成“交钥匙”项目。这就是大连理工大学高性能制造团队能够研究一批、应用一批、成功一批的原因。

3. 解决重大工程技术的科学问题需要产学研深度融合

工程技术领域的基础研究以应用为牵引目标，问题从企业中来，研究要与企业紧密结合。如该团队获得国家技术发明奖一等奖的“复杂曲面零件制造技术与装备”项目，就是一项满足国家重要需求的校企联合立项和联合研究项目。最初是一项企业委托课题，获得国家“863”计划和科学基金的支持。其中，根据电性能偏差反求制造工艺参数的方法和仪器测量原理是大学研究提出的，并研发出测量技术，而后来的测量仪器研制和加工设备研制，都是学校牵头，与企业共同完成的[①]。这充分

① 来自课题组对郭东明院士的访谈。

体现了企业“出题”，应用基础研究支撑，产学研合作“答卷”，产业应用“判卷”。

4. 加强科研人才培养和团队建设

通常，大学的研究是一位老师带几个学生的“作坊式”研究。这种方式虽然会实现一些点的突破，但在解决重大工程技术问题时，需要团队发挥重要作用。案例研究表明，激励和稳定团队需要有效的机制。一是要建立积极向上的团队文化。二是要建立保证每个人作为团队成员的发展优于个人发展的制度和措施，即 N 个人的团队要体现“N+”增量。在充分发挥每个人优势的同时，加强协作，强调团队合作对于增量的贡献①。目前，该团队已经培养出多位学术带头人。

国家自然科学基金的资助项目对大连理工大学高性能制造团队建设和人才培养发挥了重要作用。国家自然科学基金选准领军人才，围绕一个学科、一个领域，提供由浅入深、互相衔接的链条式资助。如在年轻科研人员初期的研究和原创思想产生过程中，青年科学基金和面上项目的资助很重要，它为原创思想、自由探索提供了有力保障；待团队具备一定基础之后，“杰青”项目的支持作用就很重要②。该团队获得国家技术发明奖一等奖的项目“硬脆材料复杂曲面天线罩精密修磨技术与设备”，就是郭东明在“杰青”项目支持下完成的，其理论研究成果成为该获奖项目的核心内容。调研还发现，国家自然科学基金的创新群体项目打破了大学教授的“作坊式”研究，对团队建设作用比较明显。一是团队带头人有选题的自主权，可以提前支持团队选择好的自由探索项目。二是可以围绕团队特色方向进行前期探索布局。三是有助于团队建设中补齐不易获得支持但又很重要的方向，强化团队的整体优势和特色。四是可以根据需要对青年人进行重点培养支持。

①② 来自课题组对郭东明院士的访谈。

5. 各类科技计划协同形成全创新链的支持，国家自然科学基金对早期科学研究给予重要支持

高性能制造是一个基础研究与工程实践紧密结合的领域，在研究过程中得到了国家自然科学基金、国家“973”计划、“863”计划和重点研发计划等支持。在成果转化和中试过程中，还受到企业支持。各类计划资金功能定位和分工比较明确，从基础研究、应用研究、成果集成转化，到产业化应用衔接比较紧密。

总体来看，在各类科技计划中，自然科学基金对科学研究项目发挥了遴选、培育、孵化和支持的作用。虽然国家自然科学基金项目数量较多、金额较少，其作用是基础性的，但可以播种一批有原创思想、理论方法和技术研究的种子。据初步统计，团队获国家自然科学基金资助项目约 15 项（见表 2-1）。各类项目互相衔接和补充。如早期、基础性的研究，主要由面上项目、青年科学基金项目支持；应用基础性和共性技术研究，主要由重点项目、重大专项来支持，体现了由理论到应用，由浅入深的原则。在国家自然科学基金的基础上选出好苗子，再由其他科技计划进行较大力度的支持，使小苗变成小树，长成大树①。

表 2-1　重大科技成果获得资助的情况

重要奖项 / 成果	获得基金支持
2001 年，“复杂曲面零件几何厚度及外廓形测量仪”成果获得中国高校科学技术进步奖一等奖	获国家自然科学基金资助（5 项） 国家自然科学基金面上项目，电场控制电解珩磨去除规律、动态特性及控制技术研究（58770184），1988 年 1 月—1991 年 12 月； 国家自然科学基金面上项目（59475070），实变场控制电化学机械精密加工动态理论与技术，1995 年 1 月—1997 年 12 月，项目负责人； 国家自然科学基金面上项目（59775065），微型及小型柔性机械结构的设计与制造技术研究，1998 年 1 月—2000 年 12 月，项目负责人； 国家自然科学基金面上项目（59975016），基于视觉的自由曲面快速测量技术的研究，2000 年 1 月—2002 年 12 月，项目负责人； 国家自然科学基金重点基金项目（59935110），面向快速制造的特种加工理论与技术基础，2000 年 1 月—2002 年 12 月，项目负责人

① 来自课题组对郭东明院士的访谈。

续表

重要奖项/成果	获得基金支持
2006年获得教育部科技进步奖一等奖"硬脆材料复杂曲面天线罩精密修磨技术与设备"; 2009年,"硬脆材料复杂曲面零件精密制造技术与装备"获得国家技术发明奖一等奖	获国家自然科学基金资助(3项),并获"863"计划和"973"计划项目资助(2项) 国家高技术研究发展计划"863"计划项目,大型复杂形面硬脆材料工件精密测试和磨削技术,2001年10月—2003年12月; 国家自然科学基金项目(50275018),"理想材料零件数字化设计理论研究",2003年1月—2005年12月; 国家自然科学基金重大项目"先进电子制造技术中的重要科学问题"的子课题(52090101)"超精抛光中的纳米粒子行为和化学作用及平整化原理与技术",2003年1月—2006年12月; 国家杰出青年科学基金项目"精密及超精密加工",2004年1月—2007年12月; 国家重点基础研究发展计划"973"计划项目"数字化制造基础研究"课题"高性能复杂曲面数字化精密加工的新原理和新方法",2005年12月—2010年12月
2012—2016年,"大口径KDP光学晶体元件逐点可控微纳潮解抛光新原理与新技术"系列研究成果	获国家自然科学基金重点项目资助(1项) 国家自然科学基金重点项目(51135002),"大口径KDP光学晶体元件逐点可控微纳潮解抛光新原理与新技术",2012年1月—2016年12月
2005—2017年,开展"高性能碳纤维复合材料构件高质高效加工技术与装备"研究; 2017年获得国家技术发明奖一等奖	在国家"973"计划、国家自然科学基金、国家"863"计划重点课题、国家"04专项"研究任务等项目经费支持下,团队以基础理论研究为着眼点,重新搭建实践平台,开发新的实验装置,在碳纤维复合材料切削理论和加工损伤抑制原理上取得突破
2005—2019年,开展大尺寸硅片超精密磨削方法、工艺、工具和装备的系统研究; 2019年获国家技术发明奖二等奖	在国家自然科学基金、国家"863"计划、科技重大专项等国家重大项目支持下,历时15年,开展大尺寸硅片超精密磨削方法、工艺、工具和装备的系统研究,填补了国内直径300mm硅片超精密磨削技术和设备的空白,为硅片高精度、高质量和高效率的工业化生产提供了技术支持
2014—2019年,"精密制造理论与技术基础研究"系列研究成功; 2020年,获得国家科学技术进步奖创新团队(2019年度唯一获此殊荣的创新团队)	获国家自然科学基金持续资助(2项) 第一阶段,国家自然科学基金创新研究群体项目(51321004),"精密制造理论与技术基础研究",2014年1月—2016年12月; 第二阶段,国家自然科学基金创新研究群体项目(51621064),"精密制造理论与技术基础研究",2017年1月—2019年12月,项目负责人

续表

重要奖项 / 成果	获得基金支持
近两年，科技战略研究	获国家自然科学基金软课题研究项目资助（2 项） 国家自然科学基金专项项目（52142501），“高性能制造发展战略研究”； 国家自然科学基金专项项目（L2024008），“科学基金应如何优化资助管理体制机制，更好地落实‘四个面向’”

资料来源：国家自然科学基金委员会网站、大连理工大学机械工程学院网站等。

三、主要启示与建议

（一）进一步完善目标任务导向的科学问题凝练机制，加强对“真科学问题”研究的支持

想突破关键核心技术，先要解决与其对应的科学问题。近些年，自然科学基金设置了原创研究项目，目前面临的主要问题是如何凝练影响关键工程技术的科学问题。高性能制造团队探索了根据关键技术攻关需求，产学研合作凝练科学问题的路径和机制，体现了企业“出题”，应用基础研究支撑，产学研合作“答卷”，产业应用“判卷”。因此，建议基础研究资金管理部门定期组织战略领域的重要产学研合作团队、领域内产业和学术专家，共同凝练目标和任务导向的科学问题，采取“揭榜挂帅”的方式，实行招标研究。在选择资助对象时，应加大对有明确产学研背景的科学研究项目的支持力度。

（二）建立符合规律的学科交叉项目遴选和决策机制

目前，许多研究项目需要开展学科交叉研究，主要有两类。一是单项研究需要不同领域和学科的专家参与研究，这类研究主要由项目内部解决，无须专门设立专项。二是在已有研究基础上，以新的思路，围绕

目标任务组合不同学科的研究成果，进行系统集成，形成优势互补。这类交叉学科研究项目往往不是一开始就设计好的，而是在研究中逐步发现，根据需要提出来的。因此，承担资助重大交叉科学研究任务的部门应建立以任务需求为导向的交叉研究项目设立和遴选机制，由专业部门组织相关领域的专家共同提出研究方向和任务，选择优势团队牵头负责，并在立项前期进行考察。

（三）优化资助机制，持续支持和培育优秀科研团队

国家自然科学基金的资助项目对培育优秀团队发挥了重要作用。要进一步优化创新集群项目的资助机制，培育更多优势团队。一是选准领军人才，给予其一定范围的研究项目决策权。二是以协作团队为基础，打造科研平台，培育几个重点研究方向，提供由浅入深、互相衔接的链条式资助。三是进一步改进创新集群项目遴选机制，改变以前自己申报的方式，可以在以往支持的团队中，选好领军人才和相互关联的集成创新项目群，采取邀标遴选的模式，持续进行支持。

（四）设立任务导向的重点基础研究专项，加强对基础研究成果集成应用的支持

调研中，不少专家反映，一些复杂技术和大型工程技术的科学研究往往需要多项基础研究成果的集成转化，需要多学科、多单位科研人员组成优势团队持续联合研究。国家重点基础研究发展计划（“973”计划）对促进任务导向的基础研究及其集成应用发挥了重要作用。自2017年取消“973”计划项目后，这部分成为短板。而国家自然科学基金的重大项目数量和金额比较少，组织方式也不同，难以弥补“重点基础研究发展计划”的缺口。建议发挥国家自然科学基金委员会项目管理的优势，增设重点基础研究发展专项，支持任务导向的基础研究成果的

应用集成研究，替代重大项目专项。

（五）重大仪器攻关项目应注意支持那些孕育于各领域的仪器仪表研究开发

案例表明，一些仪器仪表的研究和突破是在科学研究过程中根据需要提出的，并不是一开始就设计好的。尽管有些仪器仪表并不大，但将对某一领域的科学或技术突破产生决定性影响。因此，自然科学基金的重大仪器专项要注意支持一些在科学研究项目中提出的仪器仪表研究攻关。

执笔人：吕　薇　　李　瑞

第三章

开创性理论突破与工程验证相互促进

——中国科学院数学与系统科学研究院韩京清黄一 ADRC 团队案例研究

自抗扰控制技术（简称ADRC或自抗扰技术）是一种创新型数字控制技术，通过对被控制系统的各种不确定性和扰动进行实时测量和补偿，实现精准和稳定控制。自抗扰控制方法因其思想独特、结构简单、易于工程实现、控制效果好，吸引了大量应用研究，已广泛应用于工程实践中。

课题组实行文献梳理与访谈调研相结合，对中国科学院数学与系统科学研究院（以下简称中科院系统研究院）负责人和自抗扰控制技术团队的主要成员进行访问调研，对自抗扰技术的早期开拓与应用工作进行了深入分析研究，总结形成了支持原创性理论研究和颠覆性技术开发的启示和相关建议。

一、案例背景

（一）自抗扰技术简介

ADRC技术的提出是因为依赖数学模型的经典控制理论与实际控制之间存在脱节，很难在实际工程中发挥应有的作用。1980年起，中科院系统研究院韩京清研究员以批判的态度反思现代控制理论发展现状，针对工程实践中模型控制误差过大的本质问题，提出了工程系统控制从“模型论”走向“控制论”的理念，探索实用控制方法。他在对控制系统中线性与非线性的关系，以及对“模型论”与“控制论”等问题的深入探讨中，在认识经典调节理论与现代控制理论各自的精华与局限的基础上，提出了一系列实用控制设计思想并形成了ADRC[①]。ADRC的提出和发展突破了自动控制的“模型论”，挑战了国际权威和韩京清教

① 韩京清:《自抗扰控制技术：估计补偿不确定因素的控制技术》，国防工业出版社2008年版。

授自己以往的研究思路，是自我革命式的理论提出。韩京清带领 ADRC 团队坚持从解决工程实践的根本性问题出发，进行开创性理论研究，并开辟了一种独特的工程验证理论的试错式研究方法。他们坚持从工程实践中提出科学问题，又回到工程中获得验证和发现不足，不断改进研究思路，循环往复，促进 ADRC 不断完善和发展，并在此基础上进一步改进，最终用于解决工程实践问题。这一过程是从理念上的突破到工程实现，且两者相互促进。

由于当时没有得到学术界的共识，甚至存在质疑，在研究过程中，该团队克服了缺乏业界认同和经费、应用场景不足等各种困难，发扬“不怕坐冷板凳”的精神，坚持长期不懈努力。ADRC 现已广泛应用于各控制工程领域，如导航制导与飞行控制、机械系统、电力系统、化工过程控制等，成为国际控制工程界不可忽视的技术方向。该团队及成员多次获得国家科学技术进步奖，并获军队科技进步奖一等奖。

（二）团队创建者的研究之路

韩京清，系统与控制专家，我国控制理论和应用的早期开拓者之一，中科院系统研究院研究员、博士生导师。1958 年毕业于吉林大学数学系，同年分配至中国科学院数学研究所工作。1962 年，中国科学院数学研究所“控制理论研究室”成立，韩京清是该实验室第一批成员中的重要人物之一。作为中国第一个专门从事现代控制理论研究的研究室，“控制理论研究室”为我国“两弹一星”等具有高度复杂性、高精度需求的国家尖端控制技术研发作出了不可磨灭的贡献。1963 年，韩京清赴苏联莫斯科大学数学力学系留学，师从著名的 B. B. 涅梅茨基教授。“文化大革命”期间，韩京清坚持自学和研究。一方面，顽强刻苦系统学习了 R. E. Kalman，P. L. Falb，M. A. Arbib 的 *Topics in Mathematical System Theory* 和 W. A. Wolovich 的 *Linear Multivariable*

System，另一方面，积极参加关肇直[①]先生主持的“控制系统理论”讨论班，并完成了两本颇有影响的讲义——《线性系统及其实现理论》和《线性控制系统的对偶性质》。20 世纪 80 年代，韩京清全身心投入到科研中。他从深层次思考经典控制理论与工程实践之间存在的矛盾，提出自抗扰的理论，研究其实现路径。1995 年，韩京清开始自抗扰技术的应用和推广研究。1997 年，赴美国俄亥俄州克利夫兰州立大学讲学，并指导 ADRC 的仿真和实验，促进了自抗扰技术在美国的研究和应用。2008 年 4 月 21 日在北京逝世，享年 71 岁。

中国科学院系统控制重点实验室的黄一[②]，1995—1997 年为韩京清的博士后，出站留所后成为韩京清团队的重要成员，参与了 ADRC 开发、应用推广工作，发挥了重要作用。继韩京清之后，黄一坚持不懈地推进 ADRC 的教学、深入研究和技术推广，成为 ADRC 的学术带头人。

（三）ADRC 的研究和发展历程

韩京清思考现代控制理论并提出 ADRC 的思想，具有深厚的理论研究和实践基础。一是 20 世纪 60 年代随宋健院士进行最速控制系统的研究；二是 20 世纪 70 年代中期用最优控制理论提出了拦截问题中的新制导概念和方法；三是 20 世纪 80 年代，组织研究“中国控制系统计算机辅助设计工程化软件系统”。这些都为韩京清提出自抗扰控制思想和发明自抗扰技术打下了坚实基础（见图 3–1）。

1. 从工程实践的角度反思现代控制论

20 世纪 60 年代以来，现代控制理论体系日臻完备，但一直处于“模型论”阶段，在工程应用中的效果并不理想。20 世纪 80 年代开始，

① 中国科学院数学所“控制理论研究室”第一任室主任，中国科学院院士，我国现代控制理论的开拓者和带头人之一。

② 黄一，中国科学院数学与系统科学研究院研究员，主要从事不确定控制系统的分析与控制方法研究。2011 年至今任中国科学院系统控制重点实验室副主任。

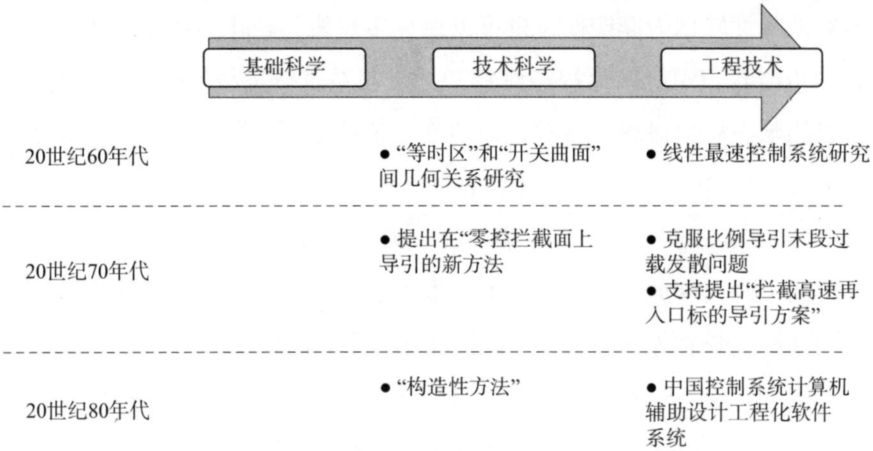

图 3–1 韩京清在 20 世纪 60—80 年代的研究情况

资料来源：作者自制。

韩京清从控制论的工程实践问题出发，反思现代控制理论的发展现状，发表一系列文章，提出了颠覆性的思考和理论。

当时现代控制理论的工程应用面临的主要问题是，无论是线性系统还是非线性系统，无论是状态空间法还是频域法，系统的数学模型成为分析与设计的出发点。韩京清循序渐进地进行理论突破。

（1）1979—1989 年，从线性系统控制到非线性系统控制。于 20 世纪 20 年代提出、40 年代成形的 PID 控制器在当时的控制工程领域占统治地位。许多致力于现代控制理论的学者，曾期望用新的成果与方法取代 PID 控制器，并把当时控制工程界一直采用的 PID 控制器产生的工程问题简单归结为知识结构问题。韩京清开始从更深层面上思考工程实际与理论的矛盾，发表一系列文章探讨线性系统与非线性系统的关系，认为人们头脑中的线性和非线性概念大都来自没有控制输入的经典力学系统。然而作为一个开放系统，控制系统具有经典力学系统所没有的新结构——控制输入和反馈。控制系统中的反馈作用不仅能够打破原系统中的大部分拓扑结构，而且能建立起全新的拓扑结构。因此，控制系统中的反馈作用打破了经典动力系统意义下的线性和非线性的界限，即反馈能够把线性转化为非线性，也可以把许多非线性转化为线性。从反馈控制的角度看，不应该再按经典意义把控制系统分成线性和非线性系统，可以用状态反馈设置一些非线性特性。这改变了人们对非线性“避之唯恐不及”与遇到非线性先想办法将其线性化的思路。

1979 年，改革开放后的第一次中国控制会议在厦门召开，有 65 个单位的 125 人参加。会上讨论了学术界关心的问题。韩京清在《线性系统的结构与反馈系统计算》一文中指出，不管是线性还是非线性系统，其动态关系在一定的条件下可以通过状态变换和反馈，化为积分器串联型。① 受当时关肇直先生、吴文俊先生及许国志先生探讨的“构造数学”思想的启发，韩京清将自己提出的可以统一线性控制系统理论不同方法的算法体系称为“构造性方法”。从 1982 年起，“线性控制系统理论构造性方法”曾作为中国科学院研究生院、航天工业部 502 所、中国科技大学、上海交通大学等单位自动控制专业的研究生课程。同时，“构造性方法”成为国家自然科学基金重大项目“中国控制系统计算机辅助设计工程化软件系统（CADCSC）”中“多项式矩阵基础运算库”和“多项式矩阵方法子系统”的算法基础。

受上述思想的启发，清华大学几位学者经过深入研究，提出了针对一类非线性系统的直接反馈线性化（DFL）方法，并用 DFL 理论圆满地解决了电力系统非线性励磁控制器和静止无功补偿器的设计问题。1994 年以来，他们利用 DFL 理论的微机非线性励磁控制器在山东省的 12 台 0.6 万 ~20 万千瓦的机组上成功投运。DFL 因其简单直观而让工程师们切身地领会了非线性控制可以如此简单地运用。

（2）1980 年起，从“模型论”走向“控制论”。现代控制理论主要靠数学模型来实现控制，而数学模型很难完全反映工程实践中遇到的复

① 高志强，先天下之忧而忧——纪念韩京清老师逝世十周年 [J]，控制理论与应用，2018 年第 11 期。

杂因素影响。1980 年，韩京清研究发现，虽然控制系统的许多结构性质，如能控性、能观性、抗干扰性、解耦性、稳定性等都与系统的数学模型关系密切。然而依靠模型建立控制律的方法，在控制工程中遇到了很大的挑战，鲁棒性是首先面对的大问题。韩京清在《控制理论：模型论还是控制论》一文中大胆提出了现代控制理论面临的问题是基于数学模型而忽略现实需求，认为控制科学的问题是如何“根据系统对信号的某些响应特征或过程的某些实时信息来确定控制好一个过程的控制律”，而不是“靠系统的数学模型去找控制律”。为此，韩京清剖析了经典调节理论和导引理论建立控制律的基本思想，即不完全依靠系统的数学模型，而是靠期望轨迹与实际轨迹的误差的大小和方向来实施，是一种基于过程误差来抑制或消除误差的方法。

（3）ADRC 在国际上具有独创性。根据文献分析，国际上也有一些学者质疑以模型为前提的控制论，提出各种“无模型”控制方案，它们各有可取之处。但 ADRC 不是“无模型”控制，其起点是对“模型”“扰动”等基本概念的重新定义。与自然科学不同，在 ADRC 的框架中建模不是为了精确描述一个物理过程，而是为了方便对它的控制。自抗扰控制器最突出的特征是把作用于被控对象的所有不确定因素作用都归结为“未知扰动”，而用对象的输入输出数据对它进行评估并给予补偿。在这里并不需要直接测量外扰作用，也不需要扰动模型。因此，自抗扰控制技术，本质上彻底突破了“绝对不变性原理”和“内膜原理”的局限性。自抗扰控制技术是对现代控制理论的革命性贡献。ADRC 的生命力在于它同时解决了学习和抗扰这两个控制力的根本问题。学习和抗扰也是智能的最基本体系。ADRC 抗扰和跟踪的基本思想不但适用于一般工程系统，还适用于诸如软件系统、金融系统以及其他非工程系统。

2. 从理念突破到工程实践

韩京清从解决工程实践问题出发，进行控制理念上的突破研究。反过来，理论研究成果需要工程实践的检验，最终要用于解决工程实践问题，两者相互促进。韩京清在仿真研究中创立的 ADRC 是一个算法和理念，在当时是全新的理念，没有应用和稳定性分析，也没有得到学术界的认可。20 世纪 90 年代末，中国学术界要与国际接轨，而欧美学术界的标配是数理范式（即“模型论”），讲究严谨，学术界对 ADRC 这样的发明创造还不太认可。当时研究成果只能发表会议论文，连学术期刊都很难发表。如韩京清的博士后黄一写了一篇介绍自抗扰控制的文章，投给《控制理论与应用》杂志，遇到编审的不同意见，最后还是期刊主编亲自“拍板”才被录用。① 因此，ADRC 的研究迫切需要应用场景来进行工程实践的证明，用事实说话。

（1）千方百计寻找应用场景，开展工程实验。由于缺少正规渠道的项目经费，早期 ADRC 的应用研究主要依靠熟人和小型实验项目，主要有以下几种。1994 年，清华大学的几位学者利用 DFL 理论的微机非线性励磁控制器在山东省的 12 台 0.6 万 ~20 万千瓦的机组上成功投运。1995—1997 年，ADRC 团队在中国创新技术公司的磁悬浮列车上进行可行性实验。与同时实验的另一种控制方法相比，ADRC 控制效果明显更好。1999 年，ADRC 团队进行航天飞行控制项目实验。在近十年的时间里，进行了四轮飞行控制项目，实验难度不断加大，ADRC 仍然能很好地工作，将其控制多变量非线性不确定系统的优点充分体现出来。1999—2000 年，ADRC 团队承担中国科学院北京天文台国家天文观测中心射电望远镜（FAST）的预研究项目精确定位控制方案设计。2002—2003 年，ADRC 团队申请中国科学院的创新工程项目“自抗扰控制技术在高速度高精度控制中的应用”，获得 40 万元经费支持。该项目由黄一做申请人和负责人，韩京清和许可康教授为主要成员，在合作项目的应用中取得较好效果。2002 年，ADRC 团队在广东茂名石化实华股份有

① 来自对黄一研究员的访谈。

限公司聚丙烯厂进行自抗扰控制实验。2007—2008 年，ADRC 团队在中国技术创新公司[①]支持下进行风力发电机控制实验。

中国科学院系统控制重点实验室的黄一作为韩京清的博士后，出站留所后作为韩京清团队的重要成员，参与了以上多项 ADRC 开发、应用推广工作。

（2）ADRC 在美国率先成功实现了从学术到工业化和商业化应用的跨越。1997 年，韩京清到美国俄亥俄州克利夫兰州立大学讲学，与高志强教授一起做 ADRC 运动控制实验。从这之后，韩京清的自抗扰控制思想就在高志强教授领导的应用控制实验室扎下了根，使之成为自抗扰控制技术的一个研究基地。韩京清于 2003 年再次到访该实验室，在这里建立了 ADRC 参数与系统带宽的关系。这一发现为 ADRC 的广泛工程应用开辟了道路。自 2000 年以来，高志强领导的研究团队一直致力于自抗扰控制技术的推广与应用，使自抗扰控制技术突破了参数整定的瓶颈，以高效、鲁棒、节能、简单易行的特点在工业界打破了 PID 的垄断，在工程实践中取得了惊人的效果（见图 3–2）。2013 年，ADRC 被美国知名公司德州仪器公司（Texas Instruments）集成到运动控制的芯片中，并推出一系列基于自抗扰控制算法的运动控制芯片。目前，在运动控制领域，正式采纳 ADRC 控制技术的美国公司包括 Texas Instruments、Freescale（NXP）、Parker（派克）、Rockwell Automation（罗克韦尔自动化）、Danfoss（丹佛斯）等。在过程控制领域使用的公司包括：Parker Extrusion Facility、Samsung（三星）、Particle Accelerator NSCL at MSU（美国密歇根州立大学超导回旋加速器国家实验室）等。在美国的商业化应用，增强了国内对 ADRC 应用的认识和信心，也促进了国内相关研发和产业应用[②]。

① 该公司成立于 2001 年，致力于高新技术产业化和国际化。

② 来自对高志强教授的访谈。

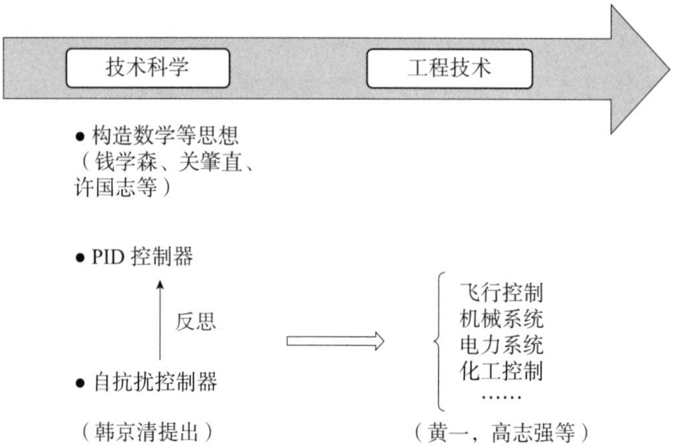

图 3-2　韩京清团队在自抗扰领域的研究

资料来源：作者整理。

（3）ADRC 在工业领域的应用日益扩大。目前，国内外围绕运用自抗扰控制思想解决实际工程问题的应用研究，几乎涉及所有的控制工程领域，如导航制导与飞行控制、机械系统、电力系统、化工过程控制和故障诊断等。基于 ADRC 的姿态控制方法已用于我国航天若干实际型号的飞行控制中。ADRC 还用于高性能多用途服务机器人的运动规划和避障控制中。在过程控制方面，ADRC 在汕尾市海丰电厂 1000 兆瓦机组的低压加热器水位控制回路、广州市恒运电厂 300 兆瓦机组的磨煤机风温控制回路和过热汽温控制回路投用。在美国，ADRC 经过简化和参数化，先后应用于 Parker Hannifin（派克汉尼汾）的高分子材料挤压生产线、密歇根州立大学超导回旋加速器国家实验室（NSCL）的超导加速器等。近年来，自抗扰技术还以不同的方式出现在一些工控界占主导地位的控制器中，形成了一个国际工控界不可忽视的技术走向。美国著名的 Mathworks 公司于 2022 年把 ADRC 正式植入 Matlab/Simulink 软件包中的 Simulink Control Toolbox，为全世界工程师使用 ADRC 提供方便。

3. ADRC 理论和技术研究获得资助的情况

（1）早期获得中国科学院的资助。在 ADRC 提出之前，三项研究工作为其打下了基础，包括 1963 年的“线性最速控制理论中的‘等时区’方法”研究，20 世纪 70 年代中期关于拦截问题中新的制导概念和方法与实际应用，以及 20 世纪 80 年代组织研究“中国控制系统计算机辅助设计工程化软件系统”。其中，前两项研究主要是中国科学院和国家资金支持。

（2）国家自然科学基金在 ADRC 发展的各个阶段给予了支持，对其形成和发展起到推动作用。一是组织大型应用软件操作系统的开发。20 世纪 70 年代国际上出现了控制系统计算机辅助设计软件包（CADCS），将控制系统设计与计算机技术紧密地结合起来。从 20 世纪 80 年代初开始，韩京清与国内有志于 CADCS 的科学工作者一起，组织推动开发控制系统计算机辅助设计软件的工作。科学基金针对这一方向设立了重大项目，分两阶段进行支持，并推举韩京清为项目负责人。第一阶段：1983—1986 年，资助组织全国 16 所院校一起首次开发大型应用软件“CCADCS”；第二阶段：1988—1991 年，设立重大项目“中国控制系统计算机辅助设计工程化软件系统”（CADCSC），组织 19 所院校的 150 多人开发更加完善的“CADCSC”软件。这项工作造就了一支控制理论和计算机软件交叉学科的科研队伍，为我国开展 CADCS 和与计算机相结合的控制理论的研究工作奠定了基础。其研究成果获 1994 年国家教委科学技术进步奖二等奖和 1995 年国家科学技术进步奖三等奖。这一重大项目为后来研究自抗扰技术提供了重要的软件开发工具支撑。二是 1992—1994 年和 1996—1998 年，科学基金面上项目支持非线性控制系统的研究与应用，韩京清作为项目负责人。三是科学基金项目对 ADRC 理论和技术研究的支持。韩京清于 2002—2004 年获得科学基金的面上项目资助“自抗扰控制技术的理论研究及其应用”。2000—2002 年，黄一获得了科学基金青年项目的资助，研究自抗扰控制技术在飞控系统中的应用及稳定性分析。四是科学基金支持中国科学院系统控制重点实验室创新群体。2003 年，中国科学院系统控制重点实验室以郭雷院士为首席科学家的研究团队“控制科学中若干关键基础问题的研究”入选科学基金创新研究群体项目（以下简称创新群体项目）。2003—2012 年，连续获得 3 期支持（见表 3-1）。创新群体项目给予 ADRC 稳定支持，韩京清当年的助手黄一研究员等作为该项目骨干成员。黄一表示，尽管每年资金不多，但可以做实验、带学生等，不需要再花时间去申请课题，可以心无旁骛地开展 ADRC 的应用研究和推广工作。五是扩大支持面。2002 年，韩京清在获得科学基金面上项目支持时，这方面的研究还是凤毛麟角。2010 年以来，科学基金对自抗扰理论和应用的支持不断增加。1995—2021 年，科学基金对自抗扰技术研究的支持课题共计 211 项。其中，第一个与自抗扰技术有关的资助项目为韩京清教授在 1995 年申请获批的“新型非线性控制结构及其在电力系统中的应用”。

表 3-1　国家自然科学基金对与 ADRC 相关研究的早期支持

序号	项目名称	资助类别	负责人	资助金额	起止时间
1	开发大型应用软件“CCADCS”	重大项目	韩京清	150 万元	1983—1986 年
2	中国控制系统计算机辅助设计工程化软件系统（CADCSC）	重大项目	韩京清	150 万元	1988—1991 年
3	非线性控制系统的直接方法及其在电力系统中的应用	面上项目	韩京清	3 万元	1992 年 1 月 1 日—1994 年 12 月 31 日
4	新型非线性控制结构及其在电力系统中的应用	面上项目	韩京清	10 万元	1996 年 1 月 1 日—1998 年 12 月 31 日
5	一种新的不确定系统综合方法：自稳定域中合法及其应用	青年项目（69904010）	黄一	14 万元	2000 年 1 月 1 日—2002 年 12 月 31 日
6	自抗扰控制技术的理论研究及其应用	面上项目	韩京清	19 万元	2002 年 1 月 1 日—2004 年 12 月 31 日
7	控制科学中若干关键基础问题的研究	创新群体	郭雷	三期	2003—2005 年；2006—2008 年；2009—2012 年

资料来源：国家自然科学基金委员会网站和 ADRC 团队成员提供。

2000—2009 年一直都比较少，2015—2019 年达到了峰值，2019 年以来，资助强度下降（见图 3-3）。这也表明，社会申请研究项目具有追热点的倾向。

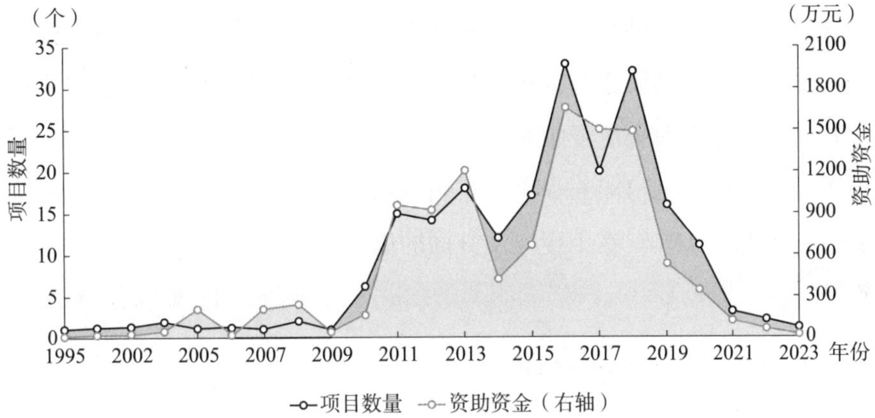

图 3-3　1995—2023 年自抗扰控制相关的自然科学基金项目

资料来源：https：//www.izaiwen.cn/pro.

同时，ADRC 研究吸引了国内外越来越多的研究者和各种资金支持。如中国控制会议和美国控制会议都曾举办“自抗扰控制研讨会”，《控制理论与应用》和 *ISA Transactions* 杂志分别在 2013 年及 2014 年出版了自抗扰控制方面的专刊。韩国中源大学在 2014 年成立“自抗扰控制研究中心”，以期促进自抗扰控制技术与新型产业的结合。

（3）项目合作单位的支持。由于自抗扰理论和应用研究需要在工程实践中不断发现规律、得到验证和不断完善，韩京清与其团队必须寻找合作项目。加上这项研究以编写程序为主，是脑力劳动，除了实验经费外，所需其他经费并不多。在该理论还不成熟时，从正规渠道获得的资金不多，往往是通过以前长期合作伙伴和熟人开展合作实验。同时，中科院系统研究院比较宽松的研究环境使其研究得以坚持下去。

（4）早期跟随者出于兴趣和解决实际问题的需要。美国俄亥俄州克利夫兰州立大学的高志强教授介入这项研究是因为兴趣和对工程控制界理论联系实际的追求，对 ADRC 的市场化应用和推广作出重要贡献。由于美国的科技体制与中国不同，国家科技计划和资助项目不如中国普遍，因 ADRC 与主流研究方向有冲突，不被同行看好。在最初的十年，高志强教授只能借助工程项目的余额来支撑自抗扰控制技术研究。随着他不断参与学术会议进行宣传和讲解，加之风险投资和企业对新技术的敏感性，部分美国企业开始对 ADRC 应用转化进行投资，最终得到德州仪器公司、Parker、Danfoss 等大公司对该技术的认可和采纳。这也增强了国内业界对 ADRC 在工程应用方面的信心。

二、案例研究的主要发现

（一）开创性理论的形成往往要推翻主流理论

“自然科学的发展，往往是少数人推翻了多数人的认知，科学才能往前走。”[①] 因此，不能简单靠投票来决定原创项目。韩京清在《控制理论：模型论还是控制论》一文中对当时脱离实际应用的控制理论提出反思和挑战。他认为经典控制理论主要靠数学模型来实现控制，而数学模型很难完全反映工程实践中遇到的复杂因素影响，在实际控制工程中遇到很大挑战。控制科学要解决的主要问题是“如何根据系统对信号的某些相应特征或过程的某些实时信息来确定控制工程的控制律，而不是靠系统的数学模型去找控制律”。为此，韩京清提出了基于过程误差来抑制或消除误差的方法来建立控制律的基本思路，即不完全依靠系统的数学模型，而是靠期望轨迹与实际轨迹的误差大小和方向来控制。由于不

① 丁肇中 2023 年 5 月 16 日在中国科学院高能物理研究所举办的“高能论坛”上的演讲。

是当时的主流观点，该理论在学术界遭到质疑，所以很难得到国家的科研项目支持。在研究早期，课题组主要依靠中国科学院为研究人员提供的稳定工资和基本实验条件，有时还要自掏腰包为课题组开展研究工作提供必要支撑①。韩京清于2002—2004年申请国家自然科学基金面上项目“自抗扰控制技术的理论研究及其应用”，险些没有通过。鉴于他以往主持自然科学基金项目研究的声誉，在当时信息科学部管理人员的主张和支持下，才获准资助②。

案例研究表明，支持非共识原创研究需要两个条件：一是要建立非共识项目的遴选机制，尊重少数人的意见，允许对现行主流观点提出异议。二是研究单位为研究人员提供稳定的基本研究条件和减少各种考核。

（二）开创性思想从提出到应用，不是一蹴而就，需要不断“琢磨”和长期努力，勇于“坐冷板凳”

ADRC团队在研究过程中循序渐进地进行理论突破和实践探索。第一步：1979—1989年，创立线性控制系统理论的构造性方法，并率先推动控制系统计算机辅助设计软件开发和研究，为后来自抗扰控制技术的模拟实验提供了工具。第二步：20世纪90年代起，从“模型论”走向“控制论”，提出基于过程误差来抑制或消除误差的方法而建立控制律，靠期望轨迹与实际轨迹的误差大小和方向来实施控制，并逐步在工程实践中完善。由此可见，一项开创性的研究，不可能一开始就设计成周密方案，而是在研究过程中不断推进和完善的，需要持续滚动支持。ADRC从提出到成熟经历了约30年时间，经过了几代人的努力。

① 姜天海：《探寻系统之美 发挥控制之妙——系统控制领域从关肇直到郭雷侧记》，《科学新闻》2015年第12期。

② 来自课题组对黄一研究员的访谈。

在研究探索中，韩京清从不把发表著名刊物论文或追求多大的研究项目作为做学问的目标，而是把科研、事业看得跟生命一样重要。他曾说，“我能靠着吃老本搞 ADRC，换个年轻人将寸步难行”。从 1991 年到 2008 年，由于他的工作没能被主流群体认可，因此没有在国际学术刊物上发表论文。唯一的一篇英文论文[①]，还是在他去世后由电气与电子工程师协会《工业电子学汇刊》（*IEEE Transactions on Industrial Electronics*）的主编主动邀请才由课题组投送发表的。美国俄亥俄州克利夫兰州立大学教授高志强从 1995 年起与韩京清合作开展 ADRC 研究与应用，也是在获得美国大学的终身教授职务后，才有自由时间和精力投入这方面研究。“否则没有论文和研究基金，在大学是很难生存的。”高志强表示。

（三）坚持理论研究为工程实践服务，从理念突破到工程验证，两者相互促进

ADRC 方法的提出是因为当时的控制理论研究过于依赖数学模型，与实际控制问题之间存在较大偏差，很难在实际工程中发挥应有作用。韩京清对当时这种脱离实际应用的控制理论研究提出挑战。他在研究过程中与工程试验紧密结合，通过工程验证，不断总结规律，完善理论，改进技术。韩京清具备扎实的数学功底，能够用计算机仿真程序实现自己的想法，并在实验室或工程环境中验证，通过与有工程实践经验的专家交流，不断激发产生新的想法或纠正原来的想法。这样的研究理念和方法当时在中科院系统研究院是独一无二的，也正是这样才实现了 ADRC 这一独特控制技术的创立。正如中科院院士郭雷在纪念韩京清逝世 5 周年纪念会上指出，韩京清最值得大家学习和铭记的是他的探索精

① Han，Jingqing. “From PID to Active Disturbance Rejection Control.” *IEEE Transation on Industrial Electronics* 56，no.3（2009）：900–906.

神、独立精神以及奉献精神。他的探索精神不是为探索而探索，而是探索从实际需求中产生的根本问题。他的独立也不是刻意去标新立异，而是因为许多实际问题无法用现有理念解决，才需要独辟蹊径。

（四）ADRC 理论和技术的完善与应用推广离不开团队的持续努力

在 ADRC 理论研究的初期，韩京清作为领军人物的作用至关重要。而在 ADRC 理论的工程验证和技术开发推广过程中，团队则发挥了主要作用。如中国科学院系统控制重点实验室的黄一、薛文超等，针对我国航天多个类型飞行器研制中遇到的姿态控制难题，提出了基于 ADRC 的姿态控制方法，目前已用于我国航天若干实际型号的飞行控制中，部分成果获军队科技进步奖一等奖。又如高志强先生 20 世纪 90 年代中期受韩京清的启发，在美国建立了以 ADRC 为基础的先进控制技术中心（CACT），并在工业应用研究方面取得了突破，引起产业界重视。中国科学院系统控制重点实验室利用自然科学基金创新群体项目组织开展交叉学科研究，促进了 ADRC 理论研究和应用推广。值得一提的是，韩京清的主要助手和目前 ADRC 团队的领军人物黄一研究员，被誉为“不计个人得失推广自抗扰技术应用的专家”，甚至其研究员职称都是在领导督促下申请的[①]。没有这种精神，ADRC 团队不可能生生不息和不断壮大。

案例表明，在开创性理论研究的早期，理论创始人的自由探索很重要。当理论研究基本定型时，才会开展有组织的研究。因此，不同的阶段需要不同类型的支持和组织方式。

（五）ADRC 理论和技术的发展与应用离不开各种类型的支持

在 ADRC 团队的研究过程中，受到中国科学院、国家自然科学基

① 来自课题组对时任中国科学院数学与系统科学研究院院长郭雷院士的访谈。

金、国家“863”计划项目，以及用户单位合作项目等方面的支持。其中，中国科学院为科研人员创造了基本的研究条件和稳定的工资保障，特别是中国科学院知识创新工程，为科研人员的自由探索基础研究提供了必要的经费支撑。国家自然科学基金主要提供了理论研究、分析工具、人才与团队培养等重要基础性的支持，助力团队开创结合数学分析、计算机仿真、工程验证的理论及其应用研究。从早期的控制系统计算机辅助设计软件开发、非线性控制系统方法研究，及其在电力系统中的应用，到后来的自抗扰理论、方法与应用研究，以及对青年人才培养和团队建设，国家自然科学基金均提供了多方面持续支撑。特别是在自抗扰理论没有被主流群体认可时，科学基金给予“自抗扰控制技术的理论研究与应用”面上项目支持，使业界逐步了解这项研究。科学基金不仅直接支持 ADRC 团队，2010 年前后，还开始加大对 ADRC 在各工程领域的应用研究支持力度，促进了该项技术在各领域的应用和推广。

（六）原创思想及其应用遇到的主要问题

ADRC 理念是对当时控制理论的挑战，研究工作遇到不少困难。一是难以从竞争性项目中获得支持，科研经费难以得到保障。在研究早期，课题组主要依靠中国科学院为研究人员提供基本科研保障，有时甚至要通过找熟人合作和自掏腰包开展研究工作。二是做配套研究通常不被重视。ADRC 以软件为主，其应用通常是大型工程项目的一部分。当大项目成功了，它的作用往往被埋没在大项目和大系统之中而被忽视。因此，在研究过程中要有不怕被“埋没”的精神。在目前的科技成果和人才评价体系下，若不是对研究工作高度热爱，很难有人愿意做这样的“配角”。

三、主要启示与建议

（一）开展建立非共识原创项目遴选机制试点

原创探索项目具有非共识和失败率高的特点。国家自然科学基金委员会大力推进“原创探索计划项目”，以支持那些具有非共识、颠覆性、高风险等特征的原创项目。但是申请和入选的原创项目比例很低。专家学者们反映，目前的项目评审是基于规则的评审，只要在程序、规则上满足要求就不会出问题，专家不需要负责任。按照现行匿名投票和按票数入选的方式，选出的大都是具有共识的、跟踪热点的项目，很难遴选出有原创思想的研究项目。而基金项目管理人员只能根据投票结果决定项目，没有建议权。建议开展遴选原创项目的改革试点，一是选择具有真才实学和前沿思维、公正客观的专家参与原创项目评议；二是对非共识原创项目分阶段评估，滚动支持，可以设一些小型项目，以一两年为周期，根据执行情况，评估论证是否继续支持；三是赋予资深项目管理人员一定的建议权和自主裁量权。

（二）对原创研究设立开放式课题管理制度

原创理论的形成是一个不断思考与探索的过程，最初的思路往往仅是一个大致方向，需要在研究中不断探索、细化和完善。因此早期理论创始人的自由探索很重要，只有当理论研究基本定型，才能开展有组织的研究，如美国国防高级研究计划局（DARPA）就经常采取开放式研究。ADRC 理论从提出到成熟，经历了约 30 年的时间。经过几代人的努力，这项研究使得控制理论不再局限于数学公式的推导，成为一项融数学分析、系统理论以及计算机仿真实验于一体的科学实践。因此，建议对原创项目设立开放式的评审制度，一是适当简化前沿和原创项目的评审标准，不需要提出详细方案和具体路径；二是建立项目定期评估机制，可以根据项目进展情况终止或延续支持。

（三）通过多种形式对基础研究进行长期稳定支持

对基础研究的长期稳定支持，关键是要营造宽松和稳定的研究环境。应区分对机构进行稳定支持与对项目的稳定支持，加强对从事基础研究机构的稳定支持，使研究人员不必忙于到处申请项目。一是以基础研究为主的科研机构要为科研人员早期自由探索提供必要保障，包括保障适当的薪酬、试验条件和时间等。二是科研机构和大学内部设立早期探索基金，用于支持一些难以在竞争性项目中获得资助的苗头性原创研究。三是实行分类考核，对于从事基础研究的人员，适当放宽考核周期，减少以论文数量和申请项目为主的考核。

（四）加强支持 ADRC 的理论研究

ADRC 作为底层设计思想、技术和算法，拥有旺盛的生命力，在工程实践中不断应用推广。自动控制领域与人工智能技术有着千丝万缕的联系，ADRC 在未来很可能应用于进一步加强人工智能的抗扰功能。目前，国家自然科学基金资助的类似项目大都是探索 ADRC 技术在新工程领域的应用。建议国家自然科学基金委员会进一步加大对 ADRC 理论研究的支持力度，促进该项技术不断完善和进步，形成并保持我国在 ADRC 理论和技术方面的领先优势。

执笔人：吕　薇　　李　瑞

第四章

勇攀世界科学高峰

——中国科学技术大学量子科学团队案例研究

一、案例背景

（一）量子科学的背景及战略价值

19 世纪末 20 世纪初，物理学领域有两大重要发现，分别是爱因斯坦（Einstein）提出的相对论和普朗克（Planck）提出的量子论。20 世纪初，以原子能、半导体、激光、核磁共振、超导和全球卫星定位系统等重大技术发明为标志性成果的第一次量子革命，促进了物质文明的巨大进步，从根本上改变了人类的生活方式和社会面貌。自 20 世纪 90 年代以来，量子调控技术的巨大进步，使得以量子信息科学为代表的量子科技突飞猛进，标志着第二次量子革命的兴起[①]。

量子理论的建立，开辟了人们认识微观世界的道路，为物理学乃至整个自然科学的发展奠定了坚实的理论基础。可以说现代物理学的分支及相关的边缘学科几乎都离不开量子这个思想基础，例如固体物理学、原子与分子结构及激光物理、原子核物理与核能利用、量子化学、量子生物学、材料科学、表面物理学、介观物理学、低温物理学、量子信息学等。当代粒子物理与宇宙学中最重要的概念，如相变、对称性破缺、红外发散等本质上都采用了量子场论的语言和技术。

量子信息科技的三个主要核心领域包括量子通信、量子计算以及量子精密测量，为保障信息传输安全、提高运算速度、提升测量精度等提供了

① 潘建伟：《量子信息科技的发展现状与展望》，《物理学报》2024 年第 73 期。

革命性解决方案，可为国家安全和国民经济高质量发展提供关键支撑。相比电子计算机，量子计算机理论上运算能力将呈指数级增长，在密码分析、气象预报、石油勘探、药物设计等领域很有前景，被认为将是下一代信息革命的关键动力。作为量子调控及量子技术的一部分，量子通信则是通信技术的又一次划时代革命。与目前采用的通信技术相比，量子通信在保密性、通信容量、通信距离等方面具有十分明显的优势，是未来通信发展的方向。同时，量子力学在实验和理论方面均取得了令人瞩目的新进展，关于量子力学基本概念与基本原理的争论，已从思辨性讨论转向实证性研究。这些成果将有助于人们重新理解量子理论的基本概念、原理以及量子理论与经典理论的关系。随着信息技术的进一步发展，窃听、黑客攻击成为信息安全的主要问题，量子科学在解决上述问题方面也有望发挥重要作用。近些年关于量子理论的实用性研究也得到了很大的发展，城域、城际范围量子通信网络的建设、量子计算机的研发、量子卫星的发射等，均为解决若干制约人类社会进步的重大前沿科学技术问题提供了有效的途径，成为各国重点支持的战略性发展方向。其中量子计算机被视为未来科技的引擎，量子通信更被认为是下一代信息技术的重要发展方向，早已成为主要发达国家在信息领域的战略布局重点，量子调控与量子技术也将会是下一个改变世界的技术领域。量子科技作为新一轮科技革命与产业变革的尖端领域，已经成为国际科技竞争的焦点，各国纷纷加速量子研究进程，并加大了资金投入力度。

（二）案例对象及研究方法介绍

课题组选择了中国科学技术大学（以下简称中科大）潘建伟及其团队的研究为案例对象。2016 年 1 月，潘建伟及其团队的“多光子纠缠及干涉度量”研究，获得国家自然科学奖一等奖（2015 年度）。“多光子纠缠及干涉度量”项目由中科大潘建伟院士带队，彭承志、陈宇翱、陆朝阳、陈增兵共同完成。这是一支年轻的科研团队，彭承志为“70后”，陈宇翱、陆朝阳均为“80后”，该项目推荐单位是安徽省、中国科学院。

课题组在2015年12月至2016年12月期间，对案例的团队负责人、技术骨干，科研项目管理人员以及相关单位参与者（国家自然科学基金委员会、中国科学院、“973”计划、国家纳米科学中心、中科大量子学科的相关科学家及其科研团队等）开展了深度访谈，对相关人员进行了10余次访谈，访谈总计22小时，整理了访谈文本近8万字。2022—2023年，课题组又赴安徽进行了二次调研，获取了量子学科的最新进展及产业应用情况。除一手资料外，我们还采用了其他渠道和方法，对这一领域的最新进展进行了二手资料的收集与分析。

量子系统相干控制技术的发展过程涉及多元化参与主体（科学界、政府、公众和产业界），先后获得国家自然科学基金、中国科学院、科学技术部以及国家发展和改革委员会，以及地方政府和企业的大量项目资助[①]。对量子系统相干控制技术产生的全过程和成功机制进行详细分析，有助于课题组厘清国家自然科学基金在其中发挥的作用以及多主体之间的影响机制。本项案例研究力图发现驱动重大科技创新的因素和模式，揭示基础研究所起的重要作用，以及国家自然科学基金、中国科学院等主体在不同阶段所起的作用，并提炼出相应的政策建议。

二、案例研究的主要发现

（一）中科大量子学科发展历程

1900年，普朗克提出量子论概念后，量子学科就处于持续发展状

① 柳卸林、程鹏：《科学驱动的创新在中国》，科学出版社2018年版。

态。中国量子学科从20世纪80年代起步，经过近40年的发展，取得了一系列成就。2016年8月16日，中国量子科学实验卫星“墨子号”的升空，意味着世界上首次实现了卫星和地面之间的量子通信，构建了一个天地一体化的量子保密通信与科学实验体系。根据调研和整理，课题组把中科大量子学科的发展历程分为以下3个阶段。

1. 追随者（2000年以前）

该阶段中国在该领域是追随者的角色。单方面向国外学习，以理论研究为起点，初探实验研究。20世纪80年代初期，中国科学技术大学的郭光灿和山西大学的彭堃墀在国外访学期间得知了当时最新的量子学科进展，中国才开始进行对量子学科的研究。1994年之前，国内对量子信息的研究微乎其微，主要的研究也仅停留在理论层面，相关实验研究几乎为零。国内的理论研究是从1994年郭光灿获得国家自然科学基金面上项目“量子非破坏性测量和量子态的制备”正式起步的，从此国内开启了研究量子调控与量子技术的新篇章。

1996年，潘建伟进入奥地利维也纳大学攻读博士学位，师从Anton Zeilinger教授研究量子态的隐形传输。这实际上拉开了量子通信研究的序幕。1999年获博士学位后，潘建伟留在塞林格课题组从事博士后研究。2001年，在当时中国科学院主管基础研究和人才引进的白春礼的感召和鼓励下，潘建伟决定回国担任中科大教授，并开始负责量子物理与量子信息实验室的建立。在实验室建立之初，潘建伟同时获得了中国科学院科技基础能力局、人事教育局以及国家自然科学基金的支持。回忆当时的情景，潘建伟至今记忆犹新：“当时向基础局申请的知识创新工程重要方向性项目经费很保守，申请金额为200万元，只是考虑了用于购买设备和开展实验的经费，连人员经费、差旅费等都没有考虑在内，结果基础局批准了400万元，加上人教局通过‘百人计划’支持的200万元，以及国家自然科学基金的40万元，在当时算是一笔大投资了，我们的研究工作得以顺利起步。”同时，在张永德教授和中科大近代物理系同人的支持下，量子物理与量子信息实验室开始紧锣密鼓地建设起来。同年，郭光灿院士率领团队申请并获得了“量子通信与量子信息”的“973”项目资助，这为中科大进行相关领域的研究打下了坚实的基础。

1997年，28岁的杜江峰进军当时最新的量子计算实验研究领域，成为中国最早从事这项研究的学者之一。1999年，在时任中国科学院院长路甬祥的支持下，中国科学院高技术研究与发展局为郭光灿提供了5万元研究经费，并建议设立专门实验室进行长期稳定支持。郭光灿牵头成立了中科大量子通信与量子计算开放实验室（现中国科学院量子信息重点实验室），对实验研究进行了初步探索。

该阶段，中国在量子领域最重要的成果就是段路明教授①与郭光灿教授合作在国际上率先提出量子避错编码，用于克服量子信息系统最主要的障碍——消相干问题；提出概率量子克隆这一全新研究方向，研究最佳概率量子克隆过程。这些工作得到了国际同行的认可，受到量子信息界权威人士Charles Bennett教授高度评价，并被广泛引用，称为“段—郭”界线。

2. 总量并行者和贡献并行者（2000—2011年）

这一阶段在注重理论研究的同时，大范围建立实验平台，国内外双向交流互动成为主流。在中国量子学科的发展历程中，有两次重要会议，一次是2004年举办的“莽山会议”，另一次是2008年举办的“双清论坛”。2004年，郭光灿组织国内量子学科学者在北京莽山召开了一次新奇物理量子现象（现称量子调控）会议。这次会议直接推动了国内量子通信的发展，进而推动了2006年科技部中长期规划“量子调控”重大项

① 段路明（1972—），男，安徽桐城人，在中国科学技术大学先后获得学士（1994年）、硕士（1996年）和博士（1998年）学位，师从中国科学院院士郭光灿教授，2012年任美国密歇根大学费米讲席教授，2018年辞职后回国任清华大学姚期智讲座教授、清华大学基础科学讲席教授，2023年当选为中国科学院院士。

目，很多参加此次会议的学者现在都是量子调控的首席科学家。2008年，国家自然科学基金委员会在天津滨海新区召开“双清论坛”，启动了国家自然科学基金的单量子重大研究计划。“双清论坛”共40人参会，其中一半以上是院士。量子学科开始受到国家和科学界的关注。

中科大的4支量子研究团队在此期间都取得了不俗的成绩。2001年，潘建伟在中科大建立了量子物理和量子信息实验室，开始了大范围的实验研究。2003—2008年，潘建伟一方面在欧洲从事冷原子量子调控方面的研究，将领域前沿知识带回国内，另一方面也在不断扩充国内实验室的仪器设备，提升实验室的实验条件。2008年，潘建伟团队利用冷原子量子存储技术，在国际上首次实现了具有存储和读出功能的纠缠交换，建立了由300米光纤连接的两个冷原子系综之间的量子纠缠。这种冷原子系综之间的量子纠缠可以被读出并转化为光子纠缠，以进行进一步的传输和量子操作。该实验成果提供了远距离量子通信中急需的“量子中继器”，向广域量子通信网络的最终实现迈出了坚实的一步。同年8月28日，*Nature*以“量子中继器实验实现”为题发表了这项重要研究成果。

中科大在量子学科领域取得一系列原始创新成果后，将原始创新成果推向产业化是一个必然趋势。除了在量子科学方面实现了多个突破，中科大也在不断探索从基础研究到产业化的有效路径，在快速推进产业化的同时，也为科研人员从实验室逐步走向服务国家和社会提供了机制和平台。在这片产业“无人区”里，有一批中国企业正在与国外企业站在同一起点加速奔跑。“总体而言，我国在量子通信的研究和应用方面处于国际领先地位，在量子计算方面与发达国家处于同一水平线，在量子精密测量方面发展迅速。”潘建伟说。

3. 源头并行者（2012年至今）

该阶段特征是开始自主研发符合自身实验要求的顶端仪器设备，目的是发现新的颠覆性技术源头。目前，在量子调控及量子技术领域，国内 95% 的实验设备从国外进口。随着研究的深入，研究人员渐渐感到商用谱仪在开展原创性科学研究中的不足，一些好的学术思想受限于实验条件和实验样品，商用实验设备无法为原创性科学研究提供支撑。为解决这一问题，郭光灿和杜江峰团队分别于 2012 年和 2014 年申请了国家重大科研仪器设备研制专项并获得审批通过。

在郭光灿和杜江峰注重实验设备自主研发的同时，潘建伟和侯建国团队也在相关的国际前沿领域中不断开展研究。其中，潘建伟团队侧重于量子密钥分发方面的研究，2013 年在国际上首次实验实现了测量器件无关的量子密钥分发，能够完美应对所有针对探测系统的攻击。2014 年通过发展高速独立激光干涉技术，结合中国科学院上海微系统所自主研发的高效率、低噪声超导纳米线单光子探测器，将可以抵御黑客攻击的远程量子密钥分发系统的安全距离扩展至 200 千米，并将成码率提高了 3 个数量级。目前我国现场商用光纤无中继量子密钥分发的安全距离达到创纪录的 500 千米。2022 年，郭光灿团队实现了 833 千米光纤量子密钥分发，不仅将安全传输距离世界纪录提升了 200 余千米，而且将安全码率提升了 50~1000 倍。2023 年，中科大潘建伟院士团队与清华大学王向斌、济南量子技术研究院刘洋、中国科学院上海微系统与信息技术研究所尤立星、张伟君等合作，通过发展低串扰相位参考信号控制、极低噪声单光子探测器等技术，实现了光纤中 1002 千米点对点远距离量子密钥分发，创下了光纤无中继量子密钥分发距离的世界纪录。

侯建国团队则主要在单分子尺度电子输运、单分子光电特性、单分子尺度化学反应以及单分子尺度设计与理论等四个方面取得了一系列有影响力的创新研究成果。2013 年在国际上首次实现亚纳米分辨的单分子光学拉曼成像，将具有化学识别能力的空间成像分辨率提高到前所未有的 0.5 纳米。同年，该团队澄清了锐钛矿二氧化钛高活性（001）面的表面结构、催化活性及微观机制。

中国量子调控及量子技术的发展是一个螺旋式上升的过程，其间逐步提炼出一些重大研究问题，并最终再次回到理论。2015 年郭光灿举办了“第二次量子革命”论坛，深入探讨了量子信息未来的发展方向。论坛认为量子信息技术反过来可以推动量子物理理论的发展，使研究回到基础理论，同时明确量子信息技术如何对量子物理的研究发挥作用，再进行逐步探索。

（二）技术研究团队获得资助情况

课题组对几个项目团队初创人员多年来获得的主要资助情况进行了整理，如表 4–1 所示。

表 4–1　2001 年创建中科大两个实验平台初创人员的成长经历

<table>
<tr><td rowspan="14">郭光灿</td><td colspan="4">1942 年生；
1965 年，中国科学技术大学毕业后留校任教；
1981—1984 年，加拿大多伦多大学物理系访问学者</td></tr>
<tr><td>1994 年</td><td>量子非破坏性测量和量子态的制备</td><td>国家自然科学基金面上项目</td><td>6 万元</td></tr>
<tr><td>1994 年</td><td>压缩态光场的理论研究</td><td>国家自然科学基金重点项目</td><td>9 万元</td></tr>
<tr><td>1998 年</td><td>量子计算机的消相干问题及量子编码</td><td>国家自然科学基金面上项目</td><td>8 万元</td></tr>
<tr><td>1998 年</td><td>量子纠缠态的特性、制备和应用</td><td>国家自然科学基金面上项目</td><td>16 万元</td></tr>
<tr><td>2001 年</td><td>2001 年量子信息国际学术会议</td><td>国家自然科学基金</td><td>3 万元</td></tr>
<tr><td>2006 年</td><td>亚洲量子信息科学国际会议</td><td>国家自然科学基金</td><td>4 万元</td></tr>
<tr><td>2006 年</td><td>量子通信与量子计算的物理实现</td><td>科技部中长期规划“量子调控”重大项目</td><td></td></tr>
<tr><td>2006 年</td><td></td><td>创新研究群体科学基金</td><td>450 万元</td></tr>
<tr><td>2009 年</td><td></td><td>创新研究群体科学基金</td><td>550 万元</td></tr>
<tr><td>2012 年</td><td></td><td>创新研究群体科学基金</td><td>360 万元</td></tr>
<tr><td>2012 年</td><td>基于固态系统的量子物理和量子信息</td><td>中科院*战略性先导科技专项（B 类）项目</td><td></td></tr>
<tr><td>2013 年</td><td>多功能固态量子存储器</td><td>国家重大科研仪器设备研制专项</td><td>5700 万元</td></tr>
</table>

续表

潘建伟	1970 年生； 1996 年，中国科学技术大学毕业； 1996—2003 年，奥地利维也纳大学攻读博士； 2001 年，中国科学技术大学任教； 2003—2008 年，德国海德堡大学讲座教授			
	2001 年	物理学 I	海外或港、澳青年学者合作研究基金	40 万元
	2002 年	量子密码与纠缠光子对	“973”计划项目	
	2004 年	基于线性光学和原子系综的量子信息研究	专项基金项目	100 万元
	2004 年	量子信息技术研究	中科院	
	2007 年	量子信息传输与量子中继器实验研究	重点项目	160 万元
	2009 年	量子信息科学	国家杰出青年科学基金	200 万元
	2012 年	基于光子与冷原子的量子信息物理和技术	创新研究群体科学基金	600 万元
	2012 年	第三届量子物理基础与技术：前沿和展望国际会议	国家自然科学基金国际（地区）合作与交流项目	5 万元
	2014 年	第 12 届量子通信、测量和计算国际学术会议	国家自然科学基金国际（地区）合作与交流项目	8 万元
杜江峰	1969 年生； 2000 年，中国科学技术大学毕业后留校任教； 2002—2003 年，新加坡国立大学量子信息实验室研究员			
	2000 年	混合量子态纠缠现象	国家自然科学基金面上项目	19 万元
	2002 年	几何量子计算的实验研究	中科院院长特别基金	
	2002 年	量子信息处理中的核磁共振技术	“973”计划项目子课题	
	2004 年	经典物理学与量子理论	国家杰出青年科学基金	140 万元
	2007 年	固体核磁共振量子计算	国家自然科学基金面上项目	45 万元
	2007 年	基于核自旋量子调控的固态量子计算研究	国家重大科学研究计划	1376.47 万元
	2008 年	基于掺杂富勒烯的固态量子计算研究	国家自然科学基金重点项目	240 万元
	2009 年	信息存储 cluster	中科院知识创新工程	400 万元
	2010 年	化学反应动力学的量子模拟	国家自然科学基金面上项目	37 万元
	2010 年	脉冲式电子顺磁共振谱仪的研制	中科院科研装备研制项目	455 万元
	2010 年	室温单电子自旋量子态操纵和检测的实验研究	国家自然科学基金重大研究计划	315 万元

续表

杜江峰	2012 年	基丁自旋的固态量了计算研究	中科院战略性先导科技专项（B 类）项目	1775 万元
	2012 年	多波段脉冲单自旋磁共振谱仪研制	国家自然科学基金重大科研仪器设备研制专项	5600 万元
	2013 年	基于自旋量子调控的固态量子计算研究	国家重大科学研究计划	2533 万元
	2015 年	基于 NV 色心的生物大分子结构功能研究谱仪研制	中科院科研装备研制项目	1360 万元
	2014 年	《纳米成像与分子器件》课题三《室温下生物分子的高分辨结构解析与功能性研究》	中科院前沿科学重大突破择优支持项目	800 万元
	2015 年	X 波段连续波电子顺磁共振谱仪	中科院科研装备研制项目	435 万元
侯建国	1959 年生； 先后在中科大—苏联科学院研究所、中科院福建物质结构研究所、美国加州大学伯克利分校、美国俄勒冈州立大学（1988—1995 年）—中科大从事研究			
	1995 年	凝聚态物性 I：结构、力学和热学性质	国家杰出青年科学基金	80 万元
	1999 年	原子与分子尺度上表面光化学反应的研究	国家自然科学基金专项基金项目	10 万元
	2000 年	美国物理学会年会	国际（地区）合作与交流项目	1.3 万元
	2000 年	利用扫描隧道显微镜研究分子束外延生长的界面结构和反应	国家自然科学基金面上项目	20 万元
	2001 年	利用量子电子波相干效应研究外延生长的界面结构	国际（地区）合作与交流项目	8 万元
	2001 年	量子点、单分子在双隧道结中的电子隧穿特性研究	国家自然科学基金面上项目	24 万元
	2002 年	特殊纳米结构的高分辨表征和物性	国家自然科学基金重点项目	80 万元
	2002 年	纳米结构的制备、组装与表征	创新研究群体科学基金	750 万元
	2005 年	单分子电子输运性质相关问题的实验与理论研究	国家自然科学基金面上项目	36 万元
	2006 年	零维、一维纳米结构控制与功能化	国家自然科学基金重点项目	180 万元
	2006 年	表面吸附分子电子态能量与空间分辨的扫描隧道显微术研究	国家自然科学基金面上项目	35 万元
	2008 年	纳米结构的制备、组装与表征	创新研究群体科学基金	450 万元

续表

侯建国	2009 年	新基因异构体在肾透明细胞癌及其转移中的作用	国家自然科学基金面上项目	31 万元
	2009 年	隧道结中单分子弹性与非弹性电子输运的实验与理论研究	国家自然科学基金面上项目	59 万元
	2012 年	分子尺度材料构筑、性能控制及界面相互作用研究	国家自然科学基金重点项目	290 万元

* 中国科学院的简称，以下同。

资料来源：课题组根据相关资料整理。

进一步分析中科大 4 支量子团队成员的教育背景，课题组总结出 4 支量子团队获得各类高层次人才资助的情况，如表 4–2 所示。其中高层次人才资助项目包括：中国科学院“百人计划”、国家杰出青年科学基金、海外高层次人才引进计划、教育部“长江学者奖励计划”。

表 4–2　4 支团队获得各类高层次人才资助的情况

成员	中国科学院“百人计划”	国家杰出青年科学基金	海外高层次人才引进计划	教育部“长江学者奖励计划”
潘建伟	2000 年	2009 年	2008 年	2002 年
陈增兵	2006 年	2011 年		2011 年
陆朝阳		2015 年	2011 年	
杨涛		2006 年		
苑震生	2010 年			
邓友金	2009 年			
张强	2012 年			
陈帅	2009 年			
陈凯	2008 年			
杜江峰		2004 年		2007 年
何力新	2006 年	2010 年		
黄运锋		2012 年		
邹旭波	2006 年			
肖明	2011 年			

续表

成员	中国科学院“百人计划”	国家杰出青年科学基金	海外高层次人才引进计划	教育部“长江学者奖励计划”
彭新华	2008 年	2015 年		
李传锋		2013 年		2013 年
侯建国		1995 年		
杨金龙		2000 年		2001 年
王兵		2008 年		
董振超	1998 年			
赵瑾	2011 年			
武晓君	2011 年			
罗毅		2009 年	2008 年	
包小辉			2012 年	
陈宇翱			2013 年	
龚明			2015 年	

资料来源：根据 4 支团队提供资料汇总整理。

从表 4–2 可以发现，在具有代表性的研究人员中，入选中国科学院“百人计划”的有 14 人，获得国家杰出青年科学基金的有 13 人，入选海外高层次人才引进计划的有 6 人，被聘请为教育部“长江学者”的有 5 人。其中通过“百人计划”和海外高层次人才引进计划引进的人才中，分别有约 3/10 和 1/2 的人获得了国家杰出青年科学基金。

案例研究表明，国家自然科学基金在资助项目的同时，也培养出了大批优秀的学科领军人物，并通过学缘关系迅速形成了遍布全国的量子学科发展网络。中科大在 2009 年以前是重要的人才输出地，这也从侧面证明了中科大在量子通信方面的优势地位。国家自然科学基金对量子学科项目的资助面也在不断扩大，从 2003 年以前的两所大学，到如今延展到全国层面。在 20 多年的时间里，量子通信的研究发展迅速，相关的大学 / 科研院所数目与日俱增，这与国家自然科学基金持续稳定的支持分不开。

（三）量子领域技术成果的领先性与产业化

经过近 30 年的发展，我国在量子信息科技领域整体上已经实现了从跟跑、并跑到部分领跑的飞跃。在量子通信的研究和应用方面处于国际领先地位，在量子计算方面牢固占据国际第一方阵，在量子精密测量的多个方向上处于国际领先或先进水平。

中科大的郭光灿、潘建伟、杜江峰、侯建国 4 支研究团队分别在量子调控、量子通信、单分子量子等领域取得了不错的成绩。20 多年来，在中科大的实验室里，科研人员为了量子计算机的梦想日夜奋斗。他们先后实现了单比特、2 比特、3 比特、6 比特的量子芯片，开发出量子测控一体机、量子编程语言 QRunes。他们取得了国内多项“零的突破”，跟上了国际先进科研机构的节奏。近年来我国成功研制“墨子号”量子卫星与量子保密通信“京沪干线”等工程化项目。两者结合，中国与奥地利实现了世界首次洲际量子保密通信，构建出天地一体化的广域量子通信网络雏形，标志着中国在世界量子通信研究和应用水平上处于国际领先地位①。美国《时代周刊》曾在“爆炸性新闻”栏目中以“中国量子科学的飞跃”为题，对 2010 年中国科学技术大学与清华大学合作完成的 16 千米量子态隐形传输试验进行了评论：“最近的 16 千米量子态隐形传输的成功试验表明，中国将有能力建立起卫星与地面的安全量子通信网络”②。

中科大 4 支量子科学研究团队研究成果 2015 年以前在国际顶级期刊的发表数量如表 4-3 所示。

---

① 王向斌、潘建伟：《2022 年诺贝尔物理学奖：量子纠缠》，《中国科学基金》2022 年第 36 卷第 6 期。

② 吴华、王向斌、潘建伟：《量子通信现状与展望》，《中国科学：信息科学》2014 年第 44 期。

表 4–3 中科大量子研究成果在国际顶级期刊的发表数量 单位：篇

期刊	阶段一：1997—2002 年	阶段二：2003—2009 年	阶段三：2010—2015 年
Nature	6	7	14
Science		1	12
Physical Review Letters	5	57	60
Nature Physics		12	23
Nature Photonics			6
Journal of the American Chemical Society			2

资料来源：根据 4 支团队提供资料汇总整理。

2022 年，诺贝尔奖委员会宣布将 2022 年物理学奖授予法国科学家 Alain Aspect、美国科学家 John F. Clauser 和奥地利科学家 Anton Zeilinger，表彰他们“用纠缠光子进行实验，确立贝尔不等式的违背以及开创量子信息科学”。量子纠缠不但是量子力学基础检验的关键载体，更是量子信息科学的核心资源。Anton Zeilinger 是潘建伟院士的导师。在这些研究工作中，中国科学家也作出了重要贡献。在诺贝尔奖的官方介绍中，多次引用了潘建伟团队的成果与贡献。此次 Anton Zeilinger 获奖所列出的量子通信实验论文，除一篇理论文章之外，其余有 4 篇量子通信实验文章，潘建伟是其中 2 篇文章的第一作者和 2 篇文章的第二作者。“颁奖委员会还提到了另外 3 篇文章，而这 3 篇文章都是中国科学家独立开展的研究工作。所以，从这一点讲，我不仅是加入了塞林格的研究团队，也参与了开创量子信息物理学这个领域，我感到很幸运。”潘建伟说，“中国团队的工作共提到了 7 项。”

中科大潘建伟院士与同事彭承志、陈宇翱、陆朝阳、陈增兵等人组成的研究团队长期开展量子力学基本问题实验研究，系统地发展了多光子纠缠和干涉技术并应用于量子通信、量子计算和量子精密测量等多个研究方向，引领和推动了多光子纠缠及干涉量度学的发展，取得了广域量子通信和光学量子信息处理的系统性关键突破。这些研究包括：发展高亮度高纯度纠缠光源、独立光子干涉和单光子滤波等关键技术，以最强烈的方式揭示量子非定域性与爱因斯坦定域实在论之间的矛盾；率先实现五、六、八光子纠缠，一直保持纠缠光子数的世界纪录；在此基础上首次实现大数分解算法、拓扑量子纠错、任意子量子模拟等方案；发展诱骗态量子密钥分发、测量器件无关的量子密钥分发技术，克服量子通信中光源和探测器不完美带来的两大安全隐患，使得安全的量子通信网络成为可能；从理论上提出并实验实现基于冷原子量子存储的稳定的量子中继基本单元；光量子传输突破大气层等效厚度，克服星地通道损耗，率先实现百公里量级的纠缠分发和量子隐形传态，验证了星地量子通信的可行性。这些成果的取得，使得量子信息成为我国在国际上极具特色的优势研究领域，尤其是量子通信已经成为我国为数不多的具有世界领先水平的尖端技术，也为“京沪干线”大尺度光纤量子通信骨干网工程、“量子科学实验卫星”战略性先导科技专项等国家重大任务的顺利实施奠定了坚实的科学与技术基础。2020 年，潘建伟和陆朝阳等学者研制成功 76 个光子的量子计算原型机“九章”，推动了全球量子计算的前沿研究达到一个新高度，继谷歌“悬铃木”量子计算机之后，我国首次成功实现“量子计算优越性”的里程碑式突破。2021 年，中科大团队成功研制的 62 比特可编程超导量子计算原型机“祖冲之号”也实现了优越性。由此，中国成为全球唯一一个在两个技术路线上完成“量子计算优越性”的国家。

在量子技术的产业化方面，中科大早期就依托多个项目团队分别成立了多家衍生公司推动产业化。2009 年依托潘建伟团队成立了科大国盾量子技术股份有限公司（原安徽量子通信技术有限公司），公司设立在安徽省合肥市，于 2020 年 7 月在科创板上市。该公司以量子信息技术的全面产业化为目标，主要从事量子保密通信产品、量子计算仪器设备的研发、生产、销售及技术服务。科大国盾量子技术股份有限公司（以下简称国盾量子）副总裁、副总工程师唐世彪说："我们的量子信息行业内精度最高的SMT全自动化表面贴装生产线，就是我们在量子通信领域从实验室真正走向产业化的标志。"国盾量子推出了世界首款1U的量子密钥分发设备、全球首个可移动小型化量子卫星地面站等产品。企业也正在与通信、金融等行业深度合作，开发更经济、更便于终端接入的软硬件产品，拓展2C（个人消费）端用户，目前已开发出量子安全U盾、安全手机等，未来将有更多产品走入大众生活。目前，量子通信的产业化方向主要在"保密通信"，与传统通信相结合，提高信息传输的安全性。国盾量子总裁赵勇说："未来将量子计算、量子测量等功能融入量子通信，最终可实现高安全性的'量子互联网'。"

此外，2009年，依托郭光灿团队成立的安徽问天量子科技股份有限公司设立在安徽省芜湖市，经营方向为量子密码通信系统、光电子器件与设备、LED灯具驱动电源、LED照明产品等。经多年研究，研发人员成功解决了开关电源的关键技术性难题，用简单的电路实现了高效的转换，该电源在电源效率、功率因数、耐压、电流精度、稳定性以及寿命等方面均具优势，领先于国内同行业水平。2020年9月，我国首个6比特超导量子计算云平台正式上线，由中国科学技术大学郭光灿院士团队的成果转化企业合肥本源量子计算科技有限公司研发，基于自主研发的量子计算机"悟源"，保真度、相干时间等技术指标达到国际先进水平。

国仪量子（合肥）技术有限公司（以下简称国仪量子）是国内最早成立的量子测量企业，于2016年成立，技术源于中国科学院院士杜江峰领导的科研团队。量子测量的应用涵盖了科研、医疗、地质、能源、灾害预防等。将量子测量用于电网，可以精确监测电流、电压；用于探矿，可以边钻井边测量周边地质成分；用于医疗，可以精确分析血液微量物质含量。国仪量子开发的脉冲式电子顺磁共振波谱仪等产品已上市，与能源和电力行业进行了合作研发。该企业在量子传感、电子显微镜、气体吸附分析、油气勘探等方面都有系列产品上市。

随着国盾量子迈出第一步，越来越多从中科大走出来的学子也加入“量子”探索队伍。2016 年，十几名中科大学生组成团队，成立了瞄准量子精密测量产业的国仪量子，之后，国科量子通信网络有限公司、安徽云玺量子科技有限公司等企业不断进驻合肥高新区“量子大街”，逐渐形成了我国量子产业头部企业集群，并初步形成了涵盖量子通信、量子测量、量子计算、量子关键元器件的产业链条。

（四）从意外发现到重大科学突破的资金与制度安排

科学发现的过程难以预测，其不确定性容易造成市场失灵现象，为此，国家制定了针对意外发现的科学资助机制——国家科学基金资助制度，这已经是国际社会主流的资助模式。为了探析国家自然科学基金、“973”计划、中国科学院等资助模式在基础研究重大成果培育过程中各自发挥的作用，课题组梳理了量子调控及量子技术发展历程中三类科学资助方式资助的重要节点，以及各个重要节点学科所取得的主要技术突破。

1. 国家自然科学基金在稳定持续地支持量子学科发展，注重对想法和创新的源头资助

通过国家自然科学基金官网，在其科学基金共享服务网中以“量子”为项目主题词、“中国科学技术大学”为单位名称进行项目检索，截至 2015 年 11 月 30 日，共检索出自 1995 年起的资助项目 260 项，资助金额共计 31148.5 万元，涉及的科学家 150 位。其中，获得 3 项及以上项目资助的科学家有 27 位，获得 2 项资助的科学家有 28 位，获得 1 项资助的科学家有 95 位。在项目申请方面，国家自然科学基金秉承自

由申请的原则，但是申请的项目必须通过同行评议，相比于针对人才进行资助，国家自然科学基金在早期更加注重项目本身。竞争是国家自然科学基金项目典型的申报特征，即使国家自然科学基金想持续资助一个研究领域，也需要研究团队花费若干年时间完成一个项目后再竞争申报，而不可自动延续。国家自然科学基金秉承这种自由申请的原则，是为了在相当多的原始设想中筛选出可提交讨论的想法。课题组发现，虽然国家自然科学基金在资助的起初阶段是针对项目进行的，但是随着资助项目的不断发展，其在此基础上也开始了对人才的选择与资助，并且对选择的人才进行持续稳定的支持。对于科学研究来说，持续稳定的支持至关重要，它可以使科学家全身心地投入基础研究工作，这大大提高了科学研究的效率。

2. 国家自然科学基金在资助的起初阶段，更加注重对项目的支持，随着所资助的项目有所起色，才开始加大对项目中涉及人才的资助

与国家自然科学基金形成对比的是，中国科学院的资助往往是从对人才的资助开始，在量子系统的相干控制案例中，通过对相关科学家受资助情况的梳理，我们发现大多数科学家是从获得国家自然科学基金针对项目的资助起步的，如面上项目、青年科学基金项目以及“杰青”项目，这也体现了国家自然科学基金对于基础研究普遍性的源头支持作用。随后，在此基础之上，中国科学院开始对有起色的项目中涉及的人才进行支持，在某种程度上可以说国家自然科学基金对项目的支持是中国科学院针对人才进行支持的前提。国家自然科学基金针对项目的资助以及中国科学院针对人才的资助，对于整个学科发展起到的支撑作用都是显而易见的。需要注意的是这两种资助模式并不是相互矛盾的，而是一种互补的关系，国家自然科学基金资助项目获得的成果，对中国科学院发掘有关人才有借鉴作用；同时，中国科学院资助人才的过程中，人才不

断成长带来的相关项目的申请，对于国家自然科学基金资助项目质量的提升也具有促进作用。

3. 国家自然科学基金对项目需求性容忍度较高，会资助一些国家战略需求尚不明确的项目，对于基础理论早期孵化至关重要

国家自然科学基金对科学家及团队资助的持续性比较好，对“973”计划具有较好的基础支撑和培育作用。“973”计划一般资助理论应用需求前景比较明朗的项目。在访谈中王兵说：“最初的原创性，从我们的角度也就是‘第一桶金’往往都是国家自然科学基金支持的，有一些眉目之后，大家就可以一起到科技部争取一些大的项目，比如2006年申请的‘量子调控重大研究计划’就是在前期国家自然科学基金支持的基础上进行的。”潘建伟团队的苑震生教授也说：“我们团队很多成员都感觉到了国家自然科学基金早期资助的重要性，我刚毕业留校申请国家自然科学基金的面上项目，获批30多万元，后来我到德国学习了几年，回国申请单量子调控的重大研究项目。我们团队陆续留学回来的年轻人里面，有一些‘优青’‘杰青’，所以说国家自然科学基金一直在给团队每个成员起步阶段的支持，这对一些自由探索的课题都是很好的。”科技部的“973”计划，或者国家发展改革委支持的重大研究项目，往往都是在国家自然科学基金提供的、得到论证的可行性技术的基础上进行组织。在这个过程中，国家自然科学基金的主要作用就是把基础研究由点及面地进行覆盖。国家自然科学基金与“973”计划是中国对基础研究及应用研究进行科学资助的重要渠道，但两者在定位上存在不同。国家自然科学基金体现了源头创新、自由探索的特点，资助的项目类型、科研人员、学科领域更加广泛，具有合理布局学科及培养人才的基本功能。而“973”计划更加强调以国家战略目标为导向，以国家及社会的重大需求为出发点，重点资助经过科学基金培育、具备良好条件及发展潜力、有望取得突破的基础性研究。

4. 国家自然科学基金发现和培养了很多科技人才

当年创建两个量子实验平台的主要研究人员共有10位，经过16年的成长和发展，其中郭光灿、潘建伟、杜江峰、侯建国4人当选为中国科学院院士，潘建伟、杜江峰、李传锋、陈增兵、杨金龙被选为“长江学者”，潘建伟、杨涛、杜江峰、李传锋、陈增兵、侯建国、杨金龙获得国家杰出青年科学基金的资助。透过10位量子研究人员的成长经历，我们发现两个共性。①研究人员基本都是从国家自然科学基金面上项目起步，少部分是青年项目，典型的成长路径是“青年项目或者国家自然科学基金面上项目—重点项目—重大项目—重大科研仪器研制项目”，中间可能有中国科学院先导专项、创新项目、“杰青”项目，等等。②项目资助和人才资助相互作用，作用点不同的项目采用“接力”的资助方式是量子研究团队持续产生重大成果的重要保障。两个量子实验平台持续获得创新群体项目的资助，多人获得国家杰出青年科学基金项目资助。

三、主要启示与建议

我国量子科学成就的意义不仅在于在世界基础研究的地图上抹上了亮丽的中国颜色，更重要的是为中国向大科学领域的迈进开创了一条路径，展现了从早期科学家的微小想法到高水平量子研究群体和研究成果的发展过程。通过对中科大“量子系统相干控制”的案例研究，课题组得出以下启示与建议。

（一）战略科学家对学科发展新方向起到重要引领作用

1995年，中国开始介入量子信息的研究，而那时对量子信息的实验研究几乎为零，对于是否应该支持量子信息研究依然存在很多争议，甚至有学术界同行认为量子科学是伪科学。1998年以后，量子调控和量子技术研究才真正在国内兴起，时至今日也不过26年的时间。一批活跃在量子科研一线的战略科学家推动中国量子学科走出发展的前夜，系统地洞察到中国量子调控及量子技术的巨大发展前景，并向科技管理部门强调了量子技术对中国未来发展的重要性。战略科学家是领军人物，能够找到战略方向并持之以恒，其独特的战略眼光对于整个科学领域的发展有着推波助澜的作用。战略科学家能够形成一个伟大的团队，所具有的特质也深刻影响着一个团队的成长，用团队来接力、协力完成一个领域的重大成果。只有对于科学研究本质的理解达到一种“通透”的境界，对于学科未来发展有着战略性、前瞻性的眼光，能够站在学科前沿，才能凝练出根本性的重大科学问题，才能建立独创性研究体系，开辟新的研究领域，引领学科发展的新方向。中国科技发展进入新的历史阶段，面临转变经济发展方式和发展战略性新兴产业的巨大挑战和机遇。全新的科技发展蓝图呼唤战略科学家的涌现，迫切需要发挥战略科学家在准确把握科技、社会和产业发展趋势中的引领作用。

科学驱动创新的过程不仅需要战略科学家，也需要“伯乐”。科学家，特别是战略科学家鉴赏和推广科学价值的能力，整合国际资源的能力，贯穿科学、技术以及产业的能力，以及在基础研究重大成果产生过程中的重要作用毋庸置疑。而科技管理部门领导的科学价值鉴赏能力对基础研究重大成果的产生同样不可或缺，部门领导致力于发现、遴选和使用人才，推动从事新兴技术研究的科研人员所构成的社区不断发展壮大，这就是“技术侦察兵”的责任和权利。

（二）形成重大科技发现需重视科学与技术的融合，需要高校与企业的联合推动

中科大取得一系列原始创新成果后，高校将有市场前景的原始创新成果推向产业化是一个趋势，产业化过程中需要一些具体的产业实体

来专门做这些事情。李传锋谈道："我们实验室现在和中航成立了量子中心，就是想解决产学研的问题，我们沿着量子通信和量子计算进行研究，同时和中航进行协作，如果中航发现某一部分可以进行产业化了，它就会拿去产业化，不断地进行分流。不一定非要量子计算机出来了，才开始产业化，比如说郭老师做的量子存储器里面的迅速制冷机、降速共振谱仪的一个结合，如果解决了这些问题，就可以想办法产业化了。"重大基础研究开辟一个科学领域后，研究团队就可能做一些仪器和设备的研发，这对未来产业的发展会产生重要影响。当科学发展到一定程度后，理论的突破和装备的研发是相互促进的关系。原始创新的突破、技术的积累，以及后续产业的跟进，都是产业化过程中非常重要的、不可缺失的环节。科学与技术的融合是时代潮流。科学与技术间的持续互动才能促进科学的应用、技术的创新和生产的发展。实现以科学理论为背景的应用研究和以应用为导向的基础研究应当并重发展、双向推进。要进一步健全科学与技术的互动支撑机制，推进企业与科技共同体的合作交流。立足于中国的国情和需要，确定若干个重点领域，突破信息、能源和环境等一批重大关键技术。加强科研与生产实践的结合，创造良好的技术共享环境，建立科技信息共享平台等。

（三）重大科技成果的产生需要多种科学资助主体合作

透过量子案例不同主体的资助过程，可以发现案例涉及的参与主体，包括国家自然科学基金、中国科学院、科技部、国家发展改革委，以及地方政府和企业。国家自然科学基金、科技部"973"计划、中国科学院这三种类型的科学资助对整个学科的发展起到了至关重要的作用，但是其资助模式各不相同。量子技术从早期科学家兴趣驱动到国家和产业需求驱动，国家自然科学基金、科技部、中国科学院、国家发展改革委、地方政府甚至企业界彼此之间形成了这样一个合作链条：国家自然科学基金资助科学家筛选好的研究想法，在其中的作用更多趋向于源头，逐渐形成一些新的技术、方法、仪器，为国家重大的项目、重大的计划、重大的基础设施提供源头的探索；中国科学院负责帮助科学家集成，打包成大的项目并向科技部推荐；科技部以“973”计划项目的形式进行资助；国家发展改革委通过国家专项的方式积极促成国家大项目；地方政府则通过产学研合作的方式实现项目产业化。为进一步加强基础科学研究成果产出，需要建立基础研究的多元投入机制，增加企业和社会力量对基础研究的投入。

（四）协同科技政策与经济政策共同推进科技成果转化

量子学科能够取得今天的成绩，我们不能只看到某些科学家发表了若干篇 *Science* 或者 *Nature*，更重要的是国家构建了从理论研究到实验研究，再到重大仪器设备研制，甚至产业化的完整量子研究与应用体系。科技成果能否转化成功，受技术、资金、管理、市场等多种因素影响，需要科技界、经济界和政府的共同参与，需要科技政策、经济政策的协调配套。要准确把握不同主体在科技成果转化中的功能定位，调动各方面力量共同参与和支持科技成果转化。政府尤其要加大对科技成果进入市场中间环节以及产业化阶段的支持力度，通过营造市场环境，激发企业的创新动力，提升企业研发和采用新技术的积极性；通过建立市场动力机制，激励技术人员参与科技成果转化。

（五）改革评价体系，加强基础学科建设

从最初的理论基础研究，初步探索实验研究，到大力推广实验平台，开展多元化、交叉学科的实验研究，再到最后进行仪器设备的研发以及相关实验研究成果的应用化和产业化，中科大 4 支量子研究团队向我们展示了一个新兴学科从起步、发展到不断壮大的漫长而又激动人心

的过程。前瞻性的基础研究往往需要很长时间，并且在初始阶段很难看到产业化的机遇。良好的评价体系对于激发科技工作者创新积极性、检验学科发展水平、引导学科持续发展具有重要作用。完善学术评价制度和体制的重点在于尊重规律，切合实际，建立以科学内涵为主导的评价程序，准确评价研究质量、原创价值和实际贡献，逐步提升对重要基础研究成果的鉴赏能力。对从事基础和前沿技术研究、应用研究、成果转化等不同活动的人员建立分类评价制度，提升人才评价的科学性。在科研布局、政策环境、资金投入等方面加强顶层设计，加大对基础研究的稳定支持力度。

（六）优化学科布局，促进学科交叉合作

科学研究领域，合作尤其重要，但是科学家之间的合作是很困难的。科学研究具有排他性，为了保持自己在研究领域中的领先地位，大部分科学家与科学共同体不愿意与他人共享自己的研究成果。但是适当的开放是有助于科学研究发展的。在对中科大 4 支量子研究团队调研的过程中我们发现，物理层面的集聚是科学家之间合作的重要条件。中科大有 4 支不同的团队都在从事量子的研究工作，并且都集聚在中科大，存在着同类竞争关系。这些团队之间适当的良性竞争并没有阻碍整个学科的发展，反而有助于整个学科更加全面和快速地发展，使中科大逐步成为在量子系统相干控制领域具有国际影响力的大学之一。因此，科学技术活动保持适度的竞争是必要的。“我们团队能形成今天这样的国际竞争力，得益于国家的支持，也得益于前瞻性的学术布局和有计划的人才培养，形成了良性循环。”潘建伟总结道。研究机构需要进一步理顺学科关系和团队研究布局，大力推动学科间的渗透、交融，形成多学科相生共长的学科体系。汇聚创新资源，打造结构合理、功能完善、分工明确、运转高效的多学科交叉融合平台。充分重视良性竞争和学科交叉

取得的成果，以优势学科为轴心，跨学科融合、多学科嫁接，培育新兴学科增长点。以重大科学研究计划、项目为牵引，多学科支撑，培育若干优势学科群。

（七）增强原始创新意识，塑造原始创新文化

原始创新孕育着科学技术质的变化和发展，是自主创新的核心。要大力营造尊重原始创新、尊重创新人才的学术氛围，倡导追求真理、宽容失败的科学精神。人才是第一资源，中国科学技术大学过去非常注重教学与科研并重，支持学生深入科研一线开展研究型学习，培养和提升学生的科学素养和科研创新实践能力[①]。建议高校和科研院所建立符合科学和技术不同发展规律的激励机制，支持独立思考、有独创精神的学者和青年人才，完善培养拔尖创新人才的模式。同时，强化科学传播，促进公众理解科学，夯实有利于原始创新的人才和环境基础。促进学术界的开放交流，鼓励和支持科学家参与国际国内的学术交流和科研合作。

执笔人：柳卸林　　程　鹏　　丁雪辰

① 包信和：《中国特色世界一流大学建设是教育、科技、人才一体化部署的有效实践——以中国科学技术大学为例》，《中国科学院院刊》2023 年第 38 卷第 5 期。

第五章

聚焦国家重大需求，突破前沿基础研究

——中国科学院遗传与发育生物学研究所李家洋分子设计育种团队案例研究

农业现代化，种子是基础。分子设计育种是现代多项技术发展的产物，利用现代信息和生物技术，通过杂交、分子标记选择和对遗传机理的了解，能实现从传统“经验育种”到定向、高效“精准育种”的飞跃。分子设计育种是通过科学手段能够像设计工业品一样设计粮食品种，不仅能在很大程度上减少常规育种的盲目性，而且能够显著提高作物育种的效率，创造有重大育种利用价值的新材料，创制高产优质多抗新品种，对于保障粮食安全、实现农业可持续发展具有重要意义。中国科学院遗传与发育生物学研究所（以下简称中科院遗传发育所）分子设计育种团队的研究成果“水稻高产优质性状形成的分子机理及品种设计”获得 2017 年度国家自然科学奖一等奖和 2018 年未来科学大奖。

基础研究是重大科技创新的源泉。为了探索如何通过前沿科学研究，实现“从 0 到 1”的突破，形成重大科技成果的研究机制和发现规律，我们选取中科院遗传发育所的李家洋[①]分子设计育种团队，开展案例研究。课题组通过文献梳理与访谈相结合，总结了该团队坚持国际前沿科学研究与重大需求密切结合，实现水稻分子设计育种“从 0 到 1”的研究路径和创新模式，分析了国家自然科学基金在其中发挥的重要作用，提炼出主要发现和建议。

① 李家洋，植物分子遗传学家，中国科学院院士、美国科学院外籍院士、英国皇家学会外籍会员、发展中国家科学院院士、德国科学院院士、国际欧亚科学院院士等。

一、案例背景

（一）现代分子设计育种的发展

世界农业育种在经历了驯化育种、杂交育种、转基因育种、分子育种等阶段之后，随着主要作物全基因组测序的完成，功能基因组学以及生物信息学的发展，一种新的育种理念——“分子设计育种”在世界范围内逐渐兴起，并成为引领作物遗传改良的前沿技术。分子设计育种属于世界前沿技术，是在解析自然界本身存在的优异基因的基础上，利用优异基因组合，通过定向、高效、精准的育种技术，实现作物高产、优质、多抗、高效等性状聚合的目标。分子设计育种不是用转基因技术，而是发挥自然界本身存在的优异基因及其聚合的优势。科学家们首先要了解水稻不同基因对应的不同性状，以及不同基因耦合可能产生的性状，然后将含有这些基因的材料进行杂交，根据需要高效精确找出基因的重新组合，从而得到需要的品种——这就像搭积木，育种专家们可以有针对性地选择需要的积木，更快更好地搭建出需要的建筑①。

随着人民生活水平日益提高，农业发展质量面临更高要求，即粮食生产不仅要高产稳定，还要营养安全，走绿色可持续发展之路。中国科学院院士、2006年国家最高科学技术奖获得者李振声指出，水稻的第一次绿色革命发生在20世纪50年代初，其主要特征是把水稻的高秆变矮秆，另外辅助以农药和农业机械，从而解决了发展中国家的粮食自给问题。而袁隆平院士推动的中国杂交水稻是第二次绿色革命时期的杰出代表，杂交水稻实现了水稻“高产”的目标，让同样的土地能够产出更多的粮食，养活更多的人②。中科院遗传发育所李家洋院士带领分子

①② 《2017国家自然科学奖李家洋团队：用一粒种子改变世界》，《光明日报》，2018年1月8日。

设计育种团队聚焦国家粮食安全和可持续发展，坚持以高水平创新培育超级水稻新品种，将分子遗传学与水稻高产优质育种紧密结合，持续深化研究，经过近30年的努力，培育出“高产优质”的超级水稻新品种，形成了一系列世界前沿、具有革命性意义的研究成果。李振声院士认为“这是一次新的绿色革命的开端”。

李家洋团队的分子设计育种工作分为4个阶段：一是深入开展遗传发育基础理论研究，深耕拟南芥遗传发育研究，为分子设计育种打下坚实的理论基础；二是率先建立植物图位克隆技术体系，利用构建的突变体库，发现首个控制水稻分蘖的基因，并进一步系统解析了水稻株型形成的遗传基础；三是开展“水稻高产优质性状形成的分子机理及品种设计”研究，提出并建立了高效精准的设计育种体系，育成“中科发”与“嘉优中科”等系列优异水稻新品种，并大面积示范推广；四是提出并证实快速从头驯化“异源四倍体野生稻”的新策略，将野生稻驯化为栽培稻的时间大幅缩短，被业界认为开辟了一条野生植物驯化新路径，有望对世界粮食生产带来革命性影响[①]。

（二）领军人与团队的研究之路

1. 获得第一笔研究经费支持，深入开展遗传发育基础理论研究

1985年，李家洋留学美国布兰代斯大学攻读生物学博士；1991年，转入康奈尔大学汤普逊植物研究所做博士后研究。其研究方向为高等植物生长发育与代谢的分子遗传学，以模式植物拟南芥为材料，研究植物激素（Auxin和Strigolactones）的合成途径与作用机理，着重于阐明高等植物株型形成的分子机理。

1994年，李家洋博士全职回国后继续开展拟南芥分子遗传学方面

① 《异源四倍体野生稻快速从头驯化获得新突破》，《中国科学报》，2021年2月4日。

的基础研究，为后来的水稻育种打下坚实基础。他依靠中科院遗传发育所、中国科学院和国家教委支持的 8 万元科研启动经费，利用 30 多平方米的旧实验室开始了研究工作。1995 年，在获得国家杰出青年科学基金项目与中国科学院院长基金 20 万元的支持后，李家洋开始建立自己的实验室。由于当时国家科研经费整体紧张，对基础学科的资助非常少。国家不富裕，对此他有心理准备，坚持潜心研究、不懈积累，带领研究小组在国内率先建立了植物图位克隆技术体系。

1999 年，李家洋的研究项目“拟南芥 ymvl 突变体的分析及其基因克隆”获得国家自然科学基金面上项目为期 3 年的支持。通过该项目，李家洋带领课题组对新筛选的拟南芥叶片生长发育突变体进行细胞生物学、生理生化与遗传学的研究，利用自己构建的突变体库做出了原创性的重要成果。2001 年，李家洋凭借在拟南芥分子遗传学研究方面的卓越工作，当选中国科学院院士。

2. 将研究重点转向分子遗传学与水稻育种相结合，获得阶段性突破

为了有效满足国家对粮食“高产优质”的需求，1996 年开始，李家洋与团队一起着手研究关于水稻株型的课题。那时，中国农业科学院中国水稻研究所（以下简称农科院水稻研究所）的钱前博士正好在遗传研究所做研究，通过与钱前博士合作，李家洋逐渐将其研究重点转向了水稻育种。尽管水稻与拟南芥存在相当大的差别，但生物遗传具有一定的共通性，这使得李家洋的研究重点有可能从拟南芥转向水稻。李家洋课题组与农科院水稻研究所课题组经过艰苦努力，不仅发现了控制水稻分蘖[①]的基因，而且成功分离和克隆了这一基因，从而在水稻分蘖分子调控机理方面取得了重要进展，在揭示水稻高产的分子奥秘上迈出重要一步。*Nature* 杂志发表了这一研究的论文，研究进展被选为“2003 年

① 在水稻发育过程中，分蘖（分枝）直接决定水稻的穗数，从而影响水稻的产量。要想提高产量，分蘖数不能太多，也不能太少。影响分蘖数的因素很多，但基因是最根本的。

中国十大科技进展新闻”之一。

“水稻高产优质性状形成的分子机理及品种设计”研究是分子设计育种团队从科学理论到生产实践的成功典范，极大地推动了作物传统育种向高效、精准、定向的分子设计育种的转变。该团队将基础研究成果应用于水稻高产优质分子育种，率先提出并建立了高效精准的设计育种体系，示范了以高产优质为基础的设计育种，为解决水稻产量与品质互相制约的难题提供了有效策略。与常规育种技术相比，“分子精准设计”育种不仅克服了育种周期长、偶然性大和育种效率低下等缺点，还可以对当前品种的缺点进行精准改良，实现多个优良性状的聚合。目前李家洋团队先后定制了多种具备高产、优质、高效、高抗等诸多优良性状的“理想水稻”。具体地，李家洋团队和钱前团队精心设计，以超高产但综合品质差的品种“特青”作为受体，以蒸煮品质优良的品种“日本晴”和外观品质优异的“93-11”为供体，对涉及水稻产量、稻米外观品质、蒸煮食味品质和生态适应性的 28 个目标基因进行优化组合。经过 8 年多的努力，利用杂交、回交与分子标记定向选择等技术，成功将优质目标基因聚合到受体材料上，并充分保留了“特青”的高产特性。这些优异“品种设计”材料，在高产的基础上，使稻米外观品质、蒸煮食味品质、口感和风味等方面均有显著改良，并且以其配组的杂交稻稻米品质也显著提高，成功实现了“籼稻的产量，粳稻的品质”的理想目标。

3. 长期耕耘于前沿领域，提出“从头驯化”策略

世界人口快速增长，进一步提高作物单产是亟待解决的问题。与传统农业的多样化品种、小规模种植不同，现代农业高产品种的单一化、同质化的种植模式，不仅削弱了农业生态系统多样性，还引发土壤、水污染等环境问题。在不断增长的粮食需求和作物遗传多样性持续降低的“双重压力”下，为改良作物品种，进一步提高作物单产，分子设计育种团队首次提出“异源四倍体野生稻”快速从头驯化的新策略，旨在最终

培育出新型多倍体水稻作物，从而大幅提升粮食产量并增加环境变化适应性。该研究对未来应对粮食危机提出了一种新的可行性策略，开辟了全新的作物育种方向，有望对世界粮食生产带来颠覆性变革。

作物驯化是通过长期的人工选择来完成的，这导致在各种品种中积累了符合栽培要求的有益突变，如落粒性减少、自花授粉、茎秆变粗、芒长变短、籽粒变大，等等。如今，随着新型生物技术特别是基因组编辑的发展，从头驯化已被提出作为作物育种的新策略。原理上，从头驯化策略首先从自然界中选择野生或半野生物种的优良基础材料来满足新的育种目标，其次通过遗传和育种工具将驯化相关性状快速引入其中，同时保留其所需特征，最终创造出与当前品种相比具有有益性状的新作物（见表 5–1）。

表 5–1 不同植物育种策略的比较

育种技术	特殊功能	优点	缺点
杂交	整合来自不同亲本的基因	影响大量基因	在随后的选择中随机且费力
诱变	随机创建新的等位基因	创建新的等位基因	随机且不可预测
转基因	增添基因	有针对性和可预测性	只能影响少数基因
基因组编辑	对 DNA 进行特定改变	有针对性和可预测性	只能影响少数基因
从头驯化	设置新的遗传资源	利用野生植物的基因	需要在野生物种中进行基因组编辑

资料来源：作者根据相关资料整理。

尽管分子设计育种团队全面启动四倍体野生稻研究工作是 2015 年正式立项的，但很早就开始了相关准备工作，而且前期的研究积累也为其打下良好基础。该团队一直在探索使用新的遗传学育种方法，水稻只是诸多作物中的一种。研究的推进得益于现代生物技术的成熟。基因组测序组装、基因组编辑、合成生物学等技术的发展，让之前“做不了”或者做起来效率很低的工作有了保障。

“异源四倍体野生稻”快速从头驯化的新策略主要包括四个阶段：第一阶段，收集并筛选综合性状最佳的“异源四倍体野生稻”底盘种质资源；第二阶段，建立野生稻快速从头驯化技术体系；第三阶段，品种分子设计与快速驯化；第四阶段，新型水稻作物推广应用。在整个驯化策略的各阶段，研究团队遇到了许多棘手难题。比如，在收集到的四倍体野生稻资源中，到底哪个最有可能成为底盘种质资源？能不能获得再生能力好的苗？为此，科研人员做了大量的筛选工作。又如，现有栽培稻遗传转化方法对野生稻无法适用，科研人员为此建立了野生稻高效遗传转化体系；在基因组的绘制和基因功能注释上，团队也做了很细致的处理……攻克这些难题，至少也要耗时一年左右。

最终，该团队通过材料收集，攻破技术瓶颈，成功创制了落粒性降低、芒长变短、株高降低、粒长变长、茎秆变粗、抽穗时间不同程度缩短的各种基因编辑“异源四倍体野生稻”材料，证明该团队提出的“异源四倍体野生稻”快速从头驯化策略高度可行，对未来创制培育新的作物种类具有重要意义。

（三）分子设计育种团队的主要研究成果

总体来看，自 1995 年起，分子设计育种团队在李家洋院士带领下，聚焦国家粮食安全，从分子遗传学研究到水稻育种研究，经过约 30 年的努力，从基础研究、实验开发到应用推广，实行科学研究与产品设计交叉推进，取得了一系列原创性重要成果。

1995 年，李家洋获得国家杰出青年科学基金资助，组建团队开展分子遗传学研究。1995—2000 年期间，团队只用不到 5 年的时间，在国内率先建立了植物图位克隆技术体系。2003 年，李家洋发现控制水稻分蘖的基因，并成功分离和克隆了这一基因。2004 年，团队带头人李家洋因利用模式植物研究植物生长机理，并在调控水稻分蘖方面作出了突出贡献，获全球华人生物科学家大会生命科学成就奖、何梁何利基金科学与技术进步奖。2005 年，研究成果“高等植物株型形成的分子基础”获国家自然科学奖二等奖。2017 年，研究成果“水稻高产优质性状形成的分子机理及品种设计”获国家自然科学奖一等奖。该项研究的主要完成人包括李家洋、韩斌（中国科学院上海生命科学研究院）、钱前（中国水稻研究所）、王永红（中国科学院遗传与发育生物学研究所）和黄学辉（中国科学院上海生命科学研究院）。

2019 年 11 月，“水稻理想株型基因提高产量与稻瘟病抗性”进入中国农业科学院发布的“2018 年我国农业科技前沿研究水平、取得重大突破性进展的基础科学研究成果”行列。该研究由中科院遗传发育所李家洋团队和四川农业大学水稻研究所陈学伟团队主导，揭示了水稻理想株型这种技术能够用于多种植物的主控基因，既能提高水稻产量，又能增强对稻瘟病抗性的调控新机制，为高产高抗育种提供了重要理论基础和实际应用新途径。2021 年 4 月，分子设计育种团队提出并证实“异源四倍体野生稻”快速从头驯化新策略①，开发了双季早粳水稻新品种“中科发早粳 1 号”，研究成果在国际顶尖学术期刊 *Cell* 上发表，被业界认为“有望开辟一条野生植物驯化新路，将对世界粮食生产带来革命性的影响”。同年 7 月，江西省上高县举行双季早粳水稻新品种“中科发早粳 1 号”测产现场会。示范田里，在机插秧、人工插秧、直播和抛秧 4 种栽培模式下，“中科发早粳 1 号”均表现优异，不仅产量创出新高，而且在苗期抗冷、抗旱，成熟期抗穗发芽等农艺性状中表现突出。这一新品种实现了我国双季早粳稻“零的突破”，填补了双季早粳品种在我国水稻生产中的空白。

2022 年 4 月，李家洋团队的最新研究揭示了水稻穗重和穗数之间相互制约的分子机制，为突破水稻产量瓶颈提供了新的遗传资源与研

① 资料来源：《文汇报》和环球网。

究思路。在此项研究中，团队创制出大量IPA1顺式调控区平铺删除的基因编辑材料，并从中发掘出可同时提高穗重和穗数的编辑材料IPA1-Pro10，该编辑材料还具有株高变高、茎秆和根系粗壮的表型。经田间小区测产鉴定，IPA1-Pro10与对照品种中花11相比能够增产15.9%[①]。2022年5月，分子设计育种团队创制世界首例重新设计与快速驯化的四倍体水稻材料，在北京实验室试种。同年，分子设计育种团队在山东省东营市黄河三角洲盐碱地农业试验站开展盐碱地科研工作。2023年，分子设计育种团队在橡胶树驯化的遗传机制解析方面取得重大突破，其研究论文“Genomic Insight into Domestication of Rubber Tree”在国际主流杂志《自然—通讯》（*Nature Communications*）上发表。

上述研究成果的价值体现在以下三个方面。一是在科学层面。能够理解水稻高产和优质的分子基础，这在国际国内研究领域是走在前沿的。高产和优质都是复杂性状，有很多控制基因，只有把关键的基因分析鉴定出来，才能操作它们，这是非常艰巨的挑战。在植物株型方面，团队完成了一系列国际上的开创性工作，能够把分子基础与调控网络解析出来，产生重大影响。

二是在技术层面。目前作物研究领域都在努力克隆重要基因，分子设计育种团队在国内率先建立植物图位克隆的技术体系，对我国的水稻分子遗传学、分子生物学产生了巨大影响，为水稻功能基因的研究奠定了坚实的基础。

三是在应用层面。团队20多年来一直在研究和推广分子设计育种，引领未来品种创制的方向。通过多个团队合作，开展示范工作，培育了十几个水稻新品种，能够将高产、优质、抗病的特性有机结合起来，显示了未来水稻育种的方向。

① 陆成宽：《突破水稻产量瓶颈，解除穗重、穗数此消彼长“魔咒”》，《科技日报》，2022年4月27日。

二、案例研究的主要发现

（一）国际前沿科学研究与国家重大需求密切结合，实现水稻育种“从 0 到 1”的突破

分子设计育种高度依赖理论研究突破，科学机理的发现指引了应用技术的开发和转化。李家洋在国外一直从事植物分子遗传学研究，取得了一系列重要研究成果。回国后，他考虑到中国有十几亿人，解决吃饭问题是国家的战略需求，尤其是随着人民生活水平日益提高，粮食生产不仅要高产稳产，还要营养、安全，走绿色可持续发展之路。因此，李家洋下决心利用我国的资源优势，从主粮作物入手，寻找研究方向与选题。1996 年，李家洋团队开始从事水稻株型研究，他没有跟随当时的热点路径，而是另辟蹊径，利用遗传学方法，解决水稻产量、品质、抗性等问题的本质。在调研中，李家洋院士表示，科研选题要基于 3 点考虑：原创性，国家重大需求以及坚实的研究基础。分子设计育种团队始终站在科学前列，面向国家重大需求，攻克一个又一个前沿理论问题，把基础研究成果应用于水稻育种，实现了“从 0 到 1”的突破，并带动其他作物的育种技术革新。面对不断出现的新问题、新需求、新情境，分子设计育种团队仍在探索应用新的遗传学育种方法，向智慧育种方向进军。

（二）重大科技成果的产出离不开科研人员潜心钻研、持续积累的科学精神

李家洋 1994 年全职回到中国科学院遗传所[①]，依靠研究所、中国科

① 1994 年，该研究所名为“中国科学院遗传所”，后来与中国科学院发育所合并，改名为“中国科学院遗传发育所”。

学院和原国家教委支持的8万元科研启动经费，利用30多平方米的旧实验室改造建立起自己的实验室。尽管当时国家对基础学科的资助经费很少，李家洋仍然坚持潜心研究、不懈积累，培养团队。

水稻育种需要在科学、技术和产业化各环节开展一系列突破性研究，成果产出周期较长。如四倍体野生稻快速从头驯化工作，研究团队计划用5~10年完成示范材料研制，再用5年左右培育可用于农业生产的高产、优质、高抗、高效新水稻作物，最终还要进行大田示范和品种测试与审定，合起来就要十几年，甚至更长时间。在多年探索的分子遗传育种方法基础上，2015年，李家洋团队全面启动四倍体野生稻快速从头驯化研究工作。此后6年中，团队没有发表过一篇相关研究文章。在调研中，李家洋表示，科学研究和成果转化有其自身规律，尤其是原创研究不能保证每一步都成功。如果为了完成项目考核指标，提前发布一些阶段性进展，可能会破坏项目成果的原创性和系统性。培育一个好品种需要开展多年多点的反复测试，再连续2~3年参加国家或省级农作物品种审定委员会组织的预备试验和区域试验，才能确定其在大田生产上的应用价值。品种审定和推广直接影响广大农民和企业的切实收益，因此，科研工作要扎扎实实。

原创研究的每个阶段都可能遇到瓶颈，要容忍失败。在实施驯化策略的各个阶段，团队遇到过许多棘手难题，经过长期坚持和深厚积累，终于取得技术上的突破[①]。例如，针对栽培稻的遗传转化方法对野生稻无法适用的问题，团队建立了野生稻高效遗传转化体系；在四倍体基因组绘制和基因功能注释上遇到的难题，团队也做了细致处理。

① 《中科院李家洋院士团队创制世界首例重新设计与快速驯化的四倍体水稻材料——开辟水稻育种新途径》，《人民日报》，2022年4月18日。

（三）产生重大科研成果需要一个好团队和领军人

案例研究表明，团队领军人在重大研究成果的形成过程中发挥了重要作用，不仅自己是领域的专家，有战略眼光，而且要善于培养年轻人和带队伍，联合领域内和跨领域的各方面专家。分子设计育种团队的管理经验可以归纳为：明确任务和目标，知人善任，合理分工与协作，发挥每个成员的智慧和能力，靠科学管理和科研事业吸引大量各类型人才。具体来讲，一是使团队成员认识到工作的重要意义，坚信目标是能够实现的，从而激发大家的工作热情和雄心壮志；二是团队负责人要了解每个人的特长，赋予其恰如其分的责任，每个人都有明确的分工和协作；三是科学研究需要全心全意的投入，勤奋与坚持不懈；四是团队成员要持续学习新技术、新方法、新理论，保持良好的理解能力和宽广的思路，掌握解决问题的途径与方法。

分子设计育种团队在研究过程中不断扩大规模，协同开拓学术前沿，涌现了一批挑大梁的研究骨干。例如，李家洋 1995 年获得国家杰出青年科学基金项目资助；分别自 1997 年和 1999 年起与钱前和韩斌建立了长达 20 多年的战略合作，一起做了一系列开创性工作。王永红 1999 年加入课题组，建立和发展课题组的水稻细胞生物学与分子遗传学的研究体系；2007 年和 2008 年，刘贵富与孟祥兵加入课题组，创新性地开展分子设计育种，培育出“嘉优中科”“中科发”等系列高产、优质、耐逆水稻新品种；2011 年，余泓与王冰加入课题组，在水稻分子遗传、设计育种、生长发育与代谢等前沿领域攻坚克难。

2003 年，分子设计育种团队获得国家自然科学基金“创新研究群体”项目的资助，开展植物发育分子遗传学研究，成为该领域获这项资助的第一支团队。2018 年，团队的未来作物分子设计研究又获得国家自然科学基金的基础科学中心项目支持，并于 2023 年获得延续资助。

在调研中，李家洋表示，在科学研究攻坚阶段，“杰青”、创新群体、科学中心等资助项目往往能起到更关键的作用。这些项目对于具体研究内容的限定比较少，更加鼓励自由探索，支持科学家们协同创新、挑战真正的科学前沿，为重大原始创新提供条件。在这种信任下，科学家们也会全力以赴，发挥最大潜力，力争得出更好的科研成果。

（四）跨界交叉合作是形成重大科技成果的重要支撑

跨领域、跨团队的交叉合作是分子设计育种研究的催化剂，加快了研究速度，提高了研究质量。水稻育种应用性比较强，分子设计育种的成功需要在科学、技术和产业化应用全链条上实现一系列突破，离不开跨专业、跨领域合作。在调研中，李家洋指出，在复杂技术的科研活动中，团队协作的重要性日益凸显。以育种项目为例，他对高等植物的生长发育机理比较熟知，但涉及病虫害、植物保护、土壤环境、微生物等就不太了解了，因此，需要广泛开展合作。在分子设计育种团队的研究过程中，处处体现了合作的效果。例如，在水稻发育过程中的分蘖现象直接决定水稻的穗数，从而影响水稻的产量。要想提高产量，分蘖数不能太多，也不能太少，因此需要找出控制水稻分蘖形成和发育的主控基因。李家洋团队在高等植物生长发育与代谢分子遗传学上的优势，需要与水稻育种结合。李家洋团队与中国水稻研究所的钱前研究员合作，经过艰苦的努力，不仅发现了控制水稻分蘖的关键因素，而且成功分离和克隆了这一基因，从而在水稻分蘖分子调控机理方面取得了重要进展，在揭示水稻高产的分子奥秘上迈出重要一步。又如，在获得国家自然科学奖一等奖的“水稻高产优质性状形成的分子机理及品种设计”的研究过程中，课题组所有成员综合运用遗传学、基因组学、分子生物学、生物化学、细胞生物学、作物育种学等方法，对水稻产量与品质相关的重要农艺性状的调控机理进行了系统深入的研究，最终取得了世界领先的成果。项目的主要获奖成员来自中国科学院遗传发育所、中国科学院上海生命科学研究院、中国水稻研究所等多家单位。

在调查中，科学家和研究人员也反映，目前有些政策不利于科研合作。如目前国内科研成果发表中存在“三认三不认”的标准，即只认第一作者、只认第一作者单位、只认通讯作者；不认非第一作者、不认非第一作者单位、不认非通讯作者，甚至在评职称、算业绩、申报奖项等方面也普遍存在这类现象。“三认三不认”在某种程度上阻碍了合作研究，影响了合作的范围和质量，拖慢了科技创新的进程。

（五）国家自然科学基金对前沿基础研究给予长期稳定支持

分子设计育种团队在研究过程中获得了各部门的支持。国家自然科学基金聚焦国家重大需求，支持国际前沿科学研究，扶新扶早，持续20多年支持中国科学院遗传发育所分子设计育种团队勇闯新路，尤其是在早期研究中起到了决定性作用。例如，李家洋刚回国时，国内业界对重要的模式植物拟南芥认识不足，认为它不是主粮，不值得支持。而国家自然科学基金为李家洋开展拟南芥研究提供了多项支持，为后续水稻分子设计育种研究奠定了重要理论基础。该团队的研究由浅入深，从单项研究到系统集成研究，从建立植物图位克隆技术体系到建立高效精准的设计育种体系，以及证实野生稻驯化新策略等，每个阶段都需要从基础研究到应用研究。1995年至今，李家洋及其团队共获国家自然科学基金项目资助约17项，包括面上项目、“杰青”项目、专项基金、创新群体以及国际交流项目等全方位支持（见表5-2），推动了相关领域的重大科学发现和应用。李家洋表示，国家自然科学基金给年轻人提供了更多支持和机会，如青年基金、面上项目、“优青”项目等，给予科研初期的年轻人重要的认可和支持，对培养和发现人才发挥了重要作用。早年间，李家洋获得几万元的国际合作项目资助，支持他们参加重要国际会议，与国际上最好的科学家一起研讨合作。经费不在多少，关键要看是否给了真正需要的科研工作者。现在不少单位为了增加项目中标数量，组织甚至强制科研人员申请国家自然科学基金的青年基金、面上项目等。这一方面增加了科研人员的负担，另一方面也增加了基金管理部门的负担。这种现象需要警惕。

除此之外，团队还得到了科技部“973”计划、“863”计划、重点研发计划、中国科学院先导专项与重点部署等项目的支持，各部门的经费支持重点不同，构成了一个创新链条。这些支持对于促进基础研究和应用研究融合发展、成果推广等工作起到非常重要的作用。

表 5-2　分子设计育种团队获国家自然科学基金资助情况

序号	项目名称	资助类别	起止时间
1	吲哚甘油磷酸合成酶基因的分子生物学研究	面上项目	1995 年 1 月 1 日至 1997 年 12 月 31 日
2	分子遗传学	国家杰出青年科学基金项目	1995 年 6 月至 1998 年 12 月
3	拟南芥 ymvl 突变体的分析及其基因克隆	面上项目	1999 年 1 月 1 日至 2001 年 12 月 31 日
4	建立植物转化文库与基因阵列法系统性鉴定重要功能基因	专项基金项目	1999 年 1 月 1 日至 2001 年 12 月 31 日
5	国际植物基因分离及转基因应用讨论会	国际（地区）合作与交流项目	2000 年 10 月
6	拟南芥类固醇激素的合成及其信号转导途径	面上项目	2001 年 1 月 1 日至 2003 年 12 月 31 日
7	第 12 届国际拟南芥大会	国际（地区）合作与交流项目	2001 年 6 月
8	植物发育分子遗传学	创新研究群体项目	2003 年 1 月至 2008 年 12 月
9	国际植物分子生物学研讨会（北京）	国际（地区）合作与交流项目	2003 年 11 月
10	高等植物株型形成的分子调控机理	重点项目	2004 年 1 月 1 日至 2007 年 12 月 31 日

续表

序号	项目名称	资助类别	起止时间
11	第十一届国际植物组织培养和生物技术大会（北京）	国际（地区）合作与交流项目	2006 年 8 月
12	水稻株型调控基因的克隆与功能研究及其在驯化中的意义	专项基金项目	2007 年 1 月 1 日至 2010 年 12 月 31 日
13	水稻株高与分蘖协同调控的遗传网络解析	重大研究计划	2014 年 1 月 1 日至 2016 年 12 月 31 日
14	非依赖于色氨酸生长素合成途径以及色氨酸合成对产量性状影响的解析	国际（地区）合作与交流项目	2017 年 1 月至 2019 年 12 月
15	未来作物分子设计	基础科学中心项目	2018 年 1 月 1 日至 2022 年 12 月 31 日
16	分子设计育种的科学、技术问题及规范化发展战略研究（2021—2035 年）	专项项目	2020 年 1 月至 2021 年 12 月
17	未来作物分子设计	基础科学中心项目（延续资助）	2023 年 4 月至 2027 年 12 月

资料来源：作者整理。

三、主要启示与建议

（一）发挥战略科学家在重大项目选题中的重要作用

重大原创研究往往不是规划或计划出来的。遴选原创性项目，更合理的方式是由科学家自己提出前沿研究方向，及其大致的研究路径和创新点，而无须提供细化方案、时间节点等。这类选题的评价，应基于以下几点考虑：具有原创性、引领性和前沿性；符合国家重大需求；团队有研究基础。项目资助可实行滚动支持，动态评估和调整。项目管理要建立成果考核反馈机制，经过几轮考核就会有公平公正的评价[①]，再根据

① 来自课题组对李家洋院士的访谈。

评价决定是否继续支持。资助项目管理部门应给予科学家充分的信任，尤其是发挥战略科学家的科学洞察力和开拓创新能力。

（二）前瞻部署重大基础研究方向，分阶段稳定支持

前沿领域的基础研究到应用研究和成果转化通常要经过多个阶段、较长周期，各阶段往往都会有基础研究和应用研究。因此，对前沿基础研究项目，应实行基础研究与应用研究联动，分阶段滚动支持。例如，在基础研究的早期阶段，国家自然科学基金要发挥青年项目、面上项目、优秀青年项目的孵化作用；对比较成熟的科研方向，更多通过“杰青”项目、重点项目、重大项目等给予较大力度的支持。

（三）根据实际需要，加大对学科交叉项目的支持力度

应用性较强的研究领域，通常涉及科学研究、技术开发和成果产业化全链条，需要多专业、多领域合作。分子设计育种团队在研究过程中，广泛开展合作研究，发挥各方面的优势，取得了国际领先的成果。因此，各类科技计划要根据项目需要，鼓励承担单位开展跨学科跨领域的合作研究，但要防止“为了交叉而交叉，脱离实际需要谈交叉”的倾向。

（四）加强青年人才培养和团队建设

人才是最关键的创新要素。国家自然科学基金的一个重要功能就是培养科研人才。根据国家自然科学基金各类型项目的定位，要充分发挥青年基金、面上项目、“优青”项目在培养青年人才方面的作用，通过项目资助，发现热爱和有能力进行科学研究的青年人才。重点项目、重大项目和创新群体项目等则要重视团队建设，向优秀团队倾斜，促进开

展有组织的基础研究，并把团队建设作为项目绩效评价指标之一。尤其要发挥创新群体项目在团队自主选题和组织研究方面的作用。

（五）建立开放共享机制，加大对重大基础平台的支持力度

国家科技计划项目，尤其是国家自然科学基金应关注并支持一些大型科研基础设施平台，许多重大科技成果的产生得益于大数据平台、信息库、高端仪器装备、工具软件研发等。国家自然科学基金要加大对研究资源库的支持力度，并建立相应的共享机制以及政策保障，提高科研资源开放程度和利用效率。

执笔人：吕　薇　　李　瑞

第六章

国家战略需求引领的重大科技创新

——中国科学院大连化学物理研究所
刘中民 DMTO 团队案例研究

一、案例背景

（一）项目背景

煤、天然气、石油是重要的一次能源。我国的能源结构是煤炭储量丰富，油、气储量相对较少。1996 年开始，我国的石油产量逐渐下降，2008 年成为世界第二大石油消费国，2015 年 4 月首次超过美国成为世界第一大石油进口国。多煤、缺气、少油的一次能源结构决定了我国石油化工、天然气化工、煤化工三大能源工业的消费结构。但随着我国石油化工产业发展，也逐渐凸显出一些问题[①]。我国原油储量不足，大量石油化工的原料依赖进口，导致原油对外依存度不断上升，限制了基础化工产业的发展，使得国内企业成本高，缺乏竞争力[②]。由于三大能源化工之间联动效应不够理想，导致一些关键的大宗化工产品，如乙烯、丙烯等烯烃产品供应不足，特别是在我国依赖高价进口石油的情况下，一些关键化工产品的供需更不平衡，产品成本和售价都较高。与原油产量不足相反，我国甲醇产量过剩。以煤为原料生产甲醇的技术工艺已经成熟，近年来，受甲醇下游产业快速发展的影响，甲醇原料需求量增大，刺激了国内一批甲醇生产企业的扩张，甲醇产量及消费量

① 刘中民：《甲醇制烯烃》，科学出版社 2015 年版。

② 叶茂、朱文良、徐庶亮等：《关于煤化工与石油化工的协调发展》，《中国科学院院刊》2019 年第 4 期。

快速增长。2014年，我国甲醇生产企业有330家，总产能超过6400万吨/年，年产量约3600万吨，开工率仅为56.25%。因此，将过剩的甲醇高效催化为石油制品就成为我国战略性的能源需求。

传统的石油化工生产烯烃路径与煤炭生产甲醇路径并无联动关系。将甲醇原料转化为乙烯、丙烯混合烯烃的技术称为“MTO”（Methanol to Olefins）。这一条路线最早也是由德国科学家突破实现的。MTO是指以煤合成的甲醇为原料，借助类似催化裂化装置的流化床反应形式，生产低碳烯烃的化工技术。该技术路线可以充分利用煤炭（或天然气）生产的甲醇制取烯烃，并可沿着原油的化工路线生产下游的精细化学品，打破煤化工与石油化工之间的技术瓶颈，在能源化工之间建立起互补互动的生产关系。甲醇制取低碳烯烃技术（DMTO）是中国科学院大连化学物理研究所的专利专有技术，该技术最初的研究是基于二甲醚制烯烃，后来技术改进为从甲醇开始，而从甲醇开始的过程也包含甲醇转化为二甲醚，二甲醚转化为烯烃的过程。煤化工延伸发展至石油化工，既解决了甲醇产能过剩的行业问题，也为烯烃化学品产业的发展提供了多元化的原料来源①；既符合国家产业发展规划，又成为石油裂解生产烯烃的必要补充，更为重要的是，降低了石油的对外依存度，对我国保障能源安全具有重要的战略意义。

20世纪70年代，两次石油危机给世界各国敲响了警钟。到了20世纪80年代，即“六五”期间，国家有关部委和中国科学院立足国情，战略性地提出非石油路线制取低碳烯烃的科研项目。1981年，中国科学院在太原召开了一碳化学工作会议，明确提出由中国科学院大连化学物理研究所（以下简称大连化学物理研究所）承担其重点课题——甲醇制取低碳烯烃催化剂的研制工作，该课题也被中国科学院

① 柳卸林、程鹏：《科学驱动的创新在中国》，科学出版社2018年版。

列为重大课题。自此，项目正式立项，大连化学物理研究所也开始了几十年在该技术上的探索和深耕。图 6-1 展示了 DMTO 技术在整个煤制烯烃技术路线中的位置。

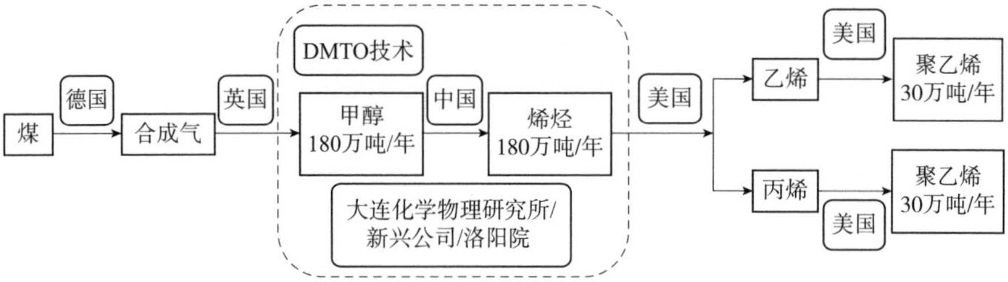

图 6-1　烯烃项目技术流程

资料来源：新兴能源科技有限公司。

（二）案例对象及研究方法介绍

大连化学物理研究所甲醇制取低碳烯烃技术获得了由科学技术部颁发的 2014 年度国家技术发明奖一等奖，主要完成人有：刘中民（中国科学院大连化学物理研究所）、刘昱（中石化洛阳工程有限公司）、吕志辉（中国科学院大连化学物理研究所）、陈俊武（中石化洛阳工程有限公司）、袁知中（新兴能源科技有限公司）和齐越（中国科学院大连化学物理研究所）。这一成果也被评为“中国科学院改革开放四十年的 40 项标志性重大科技成果”之一（面向国民经济主战场类别 10 项之一）。

DMTO 这一重大创新成果的起点是国家的重大战略需求，支持者是国务院和中国科学院。虽然在石油低价时，与原油制烯烃相比，MTO 并不是一条具有经济性的路线，但其对于国家的战略意义重大。在最初，基础研究的重要性并没有显现出来。为了在我国实现这一宏伟壮举，成功地实现产业化，且由于过去技术的局限性明显，我国需要自主研发走出一条新路，基础研究的重要性开始显现。

DMTO 的发展过程涉及了多元化参与主体（科学界、政府、公众和产业界），先后获得国家自然科学基金、中国科学院、科技部以及国家发展改革委，甚至地方政府和企业的大量项目资助。DMTO 技术的成长轨迹非常具有典型性，属于工程性的试验研究，需求驱动的应用研究，同时涉及了很多基础研究问题。通过详细分析 DMTO 创新产生的全过程，本研究力图发现以国家战略需求为导向的重大科技创新的成功驱动因素，揭示基础研究在其中所起的重要作用，以及国家自然科学基金、中国科学院等主体在不同阶段所起的支撑作用，并提炼出相应的政策建议。

课题组分两个阶段对典型案例的团队负责人、技术骨干，科研项目管理人员以及相关单位（大连化学物理研究所、国家自然科学基金委员会、中国科学院、“973”计划、国家纳米科学中心等）参与者开展深度访谈。第一阶段：2015 年 12 月至 2016 年 12 月期间，对相关人员进行了 10 余次访谈，访谈总计 22 小时，整理了访谈文本近 10 万字。第二阶段：课题组在 2022 年 8 月至 2023 年 4 月期间数次访问了大连化学物理研究所衍生企业的总经理和技术转移转化负责人，并再次对大连化学物理研究所的相关科研人员展开了调研访谈，访谈总计 8 小时，整理了访谈文本近 4 万字，获取了最新一手资料。

除一手资料外，课题组还采用了其他渠道和方法进行了二手资料的收集与分析。主要包括：①相关媒体报道以及互联网信息等公开数据，主要包括媒体关于大连化学物理研究所 DMTO 领域发展的相关报道，以及在国家自然科学基金委员会官网、国家重点基础研究发展计划网、大连化学物理研究所 DMTO 学科相关科研机构 / 实验室网站等获得的二手资料；②档案文件，从相关研究单位或科研团队内部获取的资料，如实验室内部的总结材料、项目及论文清单，以及团队成员名单等；③数据挖掘，通过相关网站（Web of Science、知网、国家自然科学基金委员会官网等）搜索相关研究人员获得基金会的资助以及形成的主要研究成果。最后归纳总结出重大科技成果的形成脉络及多主体的作用机制，并提出研究启示。

二、案例研究的主要发现

（一）DMTO 技术发展路径

通过调研访谈与大量的材料阅读，我们将 DMTO 技术发展划分为三个阶段：技术研发与成果获得阶段、DMTO 工业中试放大阶段和 DMTO-Ⅱ的技术创新阶段以及 DMTO 产品生产和销售阶段。

1. 技术研发与成果获得阶段（2000 年以前）

1981 年开始，大连化学物理研究所以改性 ZSM-5 分子筛为基础，着手发展 5200 系列多产乙烯催化剂和 M792 系列高丙烯催化剂，1981—1985 年在国内首先合成了 ZSM-5 型沸石分子筛，并对其合成规律、反应性能调变、改性及表征进行了系统的研究。1985 年完成了固定床催化剂的实验室小试和中国科学院组织的技术鉴定，同年该成果获得中国科学院自然科学奖二等奖，1986 年获得中国科学院科技进步奖三等奖。

由于受到石油危机影响，甲醇制低碳烯烃的经济性远不如石油制烯烃，大连化学物理研究所在完成小试后就没有了市场，技术研发也一度停止，没有工业化转化的机会。后原国家计委认识到这是一条重要的路线，在“七五”期间（1986—1990 年）将“甲醇制低碳烯烃过程”列为国家“七五”重大科技攻关项目，中国科学院将其列为重中之重项目（1987—1993 年），由大连化学物理研究所建立中试基地进行中试攻关研究，开展催化剂中试放大和固定床反应工艺中试放大的技术研究。MTO 技术项目的流化反应工艺的放大研究方面，与上海青浦化工厂合作的装置，1993 年全面完成了中试工作，并在 1996 年获得中国科学院的科技进步奖特等奖。

在技术层面成功后，大连化学物理研究所开始开展对甲醇制烯烃相关的催化问题的基础研究工作。20 世纪 90 年代初，大连化学物理研究所在国际上首创了“合成气经二甲醚制取低碳烯烃新工艺方法”（简称 SDTO 工艺），被列为国家“八五”重点科技攻关课题。1996—2000 年，因为课题组经费紧张，课题组与美国一家公司开展了基础研究方面的合作。1999 年，“天然气 / 煤层所转化的催化基础”被列入科技部“973”计划，研究经费有了保障。这一基础研究项目很快帮助大连化学物理研究所团队研制了小孔磷硅铝（SAPO）分子筛型催化剂，并完成了放大制备试验，申请了一批专利，形成了围绕甲醇 / 二甲醚制低碳烯烃催化剂及相关分子筛的知识产权覆盖，标志着 MTO 技术研发取得了成功。这是第一代 DMTO 技术创新的经历。

由于固定床 MTO 技术使用的催化剂是改性 ZSM-5 催化剂，使得乙烯和乙烯 + 丙烯的选择性偏低，反应效果不理想。因此，大连化学物理研究所从事 MTO 催化剂研究的人员开始研制新型催化剂，成功合成了 SAPO-34 分子筛，取得了理想反应效果。课题组在此基础上开始把提高催化剂性能和工艺水平作为新一代催化技术的突破点。

2. DMTO 工业中试放大阶段和 DMTO-Ⅱ的技术创新阶段（2000—2010 年）

2000—2006 年为 DMTO 工业中试放大阶段，该阶段以世界首套万吨级规模的甲醇制烯烃工业性试验装置的设计、建造、投产、成果鉴定为标志性里程碑。催化剂在这一阶段也获得了小规模批量生产，用于支持工业性试验，但这个过程并非一帆风顺。由于 1998 年前后外部石油石化大企业的调整，没有国家计划也没有合作企业的支持，再加上研究所绩效考核模式的变化，这一项目遇到了能否继续的瓶颈。

路甬祥[①]院长当时在大连化学物理研究所调研时得知此消息，给予了特殊的支持，向刘中民团队提供了100万元的经费，困境才得以缓解。

大连化学物理研究所在将实验室技术转化为工业化技术的道路上，遇到了前所未有的困难。由于需要一套日进料甲醇规模为50吨的工业化试验装置，暴露DMTO工艺技术在实验室阶段看不到的工程问题，从而减小技术风险和投资风险。2004年，国家发展改革委和陕西省政府给予了大力支持。2006年2月，装置投料试车一次成功。由于DMTO第一代的成功，团队吸引了企业参与研究开发，包括中石化洛阳石油化工工程公司（以下简称洛阳院）、新兴能源科技有限公司（以下简称新兴公司）等参与合作。

但DMTO的推广和放大以及工业化是一个漫长的过程。科研团队在完善中试技术的同时，需要反过来从基础研究和新材料探索开始，研发新一代催化剂。为进一步提高低碳烯烃的产率，保持自主创新的DMTO技术在国内外的核心竞争力，大连化学物理研究所在发展DMTO工业和建设工厂的同时，继续研发新一代技术，即DMTO-Ⅱ。从2007年开始，大连化学物理研究所团队进行第二代技术的研究开发。这期间的研究得到了中国科学院"九五"重大项目"甲醇（二甲醚）制烯烃催化剂改进"的支持，以及国家重点基础研究发展计划"天然气制乙烯"的支持，在基础研究上形成了一系列研究成果。随着DMTO-Ⅱ技术的研发，2009年又进行了DMTO-Ⅱ的工业性试验，且在2010年通过了中国石油化学工业联合会组织的技术鉴定。从技术指标上看，DMTO-Ⅱ比DMTO工艺提高了10%。

3. DMTO产品生产和销售阶段（2005年至今）

工业性试验成功后，整个项目进入产品生产和商品销售阶段。这一

① 路甬祥，流体传动与控制专家，中国科学院院士，中国工程院院士，中国科学院原院长。

阶段从 2005 年开始至今，以催化剂产品的生产和销售为起点，以新兴公司销售 DMTO 成套技术工艺包为成果转化标志，以用户使用 DMTO 技术建造商业工厂，销售乙烯、丙烯产品为产业形成标志。

新兴公司于 2004 年成立，主要任务是与大连化学物理研究所及洛阳院合作开展 DMTO 工业性试验，获得 DMTO 成套工业性技术，后来作为主要负责单位推广营销 DMTO 技术。2006 年 12 月，全球首套甲醇制烯烃装置——中国神华集团包头煤化工有限公司（以下简称神华包头）获得国家发展改革委核准，神华包头工厂于 2007 年开工建设，2010 年 8 月 8 日，应用该技术的世界首套 180 万吨煤基甲醇制 60 万吨烯烃工业装置一次性投料试车成功，实现了世界上煤制烯烃工业化“零的突破”，2011 年正式进入商业化运营。

DMTO 技术所包含的产品主要为：流化工艺、催化剂以及二者相结合的工艺包产品。在 DMTO 技术许可的商业过程中，大连化学物理研究所负责技术支持；新兴公司负责工艺包的推广许可，这是实现技术产品商业价值的关键环节；洛阳院负责 DMTO 工艺包的独家设计；正大能源材料有限公司是 DMTO 专用催化剂的生产商和独家供应商。在 DMTO 技术走向市场阶段，商业合作者分工明确，职责明晰，这也是 DMTO 技术实现商业利益的重要条件。

在前两代技术的基础上，大连化学物理研究所在 2015 年左右开始了 DMTO-Ⅲ的研发，第三代工艺技术开发了新一代新型催化剂和新型高效流化床反应器，改进后的工艺技术使得甲醇的转化率均高于 99%，吨轻质烯烃的甲醇单耗降至 2.6~2.7 吨，消耗降低，成本减少[①]（见图 6–2）。

① Ye, Mao, Peng Tian, and Zhongmin Liu. “DMTO: A Sustainable Methanol-to-Olefins Technology,” *Engineering*, 7. no. 1 (2021).

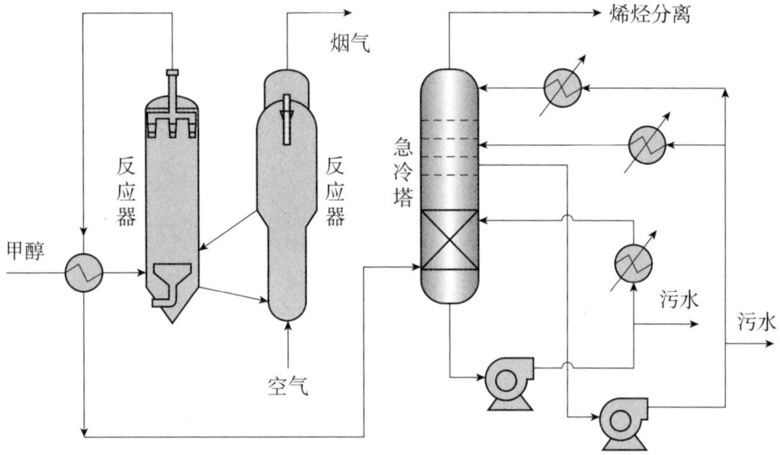

图 6–2　DMTO 工艺流程

资料来源：陈洪派等（2022）[①]。

（二）DMTO 技术研究团队发展历程及获得资助情况

自 20 世纪 80 年代以来，大连化学物理研究所四代科学家历经 30 余年，围绕甲醇制烯烃催化剂和工艺技术持续进行科研攻关和逐级放大，成功研制出甲醇制烯烃流化反应专用催化剂，从概念的产生到技术的真正应用，实现了该技术的自主创新。从 1981 年 DMTO 技术立项，到最后的成功产业化，经过 6 个“五年计划”，长达 30 年的持续研究，大连化学物理研究所的科研团队参与人员以及课题组织形式都在不断变化，一代又一代科研团队的不懈努力共同推动了这一重大科技成果的成功商业化和国际领先。重大成果的产出需要持续的、明确的支持。基于需求的基础研究需要政府部门精准且明确地提出问题，需要与战略配合的科研机构进行长期合作，这两个因素缺一不可。根据调研，课题组整理出如表 6–1 所示的科研团队发展历程和如表 6–2 所示的 DMTO 技术在研发阶段受到的研究支持情况。

① 陈洪派、商辉、孔志：《甲醇制烯烃工艺技术发展现状》，《现代化工》2022 年第 8 期。

表 6–1　DMTO 科研团队的发展历程

时间	科技成果转化阶段	课题组数量	人员数量与职称	主要科研方向	课题负责人
1975—1980 年	技术研发阶段	4 个课题组	18 人：4 名研究员，3 名副研究员，3 名助理研究员，4 名高级实验师，2 名高级工程师，2 名实验师	沸石合成； 催化剂制备反应工艺及产物分析； 催化剂物化性能表征	梁娟 陈国权
1981—1985 年	技术研发阶段	3 个课题组	14 人：4 名研究员，3 名副研究员，2 名助理研究员，3 名高级实验师，1 名高级工程师，1 名实验师	分子筛催化剂合成； 催化剂性能研究； 甲醇制烯烃固定床工艺开发（联合催化裂化研究组）	梁娟 陈国权 （郑禄彬）
1986—1990 年	技术研发阶段	1 个课题组	38 人：小试、模试补充试验人员 10 人；应用基础研究及测试人员 4 人；催化剂放大制备人员 4 人，中试反应操作人员 20 人	催化剂中试放大和固定床反应工艺中试放大	王公慰 蔡光宇 应慕良 陈国权
1991—1995 年	技术研发阶段	2 个课题组	10 人：1 名研究员，2 名副研究员、3 名助理研究员，4 名实验师	合成气经由二甲醚制取低碳烯烃合成气一步法制烯烃	蔡光宇 王清遐 刘中民
1996—2004 年	技术研发和成果获得阶段	4 个课题组	10 人：2 名研究员，8 名助理研究员	分子筛合成与性质； 催化剂性能调变； 催化剂制备及性能； 分子筛放大合成与催化剂放大制备	刘中民 吕志辉 王公慰
2005—2006 年	工业性试验阶段	1 个项目组	28 人：10 名研究员，13 名副研究员，4 名助理研究员，1 名高级实验师	年加工甲醇 1.67 万吨（日加工甲醇 50 吨）的工业性试验装置	刘中民 吕志辉 王公慰
2007—2014 年	二次技术研发阶段	7 个课题组	80 人：18 名研究员，23 名副研究员，29 名助理研究员，6 名高级实验师，4 名实验师	催化基础与催化新反应探索研究组； 分子筛合成研究组； 甲醇及其衍生物转化研究组； 合成气转化研究组； 烃类转化研究组； 催化新过程放大与开发研究组； 工程化研究组	刘中民

资料来源：刘中民课题组提供。

表 6–2 DMTO 技术在研发阶段受到的研究支持

时间	科技成果转化阶段	项目内容	支持来源
“六五”期间	技术研发阶段	甲醇制烯烃催化剂研制	中国科学院重大课题
1987—1993 年	技术研发阶段	MTO 催化剂中试放大和固定床反应工艺中试放大	国家“七五”重大科技攻关项目
			中国科学院“重中之重”项目
1991—1995 年	技术研发阶段	“合成气经由二甲醚制取低碳烯烃新工艺方法”	国家重点科技攻关课题（85-513-02）
1993—1995 年	技术研发阶段	流化床反应器的过程放大	上海青浦化工厂和中国科学院北京化工冶金研究所提供场地、物资、设备加工
1996—2000 年	技术研发阶段	甲醇（二甲醚）制烯烃催化剂改进	中国科学院“九五”重大项目，课题编号：KY951-A1-201-09，1998—1999
		天然气制乙烯	国家重点基础研究计划（“973”计划）支持，课题编号：G1999022403，1999-2004
1998 年	技术研发阶段	甲醇制烯烃过程的反应机理，完善技术工艺	中国科学院支持 100 万元科研经费
2014 年	商品化阶段	甲醇制烯烃技术	获国家技术发明奖一等奖

资料来源：刘中民课题组提供。

课题组还整理了刘中民团队获得国家自然科学基金资助情况（见表 6–3）。从时间上来看，DMTO 技术在早期获得的国家自然科学基金支持较少，主要资金来源于中国科学院、国家发展改革委、科技部等机构，这主要是由于一开始 DMTO 的立项是面向国家战略需求的应用研究。随着 DMTO 技术从实验室发展到中试和工业放大阶段，又出现了一些新的科学原理问题需要从基础层面进行研究和解决，这些基础性研究进而又获得了国家自然科学基金的一系列支持。

表 6-3 刘中民团队获得国家自然科学基金资助情况

资助时间	项目负责人	项目题目	项目来源	资助金额（万元）
1998—1999 年	刘中民	碳-60 球烯的催化合成	国家自然科学基金专项基金项目	7
2008—2010 年	刘勇	细胞色素 P450 酶非典型动力学的机制研究	国家自然科学基金面上项目	28
2008—2010 年	徐云鹏	微波－离子热法合成分子筛材料	国家自然科学基金青年科学基金项目	20
2010—2012 年	李金哲	甲醇转化反应两种机理的对比研究	国家自然科学基金青年科学基金项目	19
2010—2012 年	魏迎旭	甲醇制烯烃过程碳池活性中心形成和演变的观察与调控	国家自然科学基金面上项目	35
2010—2012 年	杨淼	新型硼磷酸盐的“一体化”离子热合成、结构与性质	国家自然科学基金青年科学基金项目	20
2011—2013 年	刘勇	人源细胞色素 P450s 酶催化特异性与多样性的机理研究	国家自然科学基金面上项目	29
2012—2014 年	田鹏	胺热法合成磷酸硅铝分子筛的探索研究	国家自然科学基金青年科学基金项目	25
2012—2014 年	徐舒涛	甲醇制烯烃过程活性物种的原位固体核磁共振研究	国家自然科学基金青年科学基金项目	25
2012—2014 年	于政锡	乙烯与甲醛反应制 1，3- 丙二醇反应网络及机理研究	国家自然科学基金青年科学基金项目	25
2013—2016 年	魏迎旭	甲醇转化催化剂限阈空间内环状有机物种的生成、催化机制及复合体系的主客体化学作用	国家自然科学基金面上项目	80
2013—2016 年	李金哲	分子筛催化甲醇转化反应中碳正离子的产生及作用机制的实验和理论研究	国家自然科学基金面上项目	78
2014—2017 年	叶茂	甲醇制烯烃过程中介尺度催化剂积碳机理及调控机制研究	国家自然科学基金重大研究计划	300
2015—2017 年	李华	活性位为微孔晶体的多孔催化剂颗粒的反应扩散多区域模型	国家自然科学基金青年科学基金项目	25
2015—2018 年	徐舒涛	甲醇制烯烃反应机理和扩散的原位固体核磁共振研究	国家自然科学基金面上项目	80
2015—2018 年	杨淼	面向优异 MTO 催化性能的纳米级磷酸硅铝分子筛绿色合成	国家自然科学基金面上项目	85

续表

资助时间	项目负责人	项目题目	项目来源	资助金额（万元）
2016—2018 年	王全义	构建多级孔 MOR 分子筛提升其二甲醚羰基化催化性能	国家自然科学基金青年科学基金项目	21
2016—2019 年	李金哲	甲醇制烯烃初始 C-C 键生成机理和反应诱导期研究	国家自然科学基金面上项目	65

资料来源：国家自然科学基金委员会网站。

（三）DMTO 技术领先性及产业化

在 DMTO 技术产业化的各个阶段，刘中民院士的团队获得了国家和中国科学院多个奖项。其中，1985 年完成了固定床催化剂的实验室小试，同年该成果获得中国科学院自然科学奖二等奖，1986 年获得中国科学院科技进步奖三等奖。大连化学物理研究所开发出具有国际先进水平的“适合两段反应的催化剂及流化反应工艺”，形成了一整套专利和技术。1995 年通过了原国家计委的项目验收和中国科学院专家主持的技术鉴定。1996 年，这一成果获得中国科学院科技进步奖特等奖（获奖人员有蔡光宇、刘中民、石仁敏、何长青、孙承林等），以及原国家计委、原国家科委与财政部联合颁发的“八五”重大科技成果奖。该成果也获得了 2011 年度中国科学院杰出科技成就奖。

DMTO 使用了新的理念探索新的现象，开拓了一个新的学科。大连化学物理研究所在世界上首次实现了 SAPO-34 分子筛工业放大合成和甲醇制烯烃催化剂工业生产；发明了甲醇制烯烃密相循环流化床反应工艺；建成了世界第一套万吨级（日处理甲醇 50 吨）甲醇制烯烃工业性试验装置；发明了 DMTO 技术大型反应—再生系统及工艺调控方法，形成了甲醇生产低碳烯烃的成套工业化技术。该项目的成功标志着我国具有自主知识产权的 DMTO 技术的煤制烯烃生产示范项目和新兴产业取得了突破性进展，开创了煤基能源化工产业新途径，保障了中国能源安全，也奠定了我国在世界煤基烯烃工业化产业中的国际领先地位，带动了我国以煤或甲醇为原料的烯烃工业的兴起。

虽然 DMTO 的学科性质更加偏向于产业应用，但其在技术许可数量、合同产能和投产的烯烃产能等方面的份额分别为 57.1%、60.2% 和 70.5%，都处于行业主导地位，这也从另一个方面表现出了 DMTO 团队在该领域的引领性。到 2015 年 12 月，市场上有大连化学物理研究所的 DMTO 技术，美国 UOP 公司的 MTO 技术，德国 Lurgi 公司的 MTP（甲醇制丙烯）技术，中石化的 SMTO（甲醇制烯烃）技术和清华大学的 FMTP（流化床甲醇制丙烯）技术。到目前为止，共有 35 套甲醇制烯烃项目装置，其中大连化学物理研究所的 DMTO 技术许可了 20 套装置，烯烃产能为 1126 万吨，投产产能为 520 万吨。DMTO 技术具有明显的市场竞争优势。此外，大连化学物理研究所煤经二甲醚羰基化制乙醇（DMTE）技术于 2017 年 1 月在陕西延长石油（集团）有限责任公司成功进行了 10 万吨 / 年工业示范，该技术还可利用炼焦厂或钢厂尾气生产无水乙醇。

（四）DMTO 技术成功实现的因素

DMTO 是从国家能源安全需求出发，通过科学家与企业互动完成 DMTO 科技成果的产业化，进而由战略科学家提炼出新的科学问题，再次涉及基础理论的研究。DMTO 是一项关乎国家战略需求的新课题，带有较强的探索性。从分子筛合成及廉价改进工作、催化剂研制及工业放大、在小试装置上对催化剂反应性能进行评价、反应工艺研究，到扩大攻关规模，从 SAPO-34 分子筛放大合成以及 DO123 催化剂放大制造工作到合成气经由二甲醚制取低碳烯烃工艺的首创成功，大连化学物理研究所科研人员遭遇到重重困难，项目能够持续研究得益于原国家计委、中国科学院领导的重点扶持和大连化学物理研究所领导的持续支持，以及相关科研单位的协助。经过大连化学物理研究所几代科研人员的不懈努力和技术攻关，才使得研发从实验室小试、中试推进至工业化试验阶段。

1. 大连化学物理研究所科学研究与应用研究的双重能力对重大科技成果创新支撑很重要

大连化学物理研究所创建于1949年3月，是一所基础研究与应用研究并重、应用研究和技术转化相结合，以任务带学科为主要特色的综合性研究所。建所初期中国正处于国民经济发展特别需要技术支撑的阶段，当时的大连化学物理研究所就紧密配合国家战略和发展需求，在石油化工、化学激光、航空航天、能源化学等领域做出了重大成果，为国民经济的发展、国家安全提供了重要保障。经过70多年的不断积累和调整，大连化学物理研究所已具有较强的研究和技术开发实力，形成了自己的科研特色。文化是科研院所发展的灵魂，在大连化学物理研究所几代科学家的奋斗过程中，形成了“锐意创新、协力攻坚、严谨治学、追求一流”的精神。大连化学物理研究所老一辈科学家的精神以及对科研事业的热爱和家国情怀也一直影响着一批又一批青年科技人员。在大连化学物理研究所，基础研究与应用研究在整个所内甚至是一个研究组内都结合得非常紧密。大连化学物理研究所内部科学研究与应用研究的文化氛围和实力积累，使其更能实现科研成果的产业化。也只有在这样的氛围下，才有可能做出面向世界科技前沿、面向国民经济主战场和国家重大需求的研究成果。

2. 科研团队具有很强的将现实工业问题转化为科学问题的能力

DMTO技术的研发始于国家对于能源安全的考虑和我国能源资源的实际情况，属于需求驱动的应用研究。国际上化学能源应用普及的同时，还要减少二氧化碳排放，加之中国液体能源短缺，原油进口量大，煤炭储备丰富等因素，因此形成了煤制烯烃的技术路径。虽然该问题属于工程系的实验研究，但在甲醇制烯烃技术研发和工程化过程中，为了提高反应效率，保持技术的国际领先，刘中民院士团队不断地对技术进行升级改造，加大基础研究力度，从反应机理等方面开展攻关，解决其中蕴含的科学问题。团队将研究课题拆分为沸石合成、催化剂制备、反应工艺及产物分析和催化剂物化性能表征等多个问题，并通过科学研究提升产业化成功的可能性以及解决成功产业化之后的技术升级问题。与此同时，对工业化放大之后和设备长期运作之后反馈出来的问题进行科学凝练和突破，更有力地推动产业化，表现出非常强的科学问题发现和提炼能力。

3. 大连化学物理研究所长期以来以有组织的科研体系推动重大科技成果的产生

重大科技成果产生不是简单地依靠少数天才，更核心的还是靠系统和体系的支撑。DMTO 技术工业化的成功推进，是科研、设计和生产单位紧密结合、联合开发的结果。在甲醇制取低碳烯烃课题组成立之初，时任研究室主任林励吾院士对研究计划、人力设备、工作安排和学术讨论等方面都进行了统一协调部署，同时将研究工作划分成沸石合成、催化剂制备、反应工艺及产物分析和催化剂物化性能表征等 4 个小组开展 4 个科研方向的研究。后来攻关项目又被分为 2 个小组各自带领科研人员进行。“七五”期间和“八五”重点攻关项目期间，为了完成建设中试基地与多项科技攻关专题，大连化学物理研究所领导对原始大课题项目再次进行了拆分。大连化学物理研究所甲醇制烯烃国家工程实验室内部，下设 7 个研究组以及一个管理与技术支撑组，从基础研究、小试研究到工程放大形成了一个完整的链条式组织体系，以实验室主任为领导，各个研究组组长分别带领研究团队负责相关问题的研究，各研究组互相联合进行协力攻关，全室课题与经费统一管理。大连化学物理研究所在基于需求的科学技术研究中，通过“竞争—合作”分解不确定的科学技术问题，形成不同的研究团队，并鼓励竞争与合作。大连化学物理研究所组织内部强强联合，在组织模式管理上，根据研发工作进程以及研究人员的优势特点，划分不同研究方向的科研小组，确定核心人物，明确研究职责，发挥科研优势，这种研发模式是获得科研成果的有力保障。

4. DMTO 的成功是多种资助协同接力长期推动的结果

科技成果从立项到研发、中试直至转化的整体过程，需要集成多种要素资源，要素主体需能够获得国家相关部门的科研立项，获取项目研发的资金和政策支持。甲醇制烯烃技术自立项之初就受到了中国科学院、地方政府和相关研究单位的重点关注，获得了足够的支持。大连化学物理研究所在将实验室技术转化为工业化技术的道路上，遇到了前所未有的困难。从科研经费角度看，仅靠国家投入的科研经费是无法支撑 DMTO 产业化的，必须要有企业大规模介入。国家自然科学基金、科技部、中国科学院、国家发展改革委，甚至地方政府等资助主体，在 DMTO 技术的不同阶段都发挥着不同的作用。DMTO 技术发展的整个过程受到了多方支持，其中包括产业界的支持，项目支持力度也由几百万元逐渐增加到几千万元。各类项目对课题组的支持不仅仅针对研究工作，还有一部分项目支持团队成员的成长。从应用研究、产业化研究以及基础研究的各个阶段，各种资助主体都发挥了关键作用。

重大科技成果的产生过程存在战略科学家对研究活动本身的判断和政治家关于社会对研究活动需求的判断，双重判断形成的耦合机制推动了政府与科学共同体之间契约关系的形成，而政府的功能性定位是双重外力耦合发生的条件。科学家通过自身对 DMTO 研究的坚持和推广，实现国家战略需求的落地，并凭借自身的魅力与产业互动，实现产业对科学家及其技术的信任过程。政治家对国家战略需求的判断与战略科学家对理论价值的判断，二者高度融合构成了 DMTO 双重外力耦合。

三、主要启示与建议

DMTO技术的成功不仅为我国在煤制烯烃领域开拓了一条新的道路，也使我国在世界煤基烯烃工业化生产中占据了国际领先地位。作为需求催生的重大科技创新成果之一，其成功实践也为我国后续的重大科技成果资助以及突破性创新道路给出了重要的启示和参考价值。

（一）聚合科学研究与应用研究双重能力体系支撑重大科技创新成果落地

充分培育、发掘和整合有基础、有条件、有团队的科研机构或研究单元的科研资源，有助于国家重大战略需求和共性产业基础技术应用落地。战略科学家对科学、技术、产业的总体把握和科学决策对大连化学物理研究所的重大科技成果产业化发展意义重大。建议科研机构培育科研工作者科学研究与应用研究的双重能力，国家自然科学基金委员会等资助机构可以组织多学科的战略科学家，综合分析已资助科研项目的进展、应用阶段，结合国家重大战略需求、科学技术水平、产业应用需求和社会发展需求，对某些学科基础较强的产业化需求解决方案进行重点部署，并据此遴选、拟定计划资助项目选题，推动基础研究与应用研究的结合。

（二）增强将重大科技成果产业化中工业问题提炼为科学问题的能力

基础研究可以分为两类，一类是为了探索自然知识和规律的纯科学问题，包括科学家研究的诸如中微子、引力波、宇宙起源，以及臭氧层空洞、暗能量等问题；另一类是需求导向和问题导向的科学问题，需要寻找解决方案，例如先进制造、能源革命、脑科学、干细胞等问题。前一类问题没有明确的需求，通常是出于科学家的自由探索，属于好奇心驱动的，也叫波尔象限，企业的参与动力往往不强；后一类属于巴斯德象限[①]，有非常明确的属性和特点，需要与国家重大战略需求和社会经济发展目标结合起来。两类基础研究要同时开展。对于第二类基础研究，尤其是基于国情和国家战略需求，需要有非常明确的目标，要从重大应用研究中抽象出理论问题，并凝练出待解决的关键科学问题，明确是谁提出的需求，需求到底在哪里，需求问题背后的科学问题是什么，更适合由谁来主导解决需求问题。建议国家自然科学基金委员会等资助机构充分挖掘基础科学资助项目和人才储备池的优势，建立应对重大科技成果产业化过程中核心科学问题的常态化咨询和论证机制，增强将实际应用问题转化为科学问题的能力。

（三）持续优化国家战略需求项目在基础研究与应用落地过程中的资助体系设计

基础研究和应用研究的关系长期以来一直备受各界关注。基础研究可能持续数十年并需要公共投资的漫长过程才能产生公共产品和回报。应用研究侧重于针对特定的挑战提出解决方案，可以采取原型（产品、技术和服务）的形式，可能进行商业化并产生经济回报。虽然两者发挥作用的阶段不同，但是在学科发展过程中都是不可或缺的。我国现有的很多工业化项目的成功产业化，例如精密仪器、发动机零部件、芯片制造等，都需要对科学原理有清楚的认识，并且结合先进的工程技术能力。建议国家自然科学基金委员会等资助机构在资助体系设计上要持续关注和支持具有国家战略意义的基础科学问题。这些科学资助的发现及

① Stokes D. Pasteur's Quadrant. *Basic Science and Technological Innovation*, Booking Institution Press, 1997.

成果也许暂时并不能应用到产业，但是科学的魅力正在于其不可预见性以及不可或缺性，长期的资助和布局的多个“科学星火”，也许在某一战略机遇和产业机遇的点燃下得以“燎原”。同时，为了更好地加强基础研究应用转化，应当分类鼓励企业参与国家科技计划，吸收前沿技术企业参与共性技术的研发[①]，共同推进战略需求导向的应用基础研究项目实现落地。

（四）完善催生重大科技成果的有组织科研模式

中国重大科技计划通常有两种组织方式。一种是多家合作，另一种是一个科研院所长期专注一个重要方向。中国对青蒿素、“两弹一星”的支持是第一种方式，但这一方式需要很高的管理成本，且会限制科学家的积极性。第二种方式适用于中国原有的应用类院所、国防类院所，如航天系统院所，但这一方式需要特定的管理模式，适用于重大工程类研究，不适合科学技术类研究。由于科学问题具有复杂性，尤其是面向重大战略需求的全新的科学问题，科技人员或企业家通常无法完全掌握，也很难在初始阶段就对科学问题进行明确分类并制定行动规划。

团队是科学研究最基本的人员组织模式，团队协作能力大小在很大程度上决定科学研究能力的高低。刘中民团队的科研人才已经不是简单地拘泥于某一个学科，而是形成了涉及基础科学、工程与工业学科的多层次人才体系以及机构内部多团队的支持合作。这种模式不仅发挥了国内人才自主培养的作用，也吸引了国外优秀人才的参与。刘中民团队的核心成员大都是通过内部培养成长起来的，在基础研究、小试、中试以及中试放大方面的优势尤为明显。对于工业化阶段需要的人才，DMTO

① 吕薇：《有效发挥企业在基础研究中的作用》，《中国科技论坛》2020 年第 6 期。

课题组采取了人才引进的方式，引进了具有工业设计经验背景的留学归国人才，特别是具有工业设计经验的企业高管，为技术工业化的实现提供了多样化的人才支撑

因此，一方面，对于重大基础性原创性成果，实施有组织的科研十分有必要，要利用好中国新型举国体制的优势，打通产学研链条。另一方面，对基础研究领域中高层次复合型科技人才和具有国际影响力的领军人才的培养，以及建设多样化的人才团队也十分关键。应当立足资助项目体系的特点，在优势学科领域积极联动大型企业、中国科学院、高等院校、风险投资机构和政府机构协同构建重大科技成果产业化的常态化咨询委员会，围绕战略需求和产业应用召集和激励各方所属的优势力量进行系统整合，催生具有竞争力的重大突破性创新。

（五）持续优化支持基础研究的科技评价和人才激励制度

DMTO 团队通过 6 个“五年计划”，进行了长达 30 年的持续研究，有几代研究人员参与。团队的核心研究人员在不断变化，研究重心也发生着变化，但研究者之间通过“老带新”的合作关系传承着专业知识与科研精神。大连化学物理研究所在 DMTO 技术研发过程中，由于有 1981 年至 1987 年长达 7 年的研发积累，在林励吾院士、郭燮贤院士的悉心指导和知识凝聚下，研究所对此领域的前沿技术方向有很强的把控能力。科学家对科学研究的坚持、对科学价值的推广，使得新思想能够影响科技管理部门的领导和相关人士，并推动利益相关方和个人支持重要技术方向的开发工作。另外，DMTO 技术研发过程中，除了面临技术上的难题，还经历了数次市场变动的打击、研发资金的短缺和实验难以进行的困难。几代科学家接力式的研究意义重大。因此，科研资助单位应当健全同基础研究长周期相匹配的科技评价和人才激励制度，注重建立合适的科研绩效评价标准和基金评选与考核机制，长期稳定地支持一

些优势团队和重点方向。

（六）健全推动重大科技成果产业化的多资助主体协同接力机制

科技成果从立项到研发、中试直至转化的整个过程，需要集成多种要素资源，要素主体需能够获得国家相关部门的科研立项，获取项目研发的资金和政策支持。重大科技成果产生不是简单依靠少数人才，而是靠系统和体系的支撑。科学家群体、政府、企业等各个资助主体的相互作用有助于重大科技成果产生。这种相互作用可以表现为相互叠加、互补、共振，甚至还有竞争关系。资助主体部门之间不是斗争关系，而是“竞合”关系。国家、地方政府、企业、科技部、中国科学院等多主体之间的联动和接力式协同资助为项目研发创造了良好的研究氛围和研究条件，给予了科研人员足够的信心和持续的动力，推动了技术要素网络的集成和演化。因此，重大科技成果的产生过程需要构建多主体互动与竞争的接力式资助链条。在实现和满足各主体目标和利益的同时，这些主体形成了一种多目标、多格局的共同约束机制，通过各个主体的联合、共振、互补、叠加甚至竞争，最终形成战略上的合力，取得体系性创新能力的突破。建议主要科研资助机构，如国家自然科学基金委员会、中国科学院、国家发展改革委、教育部、工业和信息化部、科技部等部门之间增强沟通和互动，既要注重创新性、前瞻性、基础性项目的互补性资助体系设计，也要加强对基础学科人才、跨学科人才的培养，协同推进项目、人才、学科、经费的融合创新。

执笔人：柳卸林　　程　鹏　　丁雪辰

第七章

从灵感搭建起有序介孔材料的高楼

——复旦大学赵东元“有序介孔高分子和碳材料”团队案例研究

一、案例背景

（一）成果简介

有序介孔高分子和碳材料相比无机介孔材料，具有轻质、柔软、易加工等特性，不仅可以作为催化剂提高重油转化效率，而且在超级电容器、生物检测、环境处理等诸多方面都有广泛应用，但由于合成步骤多、难度大，其复杂程度一度令科学家们束手无策。复旦大学“有序介孔高分子和碳材料”团队在赵东元院士的带领下，突破技术难关，创制了首个有序介孔高分子和碳材料，并首次提出了“有机—有机自组装”思想，被国际同行评价为介孔材料领域的“里程碑式”进展。从2002年自建团队开始，他们始终专注于有序介孔材料合成体系的丰富和升级，合成了一系列不同形貌的介孔高分子和碳材料，将“有机—有机自组装”的思想拓展到了多种高分子材料，并且实现了对其孔道性质的精确调控。同时，团队在环境、能源、催化等领域与企业长期合作交流，不仅实现了有序介孔高分子和碳材料的吨级生产，还不断升级材料的合成方法和工艺，拓展了丰富的应用场景、创造了巨大的社会和经济价值。

截至2021年11月，赵东元团队提出的“有机—有机自组装”新思想及由此产生的介孔高分子和碳材料已被60多个国家和地区的1500余家科研机构采用和研究，共发表近4.2万篇论文，引领了国际介孔材料领域的发展[①]。围绕“有序介孔高分子和碳材料的创制和应用成果”，团队获得了多项科学技术奖励，如 2020 年度国家自然科学奖一等奖（获奖成员包括赵东元、李伟、邓勇辉、张凡，均来自复旦大学），教育部自然科学奖一等奖、二等奖各一次，发展中国家科学院（TWAS）化学奖等。

（二）案例选择和研究方法

选择“有序介孔高分子和碳材料的创制与应用”成果进行分析主要基于以下几点考虑。首先，从成果的“重大性”角度来看，该成果不仅获得了国家自然科学奖一等奖，还获得了国际学术同行的高度认可。其次，该成果是较为典型的由科学家兴趣驱动的基础研究，经历了由科学探索（有序介孔高分子材料的发现）到技术创立（有序介孔高分子和碳材料的创制）再到成果转化（有序介孔高分子和碳材料的多领域应用和推广）的完整创新过程，不仅符合原始创新的概念，也能为实验室成果的商业化等实践活动提供借鉴。最后，该成果研究过程中有多种来源（包括国家自然科学基金、学者所在单位、科技部、地方政府和企业等）的资金投入，有助于课题组深入观察不同阶段不同来源的资金角色和交互作用，正确认识我国整个科研资助体系的优势和不足。

案例研究过程分三个阶段完成。第一阶段，通过对公开、二手资料的收集，课题组对该项科技成果形成和发展的过程、团队成员背景等信息有了初步的了解。第二阶段，资料收集和整理工作主要通过访谈调研完成。课题组在 2022 年 9 月对复旦大学化学系实验室的相关老师进行面对面访谈调研，围绕成果演进和资助信息等与团队主要成员（邓勇辉、李伟、张凡）分别进行了约一个小时的交流，对团队成员结构、工作环境以及成果

① 代小佩：《把梦想变现实　这群“魔法师”在纳米材料上造孔》，《科技日报》，2021 年 11 月 4 日。

形成和发展过程中各阶段重点目标、推力和阻力等有了更深入的了解。第三阶段，课题组对多源信息进行综合分析，总结主要发现和政策启示。

二、案例研究的主要发现

在案例分析过程中，课题组一直在思考：这个团队的成功经历是否具有更普遍的指导意义？课题组试图从中总结出重大科技成果的影响因素，但事实是，在成功之后去寻找“秘方”格外艰难。

课题组能确定的是“有序介孔高分子和碳材料”团队熬过了黎明前的黑暗，在经历了无数次尝试后收获了成功的喜悦。在这项重大科技成果的形成过程中，团队协作、前期试验失败的经验积累、充足的经费支持、坚持到底的毅力、领导者的能力等都是不可或缺的。但是，即使这些因素都具备，也不能断言一定可以取得重大科技成果，因此这些因素组合并不能构成重大科技成果的充分条件；甚至，它们也不一定是必要条件，比如“坚持到底”是本案例的成功因素，但其他重大科技成果的成功或许可能恰恰得益于科学家“及时”转换了研究方向。而这也正是案例研究的魅力，发现新要素和新机制，启发更多角度的认识和思考。

（一）坚持到底迎来曙光

“别人都做无机，我们能不能做有机？既然原理一样，一定可以做出来。”[①]1998 年，刚刚博士后出站加入复旦大学的赵东元“灵光一现”，开启了之后 20 多年在“有序介孔高分子和碳材料”领域的上下求索。

专注于一个领域，拒绝追求热点并不是一件容易的事情。单纯地抱着“在祖国的大地上做自己喜欢的科研”这一个理想，赵东元招学生、

① 温竞华、董雪：《造孔之术赋能微观世界》，《新华每日电讯》，2021 年 11 月 5 日。

组团队、提想法、做试验，在黑暗的“无人区”摸索前行了整整5年，试验记录完成了厚厚的一沓又一沓，却都是一次又一次的失败。“运气”降临的那一刻是在2003年的一个深夜，团队试验终于有了令人振奋的结果：形成“有序介孔”了！而在这之前的4年，团队已经在无数条岔路上来来回回，直到走上了这条支路：把合成过程拆分，分步组装，从酚醛树脂这一古老的高分子入手，开启新一轮试验。一步走通，之后的道路就是一路凯歌，顺利得近乎不可思议：有序介孔高分子和碳材料成功合成后，团队又陆续提出了“有机—有机自组装”思想，建立了系统的合成方法，创制了一系列全新的有序介孔高分子和碳材料……2003—2021年的十多年里，赵东元团队创造的19种新型介孔材料全部以FDU（复旦大学）命名。这些新型介孔材料已经进行了千吨级生产，为国内外研究单位提供实验试剂，形成了规模化产业。

赵东元团队在专一方向上深耕取得的成功是有目共睹的，但其中艰辛也是不可计数的，尤其是在最初研究受阻、屡屡碰壁的几年，没有人可以预料他们未来会在这个方向取得如此非凡的成就，因而在这个案例中尤能看到坚持的可贵。

但是面对科研探索中的艰难时刻，是该继续坚持还是转换方向，依旧是一个难题，也是众多科学家和团队带头人不得不面对的艰难抉择。在相关的学术研究领域，就“研究主题转换与科研绩效的关系”这个问题并没有达成共识：一方面，有学者认为研究者需要专注在相对固定的科研方向上，摒弃急功近利的思维，才有可能在学术上取得进展与突破；另一方面，也有学者持不同观点，认为应随时关注前沿性的热点问题，在原有问题已经解决的时候，应及时转换研究方向，争取再作出更多新的贡献，切忌抱残守缺。当下社会中，依旧不乏“坐十年冷板凳”的学者，这份精神无疑令人敬佩，这个案例也可以用来佐证“坚持是科学研究取得重大科技成果的一个重要条件”。

从该案例看，该团队学术经验的积累和能力的提升，离不开在一个专业领域的持续深耕，一旦选择了有潜力的研究领域，围绕该领域坚定不移地积累理论知识、通过实验探索积累经验，确实是科学研究取得成果必不可少的过程。

但值得一提的是，该团队对研究领域专注和坚持的同时，也表现出了对研究方向、技术方案的灵活转换。赵东元团队在“有序介孔高分子和碳材料”领域取得了大量成果，但在研究早期，赵东元的研究背景是在微孔材料（分子筛）领域。两者虽是密切相关的领域，但有一定程度上的研究方向的变化。团队自建立以来就长期专注于“介孔材料”领域，在决定探索“介孔材料”的性质初期，团队也并非只尝试一种技术路线，而是同时在多个有潜力的方向布局人才、开展实验，在“有序介孔高分子和碳材料”领域成果的出现既是必然也是偶然。“必然”在于对于一个领域的长期探索终于能有实现创新的底气和实力，“偶然”在于探索“无人区”的过程中究竟在哪里能迎来胜利是不可预知的。另外，在“介孔材料”的研究过程中，团队也在实验探索的同时积极关注国际学术同行的研究进展，保持对国际交流与合作的开放态度，及时吸取灵感、调整研究方法和思路。

“坚持”与“灵活”的矛盾似乎一直存在，但其目的却是统一的：对一个领域的基础、前沿足够了解，在此之上实现创新。

（二）持续的经费支持提供了重要保障

尽管该项成果从开始研究到获国家自然科学奖一等奖历时 20 年之久，但获得的经费支持总体上较为充足，没有出现明显的断档。这为研究工作的持续推进、成果快速应用提供了重要保障。

团队的研究进程分为 3 个阶段：初期探索阶段（1998—2003 年）、成果突破阶段（2003—2005 年）、成果转化阶段（2005 年至今）。以

2003 年、2005 年为阶段划分的重要节点，主要有以下原因：2003 年，该团队在经历了重重失败后，试验结果第一次出现利好；2005 年，赵东元团队在《德国应用化学》（*Angewandte Chemie International Edition*）杂志发表文章，标志着有序介孔高分子和碳材料的诞生，开创了介孔材料研究的新方向。

1. 1998—2003 年是初期探索阶段

在这一阶段，即使屡屡受挫、成果前景十分不明朗，赵东元团队在资金上也没有遭遇极端的困难。1998 年，赵东元刚刚创建团队的时候，曾经历预算较为匮乏的一段时间，此时仅有复旦大学提供的 3 万元科研经费。靠这笔经费，他买了一台电脑，在简陋的催化楼办公室开始写研究计划，带着 5 名本科生，展开了对功能介孔材料创制和合成的研究。但在 1999 年和 2000 年，赵东元就先后获得了国家自然科学基金面上项目和杰出青年科学基金的资助。这些项目从名称来看并不直接与“有序介孔材料”相关，从侧面反映了该研究尚处于“无人区”、不易获得同行评议共识的特点，但这些邻近相关领域的经费支持滋养了这一原创成果的萌芽（部分资助情况见表 7–1）。在此期间，团队获得的其他资助还有国家重点基础研究计划（“973”计划）、“863”计划。

表 7–1 初期探索阶段获得资助情况

负责人	资助来源	项目名称	资助起始时间	金额（万元）
赵东元	复旦大学	科研经费	1998 年	3
赵东元	国家自然科学基金—面上项目	新型中孔功能材料的合成	1999 年	30
赵东元	国家自然科学基金—国家杰出青年科学基金	物理化学	2000 年	80
赵东元	国家自然科学基金—国际（地区）合作与交流项目	纳米介孔材料会议	2000 年	0.9
赵东元	国家自然科学基金—国际（地区）合作与交流项目	新型中孔功能材料的合成	2000 年	1.66

续表

负责人	资助来源	项目名称	资助起始时间	金额（万元）
赵东元	国家自然科学基金—专项基金项目	主办化学前沿青年学者研讨会	2000 年	3
赵东元	国家自然科学基金—面上项目	大孔径非氧化物半导体介孔材料的合成及组装	2002 年	38
赵东元	国家自然科学基金—重点项目	新型分子筛催化材料的设计、合成、分子识别与催化反应研究	2003 年	280

资料来源：课题组根据相关资料整理。

2. 2003—2005 年是成果突破阶段

这一阶段经历了从试验成果的“第一缕曙光”到第一次重要成果的发布，团队的研究信心远高于第一阶段，但还有大量的实验工作需要推动。从成果发展历程来看，这段时期研究主题相对聚焦。但对于整个团队而言，它只是同期若干研究方向的一支，也是若干自由探索后有收获的一支。团队的主要大方向集中在“功能介孔材料”，关于有机介孔高分子材料的造孔属于一次伟大探索，也是无数失败之后的意外收获。据访谈对象介绍，这一阶段初期，团队开始有意识地招募高分子、有机方向的人才。

此时，团队在介孔材料领域的研究成果得到了国内外学术同行的高度认可，赵东元也成长为有机介孔材料领域的学术带头人，获得了国家自然科学基金更大规模的项目支持。两年的时间里，国家自然科学基金资助赵东元团队的项目经费总额超过 700 万元，其中尤以“创新研究群体项目”的资助金额最高（单笔 390 万元）。充足的经费为成果的自由探索、集中力量钻研可行方向、储备人才等都提供了有力的支持。这一时期的部分资助情况见表 7–2。

表 7–2　成果突破阶段获得资助情况

负责人	资助来源	项目名称	资助起始时间	金额（万元）
赵东元	国家自然科学基金—国际（地区）合作与交流项目	第六届东北亚纳米科学与技术研讨会	2004 年	25.7

续表

负责人	资助来源	项目名称	资助起始时间	金额（万元）
赵东元	国家自然科学基金—创新研究群体项目	纳米体系下新型介孔分子筛组装和制备科学及其应用研究	2005 年	390
赵东元	国家自然科学基金—国际（地区）合作与交流项目	新型介孔材料的合成与结构解析	2005 年	350

资料来源：课题组根据相关资料整理。

3. 2005 年至今是成果转化阶段

在这一阶段，赵东元团队在该成果方向依旧耕耘不辍，建立了有机高分子和介孔碳的体系化合成方法学，创制了一系列不同孔径、形貌、组成、孔道结构的有序介孔高分子和碳材料。团队还提出了多元协同共组装新策略，实现了介孔高分子和碳材料功能的精确调控，将多种功能普适性地引入高分子和碳材料中，创制了全新功能介孔复合材料。在实践应用推广方面，团队揭示了介孔独特的物质输运和界面反应规律，解决了微孔传质限制和大孔活性位点少的难题，完成了高比容量、高功率和长循环稳定性电化学储能器件，为独特的新一代药物合成催化剂、仿生离子通道、柔性微流控器件等的构筑奠定了基础，并与部分石油、高端化学品企业开展了技术合作，推动了有序介孔高分子和碳材料在环境、能源、催化等领域的应用转化，创造了巨大的经济效益。

这段时期，团队人才资源渐渐丰富，逐渐在研究领域上围绕不同的应用方向开始了明确分工，并在新材料创制等成果上实现大团队的共享，这样既避免了大团队内部的不良竞争，也促进了知识、成果的共享和交流，培养了一批在“介孔材料”领域研究、应用思维双强的学术带头人（见图 7–1）。

除了赵东元之外的其他三位国家自然科学奖一等奖获奖成员也在这一阶段陆续加入研究团队，在成果演进、学术生涯发展的过程中同样受到了来自国家自然科学基金委员会的多项资助（见表 7–3）。这些资助共计 25

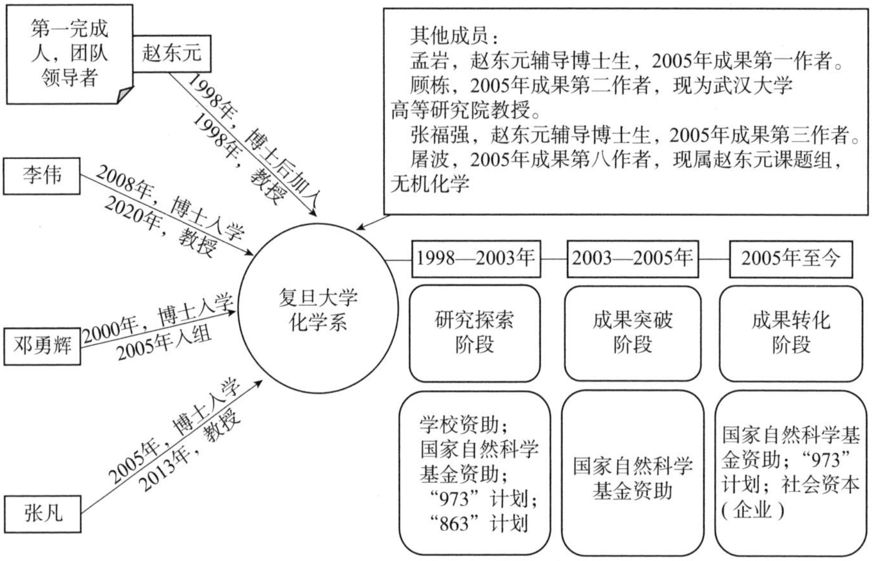

图 7–1　有序介孔高分子和碳材料创制与应用团队主要成员

资料来源：课题组根据相关资料整理。

次，合计 1.0786 亿元，其中赵东元获资助 9 次，共计 8959 万元；李伟获资助 3 次，共计 346 万元。邓勇辉获资助 8 次，共计 793 万元。张凡获资助 5 次，共计 688 万元。这一阶段除了国家自然科学基金委员会的资助外，团队受到的其他资助还有国家重点基础研究发展计划（“973” 计划）。

此外，团队和企业有了较多的合作，资金更为充裕，来源更加多样。团队在与企业合作的过程中不仅收获了资金上的助力，也通过实践机会促进了产品的落地、技术的升级。

表 7–3　成果转化阶段获得资助情况

项目负责人	资助来源	项目名称	资助起始时间	金额（万元）
赵东元	国家自然科学基金—国际（地区）合作与交流项目	第五届国际介观结构材料研讨会	2006 年	8
赵东元	国家自然科学基金—创新研究群体项目	纳米体系下新型介孔分子筛组装和制备科学及其应用研究	2008 年	450

续表

项目负责人	资助来源	项目名称	资助起始时间	金额（万元）
赵东元	国家自然科学基金—国际（地区）合作与交流项目	新结构介孔材料的合成、功能化及其应用	2008 年	150
赵东元	国家自然科学基金—重大项目	重油催化转化过程导向的功能分子筛材料创制	2009 年	1000
赵东元	国家自然科学基金—重大项目	有序多孔分子筛材料功能的设计和调控	2009 年	448
赵东元	国家自然科学基金—国际（地区）合作与交流项目	多孔催化材料：合成、电子化学和表面催化	2013 年	300
赵东元	国家自然科学基金—联合基金项目	面向重油加工的新型多级孔催化材料创制和应用性能研究	2015 年	300
赵东元	国家自然科学基金—重点项目	单胶束基元组装的新型介孔材料设计合成和应用研究	2018 年	303
赵东元	国家自然科学基金—科学中心项目	功能介孔材料	2021 年	6000
李伟	国家自然科学基金—青年科学基金项目	非贵金属助催化剂修饰介孔黑二氧化钛体系的构建及光催化产氢性能研究	2017 年	21
李伟	国家自然科学基金—面上项目	核壳结构介孔半导体材料设计合成、结构调控和光电催化性能研究	2020 年	65
李伟	国家自然科学基金—联合基金项目	介孔碳基非贵金属氢燃料电池催化材料的设计合成和性能研究	2022 年	260
邓勇辉	国家自然科学基金—专项基金项目	基于两亲性 ABC 三嵌段共聚物为模板剂的新型介孔材料的合成研究	2007 年	10
邓勇辉	国家自然科学基金—面上项目	两亲性嵌段共聚物的设计及其导向合成新型大孔径介孔材料	2009 年	33
邓勇辉	国家自然科学基金—面上项目	具有垂直孔道外壳的大孔径磁性介孔核 – 壳微球合成研究	2011 年	37
邓勇辉	国家自然科学基金—面上项目	具有 yolk-shell 结构和垂直孔道的磁性介孔微球材料的设计合成及应用研究	2014 年	80
邓勇辉	国家自然科学基金—优秀青年科学基金项目	无机非金属多孔材料	2015 年	100
邓勇辉	国家自然科学基金—面上项目	非聚醚类两亲性高分子模板剂导向合成具有可控结构的大孔径介孔碳 – 金属氧化物复合材料	2017 年	65
邓勇辉	国家自然科学基金—面上项目	介孔羟基磷灰石微球的设计合成及其负载药物用于骨髓炎性治疗研究	2019 年	68

续表

项目负责人	资助来源	项目名称	资助起始时间	金额（万元）
邓勇辉	国家自然科学基金—国家杰出青年科学基金	响应性功能介孔材料的可控构筑	2022 年	400
张凡	国家自然科学基金—青年科学基金项目	高效上转换纳米荧光探针的制备及其在生物示踪成像中的应用	2012 年	25
张凡	国家自然科学基金—面上项目	稀土上转换荧光编码微球的设计合成及其生物多重检测应用研究	2013 年	38
张凡	国家自然科学基金—优秀青年科学基金项目	生化分析及生物传感	2014 年	100
张凡	国家自然科学基金—国家杰出青年科学基金	生化分析与生物传感	2018 年	350
张凡	国家自然科学基金—国际（地区）合作与交流项目	功能介孔纳米药物载体界面组装合成及其应用	2020 年	175

资料来源：课题组根据相关资料整理。

（三）国际交流与合作培养竞争力和扩大影响力

团队非常重视国际交流与合作。研究过程中，赵东元曾多次申请国家自然科学基金中的国际（地区）合作与交流项目，如“纳米孔材料会议”“新型中孔功能材料的合成”，以及中日韩 A3 前瞻计划等，紧跟介孔材料领域的国际学术前沿。

另外，赵东元院士团队有课题组专门的网站[①]，其中列出了团队所有成员基本信息（过往、在职）以及团队发表的成果，网站基本语言为英文，成果也多发表于国际期刊，体现了该团队对国际学术交流合作长期保持积极、开放的态度，也为团队赢得国际竞争力、提高国际影响力提供了一个稳定的平台。

通过国际交流与合作，团队能够融入全球学术网络，及时获知国际科研界的最新进展，从而作出更具前瞻性的科研布局。这在该成果的前

① 赵东元课题组网站地址：https：//www.mesogroup.fudan.edu.cn/，访问时间：2023 年 12 月 11 日。

期探索阶段得到充分体现。2005年第一篇重要成果的发表①，就离不开在早期探索中对国际学术前沿的持续关注、勇于探索尝试。1999年韩国KAIST研究所的Ryong Ryoo在*Nature*杂志发表文章，将有机物填充到孔材料中，再去碳化，通过复制的思路由有机材料制成了介孔材料，这是介孔材料领域在有机领域探索的一大进步。但在2001年前，介孔材料领域中做有机材料研究的仍属少数，不借助复制手段直接由有机材料生成介孔材料更是空白。关注到了KAIST研究所的这个国际学术进展后，赵东元也带领团队开始尝试有机方向，但在试验中团队成员尝试创新，加入了一些表面模板剂，竟发现填充在其中的物质自动组装了，意外形成了有序孔道，为介孔材料领域的研究开辟了新的方向。

当然，紧跟国际学术前沿，不仅需要一种积极、主动的意识，也对研究者本身的学术背景和鉴别能力有要求，否则即使同样的信息也无法激发出研究的灵感，更不会有之后的进展。

另外，赵东元领导下的科研团队不仅有多次开展国际合作项目的经历，而且也格外重视人才培养的国际合作，鼓励学生海外留学、学术交流，提升学术素养。2020年度国家自然科学奖一等奖的另外三位获奖人——李伟、邓勇辉、张凡都是赵东元的学生，也都有长期的海外留学或访学经历。通过与国际顶尖科研机构和企业合作，团队培养和储备了一批高水平的具备国际学术竞争力、学术交流合作能力的科研人才和团队管理者。

（四）材料应用与合成相互促进，螺旋向前

团队的研究兴趣起源于“好用的材料”，这似乎与生活息息相关，

---

① 成果引用信息：Yan Meng，Dong Gu，Fuqiang Zhang，et. al，“Ordered Mesoporous Polymers and Homologous Carbon Frameworks：Amphiphilic Surfactant Templating and Direct Transformation，” *Angew. Chem. Int. Ed.*，no. 44（2005）.

但研究动机更多还是由研究者的兴趣驱动，并没有在研究初期构想出具体的应用场景。因此，在 2005 年第一篇重要论文发表后，赵东元团队也曾就介孔材料如何应用感到困惑：虽然介孔材料看起来很有潜力，但具体应用在什么场景，怎么放大它的特色？为此，团队进行了大量尝试，如做电池、进行规模化制备、做机械化工催化剂载体等。这个过程不仅转化出了有经济价值的产品，有序介孔高分子和碳材料的合成体系也日渐丰富，实现了材料合成和应用推广的相互促进、共同发展。

为打开有序介孔高分子材料的应用场景，团队与多家企业开展合作。例如，与中国石油化工集团在两方面积极探索合作：一是劣质石油资源的高效利用，使渣油和焦油再转化成清洁的油品，可以减少浪费、降低污染；二是将石油产品转化成高端的化学品，打破高端化学品长期依赖进口的局面。2009 年，在储能技术领域，超级电容器高性能有序介孔碳电极材料的相关技术被上海奥威科技公司采纳，拟用于上海市电动公共汽车①。

校企合作，一方面为企业节省了大量资金，推动企业达成“双碳”目标，另一方面实现科研成果的经济价值，完成真正意义上的创新过程。合作过程中发现的新需求和新问题，也为下一步的科研工作提供了研究灵感。2019 年，团队在合成有序介孔高分子材料时已经可以对孔道性质进行精确的调控：这种“全面而精准”的材料合成能力背后，是为满足复杂多变的技术场景、应用需求而进行大量科学试验、探索的千锤百炼。

另外，团队中多位成员曾通过国家自然科学基金的区域创新发展联合基金项目或国际（地区）合作与交流项目，与发展中国家或地方政府合作，这些项目的合作初衷已经远远超出了对经费的需求。他们不仅关

① 教育部：《复旦大学积极推动探索国际合作与产业化平台紧密衔接的产学研机制》，2009 年 12 月 1 日。

注个人在学术事业上的进步，同时努力做社会需要的研究，进一步实现了学术成果的社会价值。

（五）团队管理者的领导力奠定了成果长期发展基础

赵东元作为团队领导者在科研方向布局、团队管理上都体现出了高瞻远瞩、脚踏实地。

首先，在学术方向的深耕上，据访谈对象介绍，在20多年的时间里，团队始终围绕介孔材料进行深耕，积极参与国际、地区学术交流与合作，不曾为追逐热点而偏移学术方向。围绕“有机介孔高分子和碳材料”这一具体成果，其代表性论文就前后跨越了8年（2005—2013年），这一点与团队能够在介孔材料领域保持国际领先密不可分，也体现了团队带头人的学术品位和领导力。

其次，团队管理者对知识管理、共享、传承格外重视。从赵东元课题组的官方网站上可以看到过往、在职成员的基本信息，按序整理和公布的1985年至2021年的800多篇学术论文、专利等成果信息（2023年10月访问）。这一方面体现了团队对成员、成果的尊重，另一方面也体现了团队对于长期深耕、拓展一个领域的决心以及与学术同行交流的开放态度。

再次，团队管理者在人才培养上体现了超前的意识。在介孔材料的研究还以无机材料为主流的时代，赵东元已经有意招徕高分子背景的相关研究人才加入课题组，并围绕可能的方向集中力量探索。团队的人才培养不仅围绕着团队层面的目标，在学科发展、学生个体的发展上赵东元也十分关注，从以往的新闻采访中我们也获知了，赵东元一直在坚持为本科生开设课程。在成果发展中培养了一系列出色的学生，其中包括许多成果相近、相关领域的学术骨干、带头人。

最后，管理者面对不同发展阶段及时调整团队结构，也体现了其战略的精准与灵活。在介孔材料体系逐步丰富、应用场景多元化的同时，团队人员队伍逐渐壮大，团队的组织结构也发生了变化。为进一步推进介孔材料的系统研究、应用，2016 年团队按照应用领域分成了 4 个方向（催化、传感、生物、储能），均衡分配研究资源。在材料合成阶段（基础研究为主）实现成果的互通共享，同时在具体的研究领域上（应用研究为主）提高资源利用效率、避免恶性竞争和资源重复配置，努力发挥不同阶段成果的最大效能，实现了一种全面、动态的研究成果管理，为成果的可持续发展打基础。在这个体系下成长起来的各个方向的团队负责人在部署研究时，也不仅考虑个人研究兴趣，通常会结合成果的实际应用场景进行思考，使更多的研究在启动之初就具备了应用的潜力。

三、主要启示与建议

（一）发挥国家自然科学基金项目助力聚焦研究方向的作用

长期专注于一个方向，不追逐热点，将灵感一点点推向现实应用，这是赵东元团队案例中一个最不可忽视的亮点。基金项目的支持使得原创思想获得科学共同体的认可，坚定和深化了研究方向。

国家自然科学基金项目的“同行评议”机制，通过召集各领域同行科学家针对学术前沿、有价值有潜力的研究方向作出判断，协力推动更具可能性、更具社会和经济价值的科技成果的诞生，既能支持一批青年学者的成长，也让“坚持”的力量获得更多的支持和保障，更有望突破科学研究的重重迷雾。对科研团队的带头人来说，选择有潜力的研究方向，带领团队坚持探索和集中发力，不仅可以促进团队成员之间的合作和共同进步，也可以进一步塑造团队的竞争优势，打造具有国际竞争力的学术团队。

（二）进一步完善人才类基金项目

多位被访对象提到了国家杰出青年科学基金项目对于研究生涯发展的重要意义。首先，“杰青”项目的资助规模较大，团队中两位成员获得的“杰青”项目的资助数额都已超过300万元，这为科学探索提供了经费保障。在获得了这样一笔资助后，研究者有更大的底气去组建团队，围绕自己的研究兴趣进行探索，并敢于开展更多创新程度更高、风险也更高的研究。其次，“杰青”项目带来的荣誉，也使研究者在争取其他来源资助时更有优势，能够有更多的研究机会。总体来说，以“杰青”项目为代表的人才类基金项目在鼓励科学研究的自由探索上发挥了不可替代的作用，对颠覆性创新的诞生具有重要意义。

然而人才项目附带了巨大福利，也意味着不能获得这项资助就丧失了大量的资源和机会。建议人才类基金项目在遴选时扩大入选群体，让更多的青年科研人才有自由探索的空间和机会。

（三）重视在国际交流与合作中培养人才

促进国际学术交流与合作是提升学术影响力、培养高等科研人才的重要路径。但面对复杂多变的国际环境，以及不同国家和地区经济、文化等方面的差异，国际交流与合作需要更多战略举措保障。科技创新基地模式作为深化国际交流与合作的举措之一，值得推广与重视。案例中的复旦大学早在2009年就被科技部授予“储能技术国际科技合作基地”称号，组建了由赵东元院士带领的科研团队，并吸引了大批国内外科研人才，与国际顶尖科研机构和企业建立密切合作，促进了包括有序介孔碳电极材料在内的多项科研成果在储能技术领域的转化，成立了若干校企联合实验室、联合研究中心。

（四）强化需求导向，加大学科交叉和协同创新力度

在接受采访时，赵东元院士表示，科学领域的分类界限很多都是人为定义的，过多的界限反而阻碍了科学进步，“科学要自由发展，就必须打破这些界限”。赵东元也将材料科学阐释为“本质上是物理和化学之间的交叉学科，它在几十年前才出现，现在已经成长为一个庞大而高度活跃的物质科学研究领域”。在国家创新需求的背景下，产学研协同创新是跨学科多主体科研协同创新配置的重要形式。鼓励校企合作，将进一步推动科研团队产出更有价值的科技成果，并培养更多对未来科学技术应用走向有敏锐洞察力的跨学科人才，进一步推进新学科建设和原有学科的转型升级。

执笔人：温　珂　　丁　琪　　游玎怡　　张　宜

第八章

正向突破、创新引领新型显示技术

——清华大学邱勇 OLED 团队案例研究

“有机电致发光二极管”（OLED），是一种继显像管（CRT）、液晶显示器（LCD）之后的新一代平板显示技术。OLED具有全固态、主动发光、响应时间短、高亮度、超轻、超薄、低功耗、无视角限制等其他显示技术无法替代的独特优势。20世纪90年代起，以清华大学邱勇作为带头人的OLED团队在国家自然科学基金委员会、科学技术部、国家发展和改革委员会，以及地方政府和企业等支持下，历经十几年的科技攻关，在OLED关键材料、器件结构、工艺技术等方面完成了多项理论突破、发明创新，通过产学研合作，实现了科研成果从实验室到产业化，我国OLED产业从无到有，并逐渐进入快速发展的轨道。2011年，清华大学邱勇团队的研究成果“有机发光显示（OLED）材料、器件与工艺集成技术和应用”获得国家技术发明奖一等奖。

案例研究课题组采用访谈调研与文献梳理相结合的方式，对清华大学OLED团队和北京维信诺科技有限公司[①]（以下简称维信诺）进行了访谈调研，并通过清华大学网站、国家自然科学基金委员会网站，以及重要学术网站和媒体官方网站等查阅信息资料，梳理分析了清华大学新型显示材料OLED团队从基础研究到成果应用转化，推动OLED产业从无到有并逐渐进入快速发展轨道的路径和过程，总结了其正向突破创新引领新型显示技术的模式，并形成了相关建议。

① 北京维信诺科技有限公司成立于2001年，是我国OLED产业的先行者。该公司是基于清华大学有机发光显示器（OLED）技术成立的，是集OLED自主研发、规模生产、市场销售于一体的高科技企业。

一、案例背景

（一）OLED 技术简介

显示器及相关材料产业是国民经济的支柱产业之一。1987 年，美国柯达公司的华人科学家 C.W.Tang（邓青云）制备成功超薄双层结构、低电压、高效率的小分子 OLED 器件，从而引起了 OLED 研究热潮。20 世纪 90 年代，全球 OLED 技术研究刚刚起步，不仅有巨大的学术研究空间，还有极大的产业发展机遇。当时在国际上，CRT（显像管）已经逐步退出，一些产能正在转移到中国。液晶显示（LCD）技术在日韩逐渐成为主流，国内刚开始引进（如吉林彩晶、清华液晶中心等）。而刚刚起步的 OLED 技术具有替代性和广阔市场前景。

OLED 作为下一代平板显示技术，2000 年后已经逐渐引起我国国内众多企业的投资兴趣。以维信诺科技有限公司为代表的中国 OLED 企业也让人看到中国在这一新型显示领域的光明前景。最初，OLED 作为新型显示技术，产品标准尚未统一，专利技术仍然有再开发的空间。中国作为一个全球制造业大国，又是全球最大的消费电子商品市场，必然要正视研发所带来的效益，不能放过这样一个拥有自主知识产权的机会。国内诸多厂商都将目光瞄向了 OLED，纷纷加大了资金投入和人才引进力度，力争在 OLED 产业中占有一席之地。

经过 30 多年的发展，新型显示领域已经成为我国的优势产业。近年来，我国的显示产业投入不断增加，国产面板制造厂商崛起，OLED 行业市场规模持续增长。数据显示，截至 2023 年，我国显示产业吸引投资超过 1.4 万亿元。从产能规模来看，2011 年以来，随着我国 OLED 产品线的投产，产能快速释放。根据市场研究公司 DSCC 测算，2018—2022 年，中国 OLED 产能不断提升，由 2018 年的 1.5 平方千米快速增长至 2022 年的 21.8 平方千米，OLED 面板出货量达 1.7 亿片。TrendForce（集邦咨询）的数据显示，2023 年，中国 OLED 面板产能在全球的占比为 43.7%，而韩国 OLED 面板产能在全球的占比为 54.9%，中国正在实现对 OLED 面板产能全球第一的快速追赶。从市场规模来看，根据 Omdia 数据，2022 年全球 OLED 面板市场规模为 455 亿美元。2022 年中国 OLED 产业市场规模总体占全球市场的 45% 左右，约为 205 亿美元。

（二）团队领军人物的科研之路

邱勇，1964 年 7 月生，四川荣县人，有机光电材料科学家，1983 年 9 月进入清华大学学习，1994 年 7 月博士毕业留校任教。其间，一方面，他长期致力于有机光电材料与器件研究，研究重点包括有机半导体材料、有机电子学基础理论、有机发光显示材料和器件，系统研究了分子结构、薄膜结构以及水、光对有机材料光电性能的影响规律；另一方面，他围绕 OLED 关键科学问题开展研究，发展了新型的电子注入材料，发明了高迁移率的电子传输材料，设计了新型的发光薄膜结构，在突破发光效率和发光稳定性两大技术瓶颈方面取得重要进展。2003 年获国家杰出青年科学基金资助，2007 年获全国模范教师称号，2011 年获国家技术发明奖一等奖，2013 年当选中国科学院院士。

邱勇在团队中的主要贡献有四方面。一是系统研究了分子结构、薄膜结构以及水分子、光照对有机材料光电性能的影响，为设计新型分子和薄膜结构提供了新思路。二是在有机发光技术方面，围绕电子注入、电子传输以及电子空穴复合等关键科学问题开展研究，取得了有重要创新意义的成果，突破了发光效率和发光稳定性两大技术瓶颈。三是完成了从材料制备、材料纯化到薄膜制备、器件组装的工艺技术开发和集成。四是积极推动技术成果的产业化应用，参与创建维信诺，实现了 OLED 器件的大规模生产。

（三）OLED 团队的研究和成长历程

从基础研究到产业化，OLED 团队主要经历了三个阶段。

1. 1994—2001 年：起步阶段，以大学为创新主体的基础研究阶段

这一阶段主要是清华大学 OLED 项目组围绕 OLED 材料、器件技术进行基础研究的突破，通过正向研究，为获取自主技术奠定坚实的基础，并通过创业促进科研成果产业化的快速突破。

1994 年，邱勇以一篇“与光化学有关”的论文结束了清华的博士生涯。毕业留校后，他开始寻找未来的研究方向，一心想要“做国家需要、社会需要、真正有价值的东西”。尽管清华大学从 20 世纪 60 年代末就在液晶材料研究方面取得了较大成绩，但是在发展液晶显示器方面遭受了挫折。这使邱勇认识到，跟踪式研究很难在学术和技术上实现赶超。OLED 是 20 世纪 90 年代初全球显示领域的最前沿技术，于是他将目光转向了 OLED。

1996 年，在博士毕业两年后，邱勇决定挑战具有重要理论价值和广泛应用前景的跨学科前沿课题——OLED 显示技术。同年，邱勇带领另一名博士生张德强[①]成立了 OLED 项目小组。当时，他们的研究与世界技术前沿几乎同步。OLED 小组用清华大学支持的一台从中国科学院买来的二手真空设备，开始了 OLED 研究之旅。此时，国内中国科学院化学研究所、上海大学张志林教授等也在研究 OLED。经过对国内外研究情况的分析，邱勇将项目组的研究重点放在 OLED 材料、器件工艺上，目标定位在实现学术与产业双赢。

清华大学 OLED 团队从一开始就将目标定在促进产业发展上，探索了一条从基础研发、中试到量产的无缝连接之路。1997 年底，OLED 项

---

① 现为北京维信诺科技有限公司董事长。

目组与彩虹集团有限公司签订了为期 4 年、金额为 800 万元的合同[①]，建立小型示范线。在这些支持下，团队日益壮大，截至 2001 年 8 月，项目组吸引了 42 名志同道合的人员加入，组建了一支具有材料、化学、电子、物理等专业背景的跨学科研究团队，共同致力于 OLED 技术开发。

2. 2001—2016 年：以企业为创新主体的产学研一体化阶段

2001—2016 年，这一阶段以应用为目标，打通从技术成果到产品的全流程，实现了产学研无缝衔接，保持了高水平成果转化率，形成高质量快速发展模式。这一阶段，维信诺完成了被动式有机电激发光二极管（以下简称“PMOLED”）从中试到量产的产业化突破，建成了中国大陆第一条 PMOLED 中试线和第一条 PMOLED 量产线，2012 年实现 PMOLED 出货量全球首位。在有源矩阵有机发光二极体面板（AMOLED）产业化方面，建成中国大陆首条 AMOLED 中试线和中国大陆首条专业 G5.5 AMOLED[②] 量产线，并于 2015 年实现量产出货，为柔性 AMOLED 创新发展奠定了基础。在此过程中，离不开国家对新型显示材料 OLED 的高度重视。该团队在完成科学基金项目的基础上，又陆续获得“863”项目、“973”项目和产业化示范项目的支持，也获得相关企业的支持。

2001 年，团队开始建设 OLED 中试线。其目的是把实验室研究成果转化成量产技术，也为后来的 PMOLED 和 AMOLED 都奠定了很好的基础。

2001 年 12 月，国内第一家 OLED 公司——维信诺成立。该公司是基于清华大学 OLED 技术成立的，是集 OLED 自主研发、规模生产、市场销售于一体的高科技企业。其资金来源于清华创投、彩虹集团、南风

① 因为各种原因，最终彩虹集团有限公司退出了。

② 5.5 代 AMOLED。

化工（2001年退出）3家股东。成立维信诺的目的是专门进行OLED生产工艺技术的开发和生产线的设计与建设，主要承担研究成果转化应用任务①。OLED团队在国家发展和改革委员会的产业化示范项目支持下，进行OLED生产工艺技术的开发和生产线的设计与建设。

2002年1月，中国大陆第一条OLED中试生产线建成运行。该中试生产线打通了中试工艺路线，实现了OLED量产工艺集成。2003年，维信诺成为中国大陆第一家具有OLED产品生产和销售能力的公司。

2003年，邱勇牵头制定了3项OLED国际标准。2002年，第63届国际电工委员会（IEC）年会上正式成立有机发光显示器标准化项目组，邱勇教授当选为光学及光电参数测试方法标准工作组组长，首次定义了"OLED"词语名称。2002年，IEC首次制定了3项OLED的标准，分别由邱勇教授团队、韩国和日本的团队完成。

2005—2006年全球OLED产业出现低谷，多家公司退出此领域或暂停OLED业务。邱勇带领团队分析和判断形势，认为新兴技术产业会有一个调整期，但这并不等于市场不需要，OLED产业发展中遇到的问题可以通过技术进步来解决。因此，邱勇提出了"低谷建线"的思路，即在低谷的时候建设生产线，产业走出低谷的时候，正好量产。OLED团队正是靠着扎实的技术研发，以及对行业的准确判断，走出了低谷，占据了发展的先机（见图8-1）。

2008年由维信诺建设的我国内地的第一条OLED量产线建成投产，其生产的OLED显示屏应用于航天航空领域，保障了2008年神舟七号首次出舱任务和2021年空间站首次出舱任务的舱外航天服，以及空间站货运系统等多个项目的显示屏供应。

① 创始人创建公司时表明不要股权、不要工资，不办成校办企业。

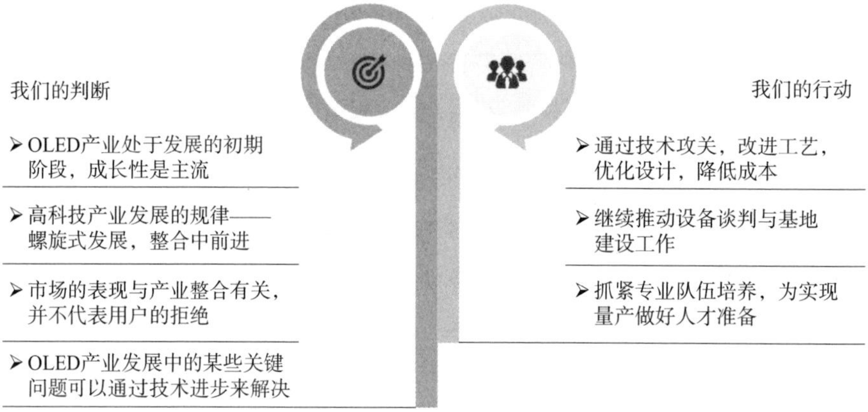

图 8–1　全球 OLED 低谷时维信诺对行业的判断及行动

资料来源：由维信诺提供。

2010 年，在昆山建成我国大陆地区第一条 AMOLED 中试生产线。昆山市政府投资 3 亿元（不仅建造生产线，也包括 3 年的运营费用），完成全套 AMOLED 技术开发及小批量生产，为后续大规模量产奠定基础。

通过十余年的不断探索，邱勇带领他的创新团队终于突破 OLED 的多项关键技术，整体技术达到国际领先水平，并掌握了完整的生产工艺技术，成功实现大规模产业化，推动我国 OLED 产业实现从无到有。2011 年，该团队的研究成果“有机发光显示（OLED）材料、器件与工艺集成技术和应用”获得国家技术发明奖一等奖。其主要完成人为清华大学邱勇、段炼、王立铎、张德强、高裕弟（昆山维信诺显示技术有限公司）、李银奎（北京维信诺科技有限公司）。

中试之后，维信诺进入了发展期，通过技术持续迭代，不断拓展应用，推动我国 OLED 产业实现“从有到优”。在江苏省昆山市政府的大力支持下，昆山国显光电有限公司于 2012 年 11 月成立[①]，开始推动

① 昆山国显光电有限公司属国有控股企业，是维信诺 AMOLED 产业化项目的实施主体，业务涵盖 AMOLED 等显示技术及产品的研发、生产和销售。

AMOLED 产业化。该产线是国内运行最好的 5.5 代产线（玻璃基板是 1.3 米 ×1.5 米），2015 年初建成。自此，维信诺进入发展的快车道。

3. 2016 年至今：以企业为创新主体的产学研用深度融合阶段

2016 年至今，维信诺充分发挥企业的创新主体作用，联动全产业链协同创新，共同提升产业链韧性，锻造长板、补齐短板，构建自主可控的产业生态，推动新兴显示产业高质量发展。在这个阶段，维信诺苦练“内功”，不断完善自身的创新体系和创新硬件平台，同时主动承担更多产业发展社会责任，牵头推动全产业创新发展，联合上下游，解决“卡脖子”的问题。一方面，维信诺推动关键核心原材料国产化、本地化发展。企业认真梳理全产业链的卡点，遵循量大、技术不可控物料优先开发的思路，与产业链上游单位通力合作，加快材料的开发、验证和导入，例如，引入光刻胶、IC（集成电路）、柔性 PI（聚酰亚胺）等国产化厂商。推动构建自主可控的产业链，促进产业集聚，助力国内经济大循环。另一方面，维信诺与上下游产业链共同打造产学研用协同创新平台，如国家新型显示技术创新中心蒸镀 OLED 显示创新平台、安徽省院士工作站、江苏省院士工作站、河北省柔性显示技术创新中心等。这些创新平台将缩短创新实验的时间，确保研发的先进、高效、低成本，最大限度降低量产风险，推动新兴显示产业高质量发展。2017 年，维信诺就开始做 Micro-LED 技术研发的储备。2020 年在成都市建设大陆地区首条 Micro-LED 中试线。这是未来产业发展方向。

截至 2022 年，维信诺拥有 4 大创新基地。其中，固安的 6 代全柔 AMOLED 生产线于 2016 年建设，2018 年建成；合肥的生产线于 2018 年底建设，2020 年建成；霸州、广州的模组线是给固安、合肥做模组加工，为华为、荣耀等客户供货。维信诺的柔性 AMOLED 面板出货量连续四年位列全球第四、中国第二。维信诺的 AMOLED 产品已在智能手机、智能穿戴、车载等领域得到创新性应用，实现多项 AMOLED 技术和产品全球首发，并成功供货华为、荣耀、小米、OPPO、vivo 等知名终端品牌。近些年，维信诺发布两项“全球第一”和两项“国内领先”创新技术，分别是全球首款可量产屏下摄像头解决方案、领跑全球的 AMOLED 刷新率技术。国内领先的鼎形像素排布技术和 1Hz 低功耗技术，已成功应用于终端手机上[①]。

在创业和发展过程中，维信诺与清华大学 OLED 团队保持着紧密的科技合作关系，建立了以企业为核心的创新体系，全力推动 OLED 技术迭代和产业化项目快速发展。

（四）OLED 团队在发展的各个阶段获得各类资金资助

在 OLED 技术研发和产业化发展的各个阶段，清华大学 OLED 团队获得了清华大学、国家自然科学基金、国家“973”计划和“863”计划，以及国家示范项目、地方政府和风险投资的支持。

在起步阶段，邱勇团队在大学的支持下建立了从事 OLED 研究的课题组。随后通过申请国家科技项目、贷款等各种渠道筹措经费，邱勇团队在清华大学建成中国内地第一个 OLED 超净实验室。后来，随着国家重视新型显示材料 OLED 的发展，清华大学 OLED 团队的研究成果受到国家有关部门的重视。该团队在完成国家自然科学基金项目的基础上，又陆续获得国家“863”计划、“973”计划和产业化示范项目的支持，也获得相关企业的支持。

1997 年，OLED 团队承担了国家自然科学基金重大项目“有机聚合物光电信息材料与器件的基础研究”的子课题，完成了电致发光器件制备系统的研制，他们采用离子束处理导电玻璃，降低了器件的驱动电

① 来自课题组对维信诺的调研。

压，大大提高了器件的发光效率和稳定性，当时设计的 OLED 器件驱动响应系统和无源驱动电路已达到国际先进水平[①]。

2002 年，OLED 团队承担了国家自然科学基金重大研究计划中的重点项目，开始高性能有机电致发光软屏的研制。该项目创造性地开发了一种有机无机薄厚膜复合封装技术，大幅度提高了软屏器件的寿命，成功推出了 128×64 点阵 OLED 软屏，成为国际上少数几家可以制备并展示柔性 OLED 显示器和柔性照明器件的单位[②]。

2002 年，邱勇主持设计并建成了中国大陆第一条 OLED 中试生产线。在当年教育部组织的成果鉴定会上，以中国工程院院士周立伟为主任的鉴定委员会认为：该研究拥有多项自主知识产权，总体技术水平国内领先，达到国际先进水平。同年，邱勇被推选为国际有机发光显示标准工作组 OLED 测试标准制定的首任负责人。

2003 年，邱勇获得国家杰出青年科学基金资助，在国际上较早开展了可湿法制膜的有机小分子发光材料和器件研究，并采用多齿配体和混合配位的分子设计思路，合成了系列可湿法制膜的金属络合物材料，实现了高效率小分子湿法制膜器件。2007 年底该项目结题时，被评审专家评为“特优”[③]。

2005 年，OLED 团队的“全彩色有机电致发光软屏的研制”项目获国家自然科学基金重大研究计划资助。该项目重点分析器件封装过程中的科学问题，提出通过开发具有高度环境稳定性的有机材料来提高软屏器件寿命的新思路。

2009 年，OLED 团队的课题“有机 / 无机复合半导体薄膜及相关器件的设计与制备”获得国家自然科学基金重大项目资助。该项目以有机无机复合半导体材料制备及电荷传输机理为切入点，在高迁移率有机无

①②③　张双虎:《攫住“显示”先机——科学基金提升有机电致发光基础研究实力》,《中国科学报》，2012 年 9 月 26 日。

机复合材料制备、有机无机界面电子过程以及有机半导体电荷传输理论等关键科学问题上开展了系统研究。

2010 年，OLED 团队又围绕有机 / 无机复合半导体制备方法、复合半导体材料中的载流子输运与能量转化机制以及高性能薄膜晶体管和太阳能电池设计等课题开展了深入的研究。

2011 年，OLED 团队与周卓辉教授合作开展高效率、高显色性的低色温白光有机发光二极管研究。该项研究是获得国家自然科学基金委员会与财团法人李国鼎科技发展基金会联合资助的两岸合作研究项目。

通过十多年的不断探索，邱勇带领着 OLED 创新团队突破多项与 OLED 相关的关键技术，整体技术达到国际领先水平，并掌握了完整的生产工艺技术，成功实现大规模产业化，推动我国 OLED 产业实现从无到有。2012 年初，该团队的研究成果“有机发光显示（OLED）材料、器件与工艺集成技术和应用”获得 2011 年度国家技术发明奖一等奖。

在 20 多年的时间里，清华大学 OLED 团队和维信诺始终保持紧密的科技合作关系，从产业技术发展需求中凝练科学问题，开展基础研究；为企业解决技术问题，加快科技成果转化等，实现了从基础性研究、中试到量产的无缝链接，建立了以企业为核心的创新体系，积极推动 OLED 产业技术的迭代发展。

二、案例研究的主要发现

（一）瞄准世界前沿，正向突破，引领产业发展

清华大学 OLED 团队能够取得新兴产业技术开发和产业化的成功，是因为突破过去跟踪研究逆向创新的路径，从基础技术入手实现正向创新。

OLED团队一开始就面向行业技术前沿选题，解决我国产业技术长期依赖国外的问题。当时，OLED技术在国际上也是刚起步，而且拥有较好的产业化前景。在确定研究方向后，团队带头人邱勇从基础科学研究入手，围绕OLED材料、器件技术发展需要，着力解决OLED的发光原理等基础问题。从突破关键核心技术出发，凝练科学问题，开展正向研发，实现了基础研究的突破，以科学原理指导工艺技术开发。凭着扎实的专业基础和不惜一切的拼劲，邱勇带领团队成员，每天工作十几个小时，仅用2年时间，就取得了基础性研究的突破，掌握了OLED关键技术的自主知识产权，申请了20多项国际国内专利，被SCI收录的论文20多篇，为获取自主技术奠定了坚实基础。

（二）以产业化为目标，探索基础性研究—中试—量产—产业化系统化创新模式

一是探索一条从基础性研发、中试到量产的无缝连接之路。清华大学OLED团队一开始就瞄准产业化发展目标，从基础研究到实验室技术开发、中试、孵化企业和制定标准，以及扩大生产规模，加强技术迭代升级，一环扣一环、一棒接一棒，滚动推进持续发展。第一、第二阶段主要打通从基础研究、技术成果到产品的全流程。

二是突破“中试”这个成果转化的关键环节。对制造技术而言，中试是重要环节，不仅是为技术打基础，也是为市场打基础。但同时，中试环节投入多、不确定性大，大学投不起，企业不愿投，投资者要有充分的心理准备，通常被称为“死亡之谷”。团队带头人邱勇一开始就将建中试线的目标定位为既要实现量产技术集成，又要出产品，让市场尽早认识OLED这个新产品。因此，在建中试线时就引入了企业资金和社会融资，促进中试阶段产品的商品化，为下一步量产打下良好的基础。

（三）实现产业技术的突破创新需要领军人物的战略思维

面向市场的产业技术突破创新不仅需要科学研究能力，还要有对市场的敏锐判断和把握。OLED 技术是市场竞争性技术，从基础研究到成功实现规模化和商业化生产，经历了几个关键阶段的战略选择。一是对前沿技术的市场前景进行战略研究，根据对已有显示技术进行比较，断定 OLED 将成为未来新型显示技术的主打产品。二是选准突破口。在团队开展 OLED 技术研究时，当时国内有几个团队，如中国科学院和上海复旦大学的专家也在进行相关研究。邱勇团队采取了先突破 OLED 材料、关键器件核心技术的路径。三是在行业发展处于低谷时，邱勇院士对形势进行清醒的战略研判，坚持不动摇，采取“低谷建线”策略——低谷时开展中试，待产业恢复时，生产线也建成了，抢回宝贵时间。

（四）“政产学研金”密切合作，打造产业生态

在自主创新的各个阶段，清华 OLED 团队获得来自清华大学、国家自然科学基金、国家“973”计划和“863”计划、国家重大示范项目的支持，以及企业、地方政府的投资、资本市场融资等各方面的资金。各类资金功能定位和分工明确，从基础研究、应用研究到产业化应用紧密衔接，实现了资金链与创新链和产业链的融合。表 8-1、表 8-2 列出了 OLED 团队在各个阶段获得的各类资金支持的情况。

表 8-1　1997—2011 年 OLED 团队获得国家自然科学基金的资助情况

时间	题目	项目类型	金额（万元）	项目编号	所属学部
1997 年	有机电致发光薄膜性质及器件驱动特性	重大项目的子课题	43	59790058	
2002 年	高性能有机电致发光软屏的研制	重大研究计划	120	90101029	工程与材料科学部

续表

时间	题目	项目类型	金额（万元）	项目编号	所属学部
2001 年	高性能有机薄膜晶体管的研制	面上项目	23	50173014	工程与材料科学部
2003 年	有机高分子材料学科	国家杰出青年科学基金	120	50325310	工程与材料科学部
2005 年	全彩色有机电致发光软屏的研制	重大研究计划	40	90501005	工程与材料科学部
2009 年	有机 / 无机复合半导体薄膜及相关器件的设计与制备	重大项目	240	50990062	工程与材料科学部
2010 年	有机 / 无机复合半导体材料的基础研究	重大项目	1000	50990060	工程与材料科学部
2011 年	高效率、高显色性的低色温白光有机发光二极管研究	国际（地区）合作与交流项目	150	21161160447	化学科学部

资料来源：作者根据相关资料整理。

表 8–2　OLED 团队成员自 2012 年以来承担的研究项目情况

项目名称	项目期	课题负责人	经费（万元）	所属部门	所属专项
HOMO/LUMO 空间重合的双极性有机材料的合成及研究	2012 年 1 月 1 日至 2015 年 12 月 31 日	段炼	60	国家自然科学基金委员会	面上项目
柔性 AMOLED 显示关键技术研究	2015 年 1 月至 2017 年 12 月	张德强	365	科技部	“863” 计划课题
有机发光材料与器件	2016 年 1 月至 2020 年 12 月	段炼	350	国家自然科学基金委员会	杰出青年基金
高效率、低成本有机高分子材料研究	2015 年 1 月至 2016 年 12 月	段炼	297（前两年）	科技部	“973” 计划
OLED 显示屏用铱磷光分子材料新产品开发	2015 年 6 月至 2018 年 6 月	张德强	30	昆明贵金属研究所	企事业单位委托项目
硅基有机发光显示	2014 年 1 月至 2017 年 12 月	张德强	250	科技部	东南大学
柔性 OFET 驱动电路与 OLED 屏体集成	2019 年 1 月至 2023 年 12 月	段炼	550	国家自然科学基金委员会	重大项目

资料来源：作者根据相关资料整理。

1. 清华大学给予多方面支持

案例表明，清华大学的稳定支持是OLED团队取得成功的重要因素。其稳定支持不仅是资金上的，更重要的是提供了自由探索的学术环境和人才队伍。清华大学对OLED团队的支持体现在多方面，一是在研究早期，支持建立OLED实验室，提供可以心无旁骛开展研究的科研环境。二是清华大学多学科研究力量的支撑。清华大学支持邱勇团队在有机光电子实验室的基础上，组织横跨化学、材料学、电子学和物理学等诸学科的新型交叉学科——有机电子学科的建设。截至2001年8月，组建了一支具有材料、化学、电子、物理等专业背景的跨学科研究团队，共同致力于OLED技术开发。三是积极向社会推荐，在维信诺成长和发展的过程中，受到了各级领导的重视。

2. 国家自然科学基金对解决科学问题发挥了关键性作用

邱勇院士说，国家自然科学基金的长期支持，对开展OLED基础研究起到了关键作用①。一方面，实现OLED技术的自主化，首先要解决材料、器件、工艺和驱动方面存在的一系列科学问题；另一方面，显示面板行业具有显著的“代际性”，从PMOLED到AMOLED再到Micro-LED，每一次技术迭代升级都是建立在基础研究突破的基础上，离不开国家自然科学基金的持续稳定支持。同时，国家自然科学基金在稳定和培养人才队伍、推动学校相关学科的发展方面，发挥了不可替代的作用。从1997年开始，国家自然科学基金对邱勇及其团队成员的资助项目约12项，包括面上项目、人才项目以及重大项目等。其中，重点项目、重大项目占6项，重点支持其应用基础研究。

① 张双虎:《攥住“显示”先机——科学基金提升有机电致发光基础研究实力》,《中国科学报》，2012年9月26日。

3. 国家“973”计划、“863”计划、重大示范项目协同支持，促进集成创新和产业化应用

国家“973”计划重点支持具有原始创新性，重大应用导向、多学科交叉的科学研究，如高效率、低成本有机高分子材料研究。国家“863”计划支持关键技术研究开发，如柔性 AMOLED 显示关键技术研究。重大示范项目则支持中试生产线项目，如 2001 年第一条中试生产线获得国家发展和改革委员会产业化示范项目的支持。

4. 企业、地方政府和资本市场对创新创业和产业化的投入

早在 1997 年，OLED 项目组建立小型示范线时，与彩虹集团签订了为期 4 年的投资合同。2008 年，维信诺在昆山建成中国大陆第一条 PMOLED 量产线，获得昆山市政府的土地、投资等支持；后来在量产生产中，维信诺利用资本市场融资，扩大生产规模。

三、主要启示与建议

（一）面向应用的科学研究需要建立从基础研究、应用研究、中试到量产的贯通式路径

对产业化导向的科学研究，基础研究和应用研究之间密不可分。一方面，要发挥国家自然科学基金在科学发现中的重要作用；另一方面，要加强国家自然科学基金与其他科技计划资金的密切联动，加快科研成果产业化。要加强对产学研创新平台的基础研究支持。目前，我国一些行业和领域进入世界前沿，前沿技术创新迫切需要基础研究支撑。清华大学 OLED 团队和维信诺长期紧密合作，搭建合作研发平台，从突破关键核心技术出发，凝练科学问题。这些应用导向的基础研究直接为产业技术迭代升级提供理论和方法支撑，提高了产业技术原始创新能力。因

此，国家自然科学基金的目标导向项目和联合基金应加强对前沿技术领域的产学研合作平台的应用基础研究支持。大学根据需求做科学研究，企业直接应用转化，提高遴选项目的精准性和有效性。同时，把人才培养纳入科学基金项目的考核内容。目前，我国新兴技术行业人才短缺是普遍现象。校企合作的 OLED 研发平台成为一个重要的人才“孵化器”。清华大学 OLED 团队的不少学生后来加入了维信诺，并成为研究骨干。因此，对新兴产业，科学基金要更多发挥培养科研人才的作用，将校企合作人才培养纳入项目评估。

（二）加强对应用基础研究持续稳定支持，推动技术不断迭代升级

案例研究表明，技术迭代升级大多建立在基础研究突破的基础上，从 PMOLED 到 AMOLED 再到 Micro-LED，每一次技术跃迁的背后都需要经历“基础研究—中试—量产—产业化”的系统化创新，尤其是对具有显著“代际性”的显示面板行业，以基础研究突破为核心的创新成为后续量产乃至实现产品竞争优势的关键。因此，国家自然科学基金要多“撒种子”，对优秀项目加大滚动支持力度。

（三）加强对大、中、小企业融通创新的政策支持与行业引导

当前，在产业链供应链安全日益重要的形势下，加强大、中、小企业融通创新是必由之路。要在尊重行业发展规律的基础上，找准发力时机。行业规模足够大、技术积累足够充分、上下游配套能力初步具备时，正是通过供应链融通创新全力加快自主化进程的最佳时机。当前，我国显示产业恰恰处于这一阶段，要加强行业科技领军企业与供应链条上的中小企业融合创新。一方面，要鼓励大企业、龙头企业进行持续长期的正向创新技术积累，使其对整个创新链、产业链的工艺、材料、装备具有深刻的理解；另一方面，在领军企业需求和技术支持下，引导中

小企业积极加大研发投入，加速上游材料和装备企业的国产化进程。最终，实现大、中、小企业共同将技术和产品创新作为自身的历史使命和可持续发展的必由之路。

（四）发挥大学及研究院所在原创重大成果孕育过程中的推动作用

清华大学 OLED 团队的经验表明，研究单位的稳定支持是取得 OLED 原创成果的重要因素。这个稳定支持既包括资金上的支持，也包括支持自由探索的环境和人才队伍。清华大学一是在研究早期支持建立 OLED 课题组和实验室，尽管当时实验室只有两个人和一台二手实验设备，但是提供了必要的研究环境和条件；二是提供了多学科的研究力量支撑，在研究的第二阶段，学校支持邱勇在有机光电子实验室的基础上，横跨诸多学科组织建设新型交叉学科；三是大学积极向产业界、政府推荐重要研究成果，为 OLED 团队获得国家政策支持和产业资源提供条件。在 OLED 团队成长和发展的过程中，在清华大学的大力推荐下，OLED 团队不仅受到地方乃至中央领导的重视，而且获得资本的青睐，得到多方支持，不断发展壮大。

执笔人：吕　薇　　李　瑞

第九章

面向国家需求整合资源的创新突围

——北京大学高文解码技术团队案例研究

一、案例背景

（一）成果简介

在2020年度国家科学技术奖励大会上，由北京大学博雅讲席教授、数字视频编解码技术国家工程实验室主任高文带领科研团队所发明的超高清视频多态基元编解码关键技术（以下简称AVS技术）被授予国家技术发明奖一等奖，获奖的团队成员包括北京大学的马思伟和王苫社，北京大学深圳研究生院的王荣刚，华为技术有限公司的周建同和上海海思技术有限公司的王稷。

AVS技术是一种数字音视频压缩标准，全称是“音视频编解码数字电视广播传输格式标准”（Audio Video Coding Standard），也被称为“中国音视频编解码标准”，是我国自主研发的具有自主知识产权的数字音视频技术。它可以将高清视频压缩到较小的文件大小，从而使其更易于存储、传输和共享，适用于网络电视、高清播放器、数字电视等领域。该技术突破了传统视频编码和计算框架，形成了完全自主的编解码技术体系，发展出我国超高清视频编码标准GB/T 33475.2–2016等AVS系列标准，被全球超高清联盟采纳为国际通用格式，在VVC/H.266等国际标准制定中掌握了重要话语权。研究团队还自主研制了超高清实时编码器和解码芯片，形成了“技术标准—芯片终端—系统应用”的完整产业链，支撑了我国第一个超高清频道CCTV–4K成功开播，并用于庆祝中华人民共和国成立 70 周年阅兵式、中央广播电视总台 2020 年春晚等重大事件的直播保障。AVS 技术不仅为我国在数字电视领域的自主创新提供了技术支持，增强了我国在国际标准制定中的话语权，也促进了数字电视技术的普及和发展，推动了数字经济的发展，为人们的生活和工作带来了更多便利。

（二）研究过程

AVS 技术的选题源于国家需求。长期以来，中国数字音视频领域技术标准的国际话语权缺失，当 20 世纪 90 年代初期国内标清数码电视[①]及 DVD 机产业发展起来时，因需向国外支付高昂的专利费用，造成了国内产业"大而不强"的困境。

为了解决这个产业关键核心技术被"卡脖子"的问题，高文带领团队开始进入编解码领域，在研究课题组内专门设置了编解码课题组，AVS 主要技术骨干马思伟就是在此时加入编解码课题组攻读博士学位的。1996 年，高文在全国信息技术标准化委员会多媒体分委员会的支持和国家"863"计划信息领域智能计算机主题的资助下，正式参加国际 MPEG 专家组（动态图像专家组）的工作，改变了早期我国在 MPEG 标准制定方面完全听取别国的提案或仅发表一些意见的状况。在高文的带领下，中国成为 MPEG 标准制定方面的积极参与者，也积累了很多经验。1998 年，中国 MPEG[②] 论坛（MPEG-China）成立，我国科研单位开始跟踪并参与 JVT（Joint Video Team，即联合视频编码组）标准的制定工作。但在 2002 年以前，由于缺少自主知识产权的技术标准，我国

① 标清数码电视是指分辨率达到 720 × 576 像素的标准清晰度电视。

② MPEG（Moving Pictures Experts Group）是一个负责制定音视频压缩技术标准的国际组织。这个组织成立于 1988 年，由国际标准化组织（ISO）和国际电工委员会（IEC）联合成立，旨在促进多媒体领域的图像和声音数据压缩标准化。

的音视频产业受制于国外的专利收费组织，缺乏国际竞争力且每年要支付数亿美元的专利费，始终处于产业价值链的低端。

2002 年 3 月，在我国加入世界贸易组织（WTO）之后不久，国内生产的 DVD（数字化视频光盘）在欧洲海关被扣押，对方要求国内企业缴纳高昂的专利费，其中包括使用国际音视频编码标准 MPEG 所涉及的专利费。这一事件对我国的 DVD 产业产生巨大冲击，而且也让国人开始担忧刚刚兴起的数字电视产业因巨额的专利费用而可能重复“为他人做嫁衣”的发展路径。制定我国自主的音视频编解码标准迫在眉睫。2002 年 3 月 18 日至 20 日，高文、张亚勤和孙惠芳作为执行主席，组织召开了主题为“宽带网络与安全流媒体技术”的香山科学会议。与会专家深入讨论研究制定我国掌握自主知识产权的技术标准，支撑我国数字音视频产业的健康发展。

2002 年 12 月，原信息产业部科学技术司发文成立“数字音视频编解码技术标准工作组”（AVS 工作组），任命高文教授为 AVS 工作组组长，黄铁军[①]任秘书长，由北京大学牵头制定中国自主音视频编解码技术标准。AVS 工作组成立后，先后发布了第一代音视频编解码技术标准 AVS[②]、第二代面向 4K 超高清音视频编码技术标准 AVS2（2016 年 4 月 25 日发布了国家标准）、第三代面向 8K 的音视频编解码技术标准 AVS3（2019 年完成，2021 年春晚舞台视频转播技术应用），并研制了 AVS101 高清解码芯片（2005 年 3 月诞生于联合信源数字音视频技术有限公司）、AE100 实时编码器等标志性产品，推动了 AVS 标准的产业化应用。

历经 20 年，该项成果的参与主体从科研机构延展到多家企业。2007 年，AVS 工作组已有 160 家成员单位，参加专利、技术、产品等

① 1999 年初，黄铁军跟随高文开展博士后研究。2001 年 7 月，黄铁军进入中国科学院研究生院网络多媒体中心工作。2007 年 8 月，黄铁军调入北京大学。

② 2003 年 7 月，AVS 评估会议上评估委员会认为：AVS 的产业化可以节省相当可观的 MPEG-2 专利费，压缩效率比 MPEG-2 高一倍。2009 年 7 月，AVS 成为视频编码国际标准之一。

AVS 工作的有 1000 人左右。迄今，研发团队已获得发明专利授权 118 项，出版专著 2 部，发表学术论文 105 篇。

（三）获得资助情况

技术的研究和发展需要大量资金、时间和人力资源的投入，特别是对于新兴技术而言，研究过程需要花费更多的时间和金钱。AVS 工作组获得资助的历程如图 9-1 所示，主要分成三个阶段：1992—2002 年为前期探索阶段，2002—2012 年为正式研发阶段，2012—2022 年为创新与领先阶段。

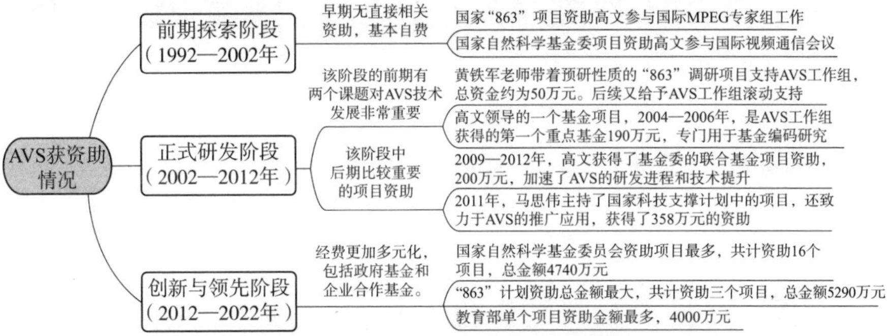

图 9-1　AVS 工作组获得资助的历程

1. 1992—2002 年：AVS 技术的前期探索阶段

这一阶段，团队主要依靠已有项目经费来支持自由探索研究。其中，国家自然科学基金（以下简称科学基金）资助的面上项目和专项项目等发挥了重要作用。例如，高文曾在 1987—1988 年获得了科学基金面上项目“大地电磁数据信噪比提高研究”的 2 万元资助，1993—1994 年主持两个科学基金项目共计 8 万元，1998—2000 年主持了一项名为“多功能感知机”的专项基金项目，获得了 85 万元的资助。这些经费虽然与 AVS 标准研制没有直接关系，但科学基金项目结余资金可以用于团队的自由探索研究。2000 年，科学基金委员会资助高文 4 万元参加国际（地区）合作与交流项目“第一届国际图像图形学术会议”。除了科学基金项目的支持，团队研究和交流工作也得到了国家“863”计划的资助和支持。1996年，高文作为AVS标准研发团队的首席科学家，在全国信息技术标准化技术委员会多媒体分技术委员会支持下和国家“863”计划信息领域智能计算机主题（现计算机软硬件主题）的资助下，出任中国代表团长（Head of Delegation，HoD），正式参加国际MPEG专家组的工作，开始跟踪国际上MPEG标准和技术的发展。这一时期，研究团队获得资助情况详见表9-1。

表9-1　前期探索阶段高文受到的项目资助情况

项目名称	负责人	资助来源	项目类型	开始时间	结束时间	批准金额（万元）
大地电磁数据信噪比提高研究	高文	国家自然科学基金项目	面上项目	1987年1月1日	1988年12月31日	2
二维串图像表达方法的研究	高文	国家自然科学基金项目	面上项目	1993年1月1日	1994年12月31日	4
双动模型视觉计算理论的研究	高文	国家自然科学基金项目	面上项目	1993年1月1日	1994年12月31日	4
多功能感知机	高文	国家自然科学基金项目	专项基金项目	1998年1月1日	2000年12月31日	85
参加国际MPEG专家组的工作	高文	国家“863”计划	信息领域智能计算机主题专家组	1996年1月1日	1996年12月31日	—
第一届国际图像图形学术会议	高文	国家自然科学基金项目	国际（地区）合作与交流项目	2000年1月1日	2000年12月31日	4

资料来源：课题组根据国家自然科学基金委员会网站等相关资料整理，以下同。

2. 2002—2012年：AVS技术进入正式研发阶段

这一时期，资助团队研发的资金不仅来源于科学基金、国家“863”计划等（科学基金和其他部门的部分资助见表9-2），AVS技术联盟的会员企业也为技术研发和应用持续提供了重要的资金支持。团队主要成员表示，2002年初期启动AVS技术研究时缺乏资金支持，已有项目经费支持远不能满足研究需要。清华大学的何勇老师曾一直强调AVS研究团队成员们都是自行承担费用，缺少资金支持。2003 年 3 月 27 日，AVS 视频组在第四次工作会议上提出 AVS 第一版本的工作草案，GB/T 20090 视频标准于 2006 年 2 月颁布。随着 AVS 技术逐渐成熟，产业化的推进需要更多的资金支持，高文教授呼吁成员企业组织起来，把有限的资金通过分工合作的方式，在 AVS 方面组成完整的产业链条[①]。2007 年，AVS 工作组已有 160 家成员单位，参加技术研发与应用、标准制定、专利布局等工作。同年，由 AVS 工作组组长高文参与并牵头完成的“高效数字视频编解码技术及其在国际标准与国家标准中的应用”项目获得国家技术发明奖二等奖。黄铁军老师曾这样评价会员企业的贡献：“这几年，国家发展改革委、信息产业部电子发展基金、国家‘863’计划为支持 AVS 技术研发和关键产品开发的总投入只有约三四千万元，相比之下，更多的是会员单位的贡献。”关于团队来自企业的资助，黄铁军说：“这些会员单位已经分别付出了几年的时间，如果以每家企业每年投入 10 万元计算，那么几千家企业算下来，投入差不多就是几亿元。这并不是一个大数目，仅相当于国外同类标准投入的 1%~2%。但这几年，我们的会员单位都是靠信念走过来的。”综上可见，在 AVS 技术标准的正式研发阶段，政府资金和会员企业的自筹经费都发挥了重要作用，这些资金共同支持了 AVS 技术的研发和产业化推进。

表 9–2 标准研发阶段团队受到的部分资助

资助来源	金额（万元）	项目数量（个）
国家自然科学基金项目	1016	6
国家科技支撑计划课题	358	1
教育部	52	1
总计	1426	8

① AVS 官方网站。

3. 2012—2022 年：AVS 技术进入创新与领先阶段

在获得 2012 年度国家科学技术进步奖二等奖之后，AVS 逐渐成为我国数字电视和网络视频的主流标准之一，并在国际标准制定中占据一席之地。AVS 团队的声誉和影响力进一步提升，研究工作得到了广泛关注，来自政府各类计划支持和企业的资金投入都大幅增加。这一时期，研究团队陆续获得了国家自然科学基金项目、“863”计划、科技部重大科学仪器专项、“973”计划和国家重点研发计划等多个科技计划的资助，企业资金投入以 AVS 会员费为主。其中，“863”计划的资助金额最大，共计资助 3 个项目，总金额 5290 万元；国家自然科学基金资助的项目最多，共计资助 15 个项目，总金额 4140 万元。“973”计划和教育部虽然各自只资助了一个项目，但是资金规模均较大，分别为 3103 万元和 4000 万元。总体上，来自政府各部门的资金支持达 1.9295 亿元（部分资助情况见表 9–3）。充足的资金一方面使得团队拥有更先进的实验设备、高水平的人才储备，开展更具挑战性和前沿性的研究工作，取得了更丰硕的研究成果，另一方面也有力推动了技术应用的实践。

表 9–3　创新与领先阶段团队所受部分资助

资助来源	金额（万元）	项目数量（个）
“863”计划课题	5290	3
“973”计划课题	3103	1
国家自然科学基金项目	4140	15
教育部	4000	1
科技部	2572	2
中央组织部	190	1
总计	19295	23

从前期的技术追赶逐渐成长为引领国际技术标准、发布国际通用格式、形成“技术标准—芯片终端—系统应用”的完整产业链，AVS 工作

组发展出具有自主知识产权的编解码技术体系，在超高清视频编码领域完成了全方位的技术突破和自主创新。与其他重大科技成果相比，该成果是自主创新的典型代表，也是我国从“制造大国”向“创造大国”转变的成功范例之一。该项成果的形成过程很好地体现了科研与产业的双向互动，通过技术标准、应用和生态建设全链路的工作，最终形成了“技术标准—芯片终端—系统应用”的完整产业链。通过对该案例过程的深入分析，本文得出以下几点主要发现。

二、案例研究的主要发现

（一）战略科学家是重大成果产出的决定性因素之一

2021 年 9 月，习近平总书记在中央人才工作会议上就提出了“大力培养使用战略科学家”①，进一步明确了培养战略科学家的现实需求。战略科学家是国家科学技术发展的重要力量，对于“构建国家战略，制定国家长期科技发展规划，确保科技资源合理配置，有效合理进行产业升级，推动经济结构优化，应对发展中的复杂性和不确定性”都发挥重要作用②。

高文院士作为团队的领军人物，在锚定研究方向、带领团队攻关、促进成果产业化方面都发挥了举足轻重的关键性作用。一是选定攻关方向。在我国 DVD 产业因缺乏自主知识产权的技术标准而陷入技术专利费问题并受到国际打压的不利形势下，高文在担任 AVS 工作组组长后选择了正确的技术路线，绕过海外专利进行了全方位的技术突破和创

① 《习近平在中央人才工作会议上强调　深入实施新时代人才强国战略　加快建设世界重要人才中心和创新高地》，新华社，2021 年 9 月 28 日。

② 张碧晖：《战略科学家与科学学》，《世界科学》2024 年第 5 期。

新，从而形成具有自主知识产权的编解码技术体系。二是攻克研发过程中的各种难关。在面对缺乏设备和测试素材的重重挑战时，高文院士能够通过广泛的个人网络资源为团队争取到必要的经费和高清电影素材，并带领由科学家和工程师组成的团队进行联合攻关，保障了研究工作的顺利开展。三是促进产研互动。在技术研发阶段，高文院士就开始考虑成果的应用前景，积极吸引企业参与合作，推动将研究成果转化为具有市场竞争力的产品，还借助与中央电视台等重要机构的合作增强标准的成熟度和稳定性，并发起成立“新一代人工智能产业技术创新战略联盟”加速 AVS 技术的商业化进程等。

把握技术方向，拥有出色的组织能力，具备广博的交叉学科知识和追求真理、勇于探索的科学家精神，高文院士身上所展现出的这些战略科学家特质，是 AVS 技术成功实现突破和产业化应用的首要原因。

（二）跨学科研究与团队多样性是创新的催化剂

美国社会科学研究理事会最早提出，跨学科研究（Interdisciplinary Research）的主要职能是开展涉及两个或两个以上学会的综合研究[①]。AVS 的技术创新是跨学科合作成功的典范。从技术发展角度来说，团队需要完成跨学科领域的复杂科研任务，如深入理解计算机科学的基础知识，掌握电子工程的信号处理技术和信息技术领域的数据压缩与传输原理，等等。这就意味着整个大团队中需要不同学科背景如压缩算法、信号处理、图像学和计算机科学等专业领域的人才，而在后期的技术标准制定、应用和推广过程中，还离不开具有商业管理、国际关系等专业知识的人才支持。

组织协调不同学科背景和专业领域的人才，共同合作完成技术的研

---

① 刘仲林：《交叉科学时代的交叉研究》，《科学学研究》1993 年第 2 期。

究开发和应用，在这个过程中的挑战显而易见。然而，正是这种差异带来了多元化的认识视角和创新思维，形成了异质化知识的碰撞，促进了知识、技能、经验和人才的共享，激发了新的创意和解决方案，推动技术向真正的前沿进步，使团队在全球科技竞争中保持领先。

（三）国家自然科学基金的早期资助对实现技术突破具有关键作用

高文院士在科研生涯早期获得了国家自然科学基金的资金支持。这些资助虽然未直接指向他后来在 AVS 技术领域的重大成果，却提供了探索科学前沿的经费支持和信心鼓舞，支持其在相关领域的积累和成长，为后续发展提供坚实基础。

高文院士承担国家自然科学基金项目的研究选题包括数据信噪比、图像表达方法、视觉计算理论等，涉及从理论研究到技术开发多个层面，逐步建立了宽广而深厚的知识积累。特别是他在科学基金资助下参与国际学术会议，扩展了国际视野和学术合作网络，为此后顺利推动 AVS 技术标准的制定和推广奠定了基础。

（四）自由探索项目和任务导向项目接力促进成果形成

北大高文团队在 AVS 技术研发和应用过程中的成功，得益于国家自然科学基金、“863”计划、“973”计划等多渠道资助的协同效应。不同渠道的资助形成了科研协同机制。一方面，科学基金的灵活资助机制为团队成员提供了自由探索的空间，使他们能够根据个人的研究兴趣和专长，独立申请资助，进行前瞻性的科研探索。这种自由探索不仅促进了团队成员在各自领域的深入研究，而且为团队整体的科研方向提供了丰富的思路和方法。由此，团队成员的个人探索成果能够有效地反哺并支持团队的整体任务，形成了个人探索与团队任务之间的良性互动。另一方面，“863”计划和“973”计划等国家级科研任务进一步为 AVS 技术明确了研发方向和应用需求导向，使团队能够集中资源和精力，针对国家重大需求进行有组织的科研攻关。例如，“863”计划资助的“基于AVS的3D电视实时编解码系统研制与应用示范”项目，就是聚焦于3D电视技术的关键问题，集中攻关，快速实现了技术突破并进入应用。

（五）“三驾马车”并行，跨部门合作加速成果产业化

除了会员企业在AVS技术发展中的大量、持续的资金投入外，AVS工作组在长期的技术标准制定、产业化过程中有多次和企业、地方政府合作的经历①。

AVS工作组长期保持与企业合作的开放态度。2005年5月，AVS产业联盟成立，与“AVS工作组”“AVS专利池管理委员会”构成相互独立又相互支撑的“三驾马车”。2011年1月，AVS产业应用走出国门，在老挝进行地面数字电视的招标工作，云南无线数字电视文化传媒有限公司针对应用于老挝沙湾、巴色、琅勃拉邦三省招标66台AVS编转码器设备。2011年2月，湖南省有线电视网络（集团）股份有限公司招标AVS转码器44路、编码器20路，拉开了AVS省级大规模应用的序幕。2011年10月，AVS开源社区正式对外开放，为企业和用户获得AVS编码、转码、解码软件源代码提供了“一站式”服务，为从事视听相关的开源技术人员提供了统一的技术共享和交流平台。2015年8月25日，AVS标准工作组、AVS产业联盟、中国广播电影电视社会组织联合会技术工作委员会共同在大连举办“AVS+技术应用培训班”。2017年3月18日，“国际音视频产业论坛暨AVS标准十五周年年会”在北京举办，会上宣布：腾讯公司、北京大学数字视频编解码技术国家工程实验室、AVS产业联盟三方达成合作，共同推动基于AVS2的互联网图像与视频标准制

① AVS官方网站。

定。腾讯公司相关负责人表示，三方还将共建数字视频编解码技术国家工程实验室深圳分室，相关研究成果也将优先于腾讯产品线落地应用。

政府部门在 AVS 技术发展中给予了包括政策、资金、提供技术实验机会、建立国家级实验室等大量不同形式的支持。如 2006 年 6 月，原信息产业部通过“电子信息产业发展基金”给予 AVS 全面支持。2008 年 4 月，番禺广电开播全国首个 AVS 高清实验频道，标志着 AVS 高清数字电视从前端到终端的商业运营得以实现。2009 年 2 月，国家发展和改革委员会批准成立“数字视频编解码技术国家工程实验室”，是我国视频技术领域唯一的国家级工程实验室，是数字音视频产业基础性国家标准 AVS 的领导者。2010 年 8 月 12 日，原国家广播电影电视总局科技司同意在广州开展国家首个 AVS 3D 电视技术试验项目。

综上，北京大学 AVS 团队既借助企业提供的资金和资源开展技术研究，也在与企业开放合作的过程中加深了解行业需求，获得了宝贵的实际应用经验和市场反馈。此外，政府部门的支持与合作也为团队的成果落地创造了积极的环境，加快了成果的产业化进程。

（六）国际（地区）合作与交流项目对拓宽全球视野和提升全球影响力均有积极影响

AVS 团队的许多成员都曾在不同阶段在科学基金的国际（地区）合作与交流项目资助下参与国际交流，不仅拓宽了科研思路和视野，还促进了国际合作网络的建立和 AVS 技术的全球推广。

一是拓宽科研人员的研究视野。通过参与国际学术会议，与国际同行进行交流，获取最新的科研信息和技术动态。特别是 2000 年，该类项目资助高文院士参加第一届国际图像图形学术会议，为他提供了参与国际学术交流的重要机会，积累了丰富的研究灵感。

二是通过跨国界的知识和技术交流，建立开放的国际合作网络，提高团队国际知名度，吸引海外人才加入团队。这些合作和人才引进为AVS技术的研发带来了新的视角和思路。

三是通过参与国际合作项目和学术会议，成功地将AVS技术推向国际舞台，使其成为国际认可的标准之一。2013—2019年的多个国际交流合作项目，如“融合3D视频与移动终端的增强现实系统”和“基于神经脉冲的视觉信息表示与处理”都推动了AVS技术的国际认可和应用。

三、主要启示与建议

（一）重视对战略科学家的早期识别和持续资助

当今社会的科学研究、技术进步已经离不开大团队合作，而领导这类团队攻坚克难、不断进步则离不开战略科学家。鉴于战略科学家对于重大科技成果产出的关键影响，需更加重视如何识别有潜力成长为战略科学家的人员，并对其进行持续资助。目前对于科研团队领导者的研究还远远不足，科研活动的使命、价值与企业活动有较大差异，关于企业领导力的相关理论难以直接套用，需要科学学、科学管理等领域的更多学者深入开展理论和实证研究。

在国家层面，对于能够提出突破常规的新想法、构建颠覆性技术路线的科研人员，要为他们提供充足的研究资源和自由探索的空间，激励其勇于尝试和探索新领域，从而在探索的过程中不断成长。对于此类资助，应建立宽容的项目过程管理和评估机制，以确保资助能够适应科研活动规律和科学家成长规律，营造良好的科研生态环境。

与国外相比，我国高层次科技人才更多来自高校和科研院所，来自企业的占比甚少。但是，来自企业的科技人才在战略技术眼光上又常常更胜一筹。除了为企业培养高科技人才提供良好的政策支持、资金投入等措施，还可以鼓励更多企业和高校合作培养科技人才，促进更多战略科学家级别的人才诞生①。

（二）资助跨学科研究，以项目牵引学科的融合交互

许多重大成果的产生都需要跨学科研究，资助跨学科研究可以牵引实现学科间的融合与交互，实现在空白领域的突破式创新。但重大科技成果的跨学科合作研究目前依旧面临多种挑战，可以在以下三个方面着重发力。

一是激励政产学研各界建立流畅的沟通机制，对多主体合作研究提供政策支持，如明确项目合作申请机制、项目成果共享、确权和使用优先权等规定。

二是重大项目选题时应紧紧围绕产业需求，确立较为明确的产出目标。在项目选题阶段应充分听取产业代表的相关意见，积极整合行业技术需求，以解决具体的应用需求为目标设立选题，进一步判断需要整合的学科知识，召集相关领域的人才集中讨论，查漏补缺，延揽必要、互补、高效的团队成员，设定更具实践价值、可行性的项目成果目标和实施计划。这样既能提升重大项目研究的实践意义，也能为长期的跨学科研究的平稳进行奠定更多共识基础。

三是完善已有的跨学科研究项目资助机制，加大对跨学科研究项目的资助力度。优先资助开展跨学科研究的团队，从而引导团队负责人有意识地吸收不同背景的成员加入团队，勇于做问题驱动的研究，探索真正的科学前沿。

---

① 王昉、申金升、武虹：《战略科学家典型特征量化评估：探索与实证研究》，《中国科学院院刊》2023 年第 10 期。

（三）探索建立需求导向类项目和自由探索类项目间的联动机制

为了有效推动重大科技成果的产出，建议探索建立目标明确、需求导向性强的科研项目和自由探索类项目之间的联动机制，形成互补和相互促进的长效资助机制。需求导向类项目明确研究的产出目标，而自由探索类项目则为科研人员追求突破提供自由探索机会。

一是可以在需求导向类项目中预留一部分资源和机会，专门用于支持那些具有前瞻性和潜在创新价值的自由探索类项目。这些自由探索类项目应当围绕科技计划项目中的特定科学问题，在理论、方法和技术上进行更加深入和广泛的探索。

二是对于在需求导向类项目实施中发现的新问题和前沿挑战，可以通过科学基金非共识项目等予以优先资助。这种资助模式，不仅能够保证重大任务的完成，还有助于激发科研人员创造性，推动科研工作向更加前沿、更加深入的方向发展，提升科研项目的整体质量和效率，实现持续的科技成果产出。

（四）促进政产学研合作，优化科技成果的联合资助

重大科技成果的形成和发展离不开政产学研各界的通力合作。企业在国家创新体系和现代化产业体系建设中发挥着重要的作用，但在参与国家重大创新时依旧存在“有能力没渠道、有意愿没环境、有作为没回报”等困境。以 2021 年联合基金联合出资方投入的总额为例，地方政府、行业部门、企业占比分别为 63.6%、18.6% 和 17.8%，企业占比依然远远落后于典型发达国家[①]。对于企业参与出资的联合基金项目，建议鼓励与企业联盟、行业协会等联合设立。由联盟或协会成员共同出

① 牛凤燕、王金田、李建民：《提升联合基金管理与运行效能：趋向、挑战与对策》，《今日科苑》2023 年第 12 期。

资、共同凝练产业共性问题。这不仅使得更多企业有机会从科学基金资助的研究项目中获益，进一步打造“民企和高校院所之间的敏捷互动机制”，也有助于通过共同出资的方式真正筛选出产业所面临的共性挑战，充分发挥企业在国家创新体系中的主体作用[①]。

在科研团队与地方政府合作并获得支持时，地方政府可以考虑开发更多元化的资助或支持方式，除了提供研发经费外，对于有转化潜力的项目，还可以投入试验场地等非经费资源，从而更好地发挥政府在促进重大成果产出中的支持性作用，也能从更全面的维度检验科技成果对区域经济、社会发展的价值。

（五）持续发挥国际交流合作项目在扩大开放、提高全球影响力中的作用

为了持续发挥国际交流合作项目在扩大开放、提高全球影响力中的作用，建议进一步扩大国际合作项目的资助规模、创新国际交流合作的方式和机制。

一是拓展双向交流机制。除了支持国内科研人员参与国际会议，探索资助国际科研人员来华参加学术交流的机制，如提供差旅补贴、资助国际研讨会等。通过双向交流使国际科研界更全面地了解我国的科研成果和环境，扩大国际影响力。

二是扩大国际合作项目规模和资助金额，支持国内高校、院所联合企业与国际顶尖科研团队开展合作研究。这样的合作不仅能提升我国的科研水平，还能在国际科技界建立更广泛的合作网络和影响力，进一步完善开放的科研生态环境。

执笔人：温　珂　　张　宜　　游玎怡　　丁　琪

① 尹西明、吴善超、魏阙：《民营企业参与重大创新的困境与对策》，《科技中国》2023年第9期。

附录：团队主要成员的学术背景和项目经历

负责人	项目名称	资助来源	开始时间	结束时间	批准金额（万元）
高文	1956 年生； 1991 年，哈尔滨工业大学留校； 1999 年，中国科学院计算技术研究所所长； 2006 年，北京大学信息科学技术学院教授				
	大地电磁数据信噪比提高研究	国家自然科学基金项目	1987/1/1	1988/12/31	2
	二维串图像表达方法的研究	国家自然科学基金项目	1993/1/1	1994/12/31	4
	双动模型视觉计算理论的研究	国家自然科学基金项目	1993/1/1	1994/12/31	4
	多功能感知机	国家自然科学基金项目	1998/1/1	2000/12/31	85
	参加国际 MPEG 专家组的工作	国家“863”计划	1996/1/1	1996/12/31	/
	第一届国际图像图形学术会议	国家自然科学基金项目	2000/1/1	2000/12/31	4
	高效视频编码中的关键技术研究	国家自然科学基金项目	2004/1/1	2006/1/1	190
	2005 年国际视频通信和图像处理大会	国家自然科学基金项目	2005/7/12	2006/3/10	2
	基于视觉特性的高效视频编码研究	国家自然科学基金项目	2009/1/1	2012/12/31	200
	2009 年 ACM 国际多媒体技术大会	国家自然科学基金项目	2009/10/19	2009/12/31	4
	高逼真度视听系统的理论与方法	国家自然科学基金项目	2012/1/1	2014/12/31	600
	融合 3D 视频与移动终端的增强现实系统	国家自然科学基金项目	2013/1/1	2017/12/31	280
	超高清视频实时分析增强仪开发和应用	科技部重大科学仪器专项	2014/7/1	2019/6/30	1098
	基于视觉特性的视频编码理论与方法研究	“973”计划课题	2015/1/1	2019/8/31	3103
	认知计算	国家自然科学基金项目	2021/1/1	2025/12/31	1500
黄铁军	1998 年，华中理工大学（现华中科技大学）博士； 1999—2001 年，中国科学院计算技术研究所博士后； 2001—2007 年，中国科学院研究生院网络多媒体研究中心副主任、主任； 2007 年，北京大学教授； 2018 年，北京智源人工智能研究院院长				
	未来媒体网络协同创新中心“2011 计划”专项	教育部	2014/1/1	2017/12/31	4000
	面向群体数据的 AVS 云媒体标准及验证平台	国家自然科学基金项目	2014/1/1	2018/12/31	500
	图像视频分析、压缩与识别	国家自然科学基金项目	2015/1/1	2019/12/31	400

续表

负责人	项目名称	资助来源	开始时间	结束时间	批准金额（万元）
马思伟	2005 年，中国科学院计算技术研究所博士毕业； 2005—2007 年，美国南加州大学博士后； 2007 年，北京大学教授				
	宽带网络下立体电视的视频编码、传输与显示	全国优秀博士论文资助项目	2008/1/1	2012/12/31	52
	基于超分辨率技术的视频重构与编码研究	国家自然科学基金项目	2009/1/1	2011/12/31	20
	基于 AVS 的 3D 电视实时编解码系统研制与应用示范	国家科技支撑计划课题	2011/1/1	2013/6/1	358
	面向立体电视的 3D 内容生产和服务系统	“863”计划课题	2013/1/1	2015/12/1	735
	视频编码	国家自然科学基金项目	2014/1/1	2016/12/31	100
	真三维视频紧凑表示与先导验证	“863”计划课题	2015/1/1	2017/12/31	3800
	真三维视频紧凑表示和高效压缩	“863”计划课题	2015/1/1	2017/12/31	755
	基于结构信息特征的监控视频编码	国家自然科学基金项目	2016/1/1	2019/12/31	63
	监控视频结构化表达与智能编码	中组部青年拔尖人才计划项目	2016/1/1	2018/12/1	190
	基于内容分析的高效视频编码理论与方法	国家自然科学基金项目	2017/1/1	2021/12/31	270
	基于神经脉冲的视觉信息表示与处理	国家自然科学基金项目	2019/3/1	2022/2/28	50
	智能视频编码	国家自然科学基金项目	2021/1/1	2025/12/31	400
王荣刚	1976 年生； 2006 年，中国科学院计算技术研究所博士毕业； 2006—2010 年，法国电信研究员； 2010 年，北京大学深圳研究生院教授				
	基于轻量模型的立体视频转换生成与编码技术研究	国家自然科学基金项目	2014/1/1	2017/12/31	73
	沉浸式虚拟现实视频内容生成与高效编码	国家自然科学基金项目	2017/1/1	2020/12/31	62
	基于深度学习的自由视点视频关键技术研究	国家自然科学基金项目	2021/1/1	2024/12/31	58
	沉浸式影像智能编码及传输技术研究与标准制定	国家自然科学基金项目	2022/1/1	2025/12/31	259
王苫社	北京大学数字视频编解码技术国家工程实验室主任				
	面向沉浸式感知的表面光场表示及传输	国家自然科学基金项目	2019/1/1	2019/12/31	16
	面向 8K 超高清视频应用的高效编码标准及编解码器	科技部国家重点研发计划	2019/10/1	2022/6/1	1474
	面向机器视觉的智能视频编码	国家自然科学基金项目	2021/1/1	2024/12/31	58

第十章

需求驱动的重大科学发现

——中国科学院大连化学物理研究所包信和纳米限域催化团队案例研究

一、案例背景

（一）项目背景

多煤、缺气、少油的一次能源结构决定了中国石油化工、天然气化工、煤化工三大能源工业的消费结构。与原油产量不足相反，中国甲醇产量严重过剩。以煤为原料生产甲醇的技术工艺已经成熟，因此，将过剩的甲醇高效催化为石油制品就成为中国战略性的能源需求。一般来说，煤的转化都是先气化制成合成气，然后通过催化剂作用将合成气转化成烃类等化学品。中国国情是富煤缺油，2030 年前中国还将继续“以煤为主”。同样，耗水量大一直是制约地方煤化工发展的“顽疾”，煤化工产业若想办得长久，就不得不“逐水而居”。但中国煤炭资源主要集中在干旱、半干旱的中西部地区，水资源匮乏，不少煤化工企业正饱受缺水的困扰，常常出现煤化工企业与农业或其他工业争水的现象。水是煤化工过程的关键媒介，水资源匮乏是制约中国煤化工发展的重要瓶颈。如何解决煤化工的发展瓶颈与污染问题，清洁、高效地进行煤化工生产一直是学术界和工业界攻关的重要课题。

催化在自然界普遍存在，2000 多年前，中国人就懂得用酒曲造酒，现代化工产品生产更加离不开催化。催化作为化学工业中关键的核心技术，长期以来在国民经济的诸多方面，如石油炼制、合成化肥、合成纤维和汽车尾气处理等发挥了巨大作用①。现代化学工业中 85% 的过程需要催

① 包信和：《纳米限域体系的催化特性》，《中国科学（B 辑：化学）》. 2009 年第 39 卷第 10 期。

化，发达国家国民生产总值的 25% 以上来自催化过程[①]。实现对化学反应的控制是化学科学的核心和关键。如何让化学反应更精准、可控？这需要催化技术的帮助。作为核心技术，催化在能源转化、材料合成、环境保护及生命健康等领域发挥着决定性作用。解开催化的奥秘，将有助于精准设计催化剂。若在理想状态下，这意味着我们能精准调控化学反应过程生产我们所需要的产品。催化过程的核心和关键是对化学反应进行选择和调控。精准调控化学反应过程、提高转化效率和接近 100% 的选择性一直是催化化学追求的中心目标。在当今能源高效转化、资源优化利用及生态环境优化的需求推动下，需要催化过程更加温和，催化反应更加精准和高效，催化科学和技术正面临着创新变革的巨大机遇和挑战。

烃是汽油、柴油等液体燃料、基本有机原料及“三大合成材料”单体的重要组成部分，支撑了人类社会的发展与变革，保障了人类的衣食住行等日常生活所需。面对资源短缺与环境恶化的双重挑战，社会经济日益旺盛的烃需求，以及“原料多元化、过程绿色化、产品高端化”的行业发展目标，亟须开发原子经济的高选择性烃转化技术[②]。2016 年，大连化学物理研究所研究团队突破了 90 多年来煤化工领域高水耗、高能耗的水煤气变换模式，开创了煤基合成气一步高效生产烯烃新路线，从原理上创立了一条低耗水的煤转化新途径。包信和院士和他的研究团队借助微至“毫末”的纳米尺度的空间以及界面限域效应对催化体系电子能态进行调变，实现对催化性能的精准调控，提出“纳米限域催化”概念，打开了催化过程的“黑匣子”，从源头上彻底改变了传统的费托合成过程，从本质上降低了水资源消耗、降低了二氧化碳排放。目前，

① Ertl G，Knözinger H，Weitkamp J. “Handbook of Heterogeneous Catalysis，” *Weinheim*：*VCH*，1997.

② Bao X，Ding K，He M，Xie Z. “Preface：Progress of precisely catalytic sciences and technologies of hydrocarbons，” *Sci Sin Chim*，no. 50（2020）.

包信和团队已成功拓展 OXZEO[①] 催化剂设计思想，初步创建了煤经合成气直接转化新技术平台，实现了系列高值化学品和燃料的定向合成，引领了节水、节能高效煤化工发展新方向。

（二）案例对象及研究方法介绍

我们选择了中国科学院大连化学物理研究所（以下简称大连化学物理研究所）纳米限域催化技术作为案例研究对象。大连化学物理研究所包信和院士团队的项目“纳米限域催化”获得 2020 年度国家自然科学奖一等奖。项目主要完成人为包信和（大连化学物理研究所）、潘秀莲（大连化学物理研究所）、傅强（大连化学物理研究所）和邓德会（大连化学物理研究所）。这一成果也被评价为中国科学院改革开放四十年的 40 项标志性重大科技成果之一（面向国民经济主战场类别 10 项）。

通过对典型案例的团队负责人、技术骨干，科研项目管理人员以及相关单位参与者开展深度访谈（大连化学物理研究所、国家自然科学基金、中国科学院、“973”计划、国家纳米科学中心等），2015—2023 年数次到大连化学物理研究所进行调研访谈，课题组积累了大量的一手访谈调研资料并通过各个渠道收集了二手资料。通过详细分析纳米限域催化项目的成功机制，本研究力图发现驱动重大科技创新的因素和模式，揭示基础研究在其中所起的重要作用，以及国家自然科学基金、中国科学院等资助主体在重大科技成果形成的不同阶段所起的作用，并提炼出相应的政策建议。

① OXZEO 双功能催化剂是煤经合成气直接制烯烃技术的催化剂研制方面的一项技术。

二、案例研究的主要发现

（一）纳米限域催化项目的形成路径

1. 项目来源及技术路径

近百年来，为了以煤为原料获得乙烯、丙烯、丁烯等低碳烯烃，国际上普遍采用的技术是传统费托合成技术。1923 年，德国科学家 Fisher 和 Tropsch 发明的煤经合成所生产高碳化学品和液体燃料的费托过程问世，并于第二次世界大战期间进行了大规模的生产，自此逾半个世纪的煤化工产业拉开大幕。传统的费托过程，采用金属作为催化剂，合成气中的 CO 分子在金属催化剂表面被活化解离成 C 原子和 O 原子，C 原子和 O 原子与吸附在催化剂表面的氢发生反应，形成亚甲基（CH_2）中间体，同时放出水分子。亚甲基中间体通过迁移插入反应，在催化剂表面进行自由聚合，生成含不同碳原子数的烃类产物[①]。“此时，催化剂表面形成了一个开放的平台，可以两个碳原子碰撞结合在一起，也可以三个碳原子，有时甚至上百个。两个碳原子碰撞并结合就生成乙烯或乙烷，三个碳原子生成丙烯或丙烷，但这个表面反应是无法控制的。”包信和解释说，整个反应烃类产物的碳原子数分布广，也导致目标产物的选择性偏低。同时，反应过程中需要依靠氢气来移去金属催化剂表面 CO 解离生成的 O 原子，这些宝贵的氢气正是通过高水耗、高能耗的水煤气变换获取，还要释放出大量的 CO_2。

受限于催化作用原理，该过程需要大量的水，且能耗大。一般来说，在理想状态下采用传统的费托方法，生产 1 吨液体燃料就需要耗费 5~6 吨水。据包信和院士介绍，中国能源发展的大趋势是缓慢增长，减

① 柳卸林、程鹏：《科学驱动的创新在中国》，科学出版社 2018 年版。

排也是国民所希望的。但是每个国家特点各异，美国着重发展常规天然气和石油，法国以核能为主，德国关注光能，巴西主要是生物质能源。那么中国的能源发展是怎样的呢？“中国什么都能跟美国走，唯有能源战略不能跟美国走。”包信和院士表示。因为美国基本不缺天然气和石油，液体能源源源不断，气体能源价格是中国价格的1/3，美国的能源战略很大程度上取决于其某届政府的需求，如发展乙醇、太阳能等都是政府的战略，基本上没有长期的能源战略，因为美国能源不是关键问题。但是对于中国来说，能源问题是个大问题。假如讨论中国的需求，这几个能源问题都要考虑到，中国的液体能源是短缺的，大概百分之五六十的原油都要进口，这是中国的一大需求。

包信和院士认为，从源头创新，彻底改变传统的费托合成过程，从本质上降低水资源消耗、降低二氧化碳排放，是中国碳基能源转化利用和环境优化的必由之路。我国是个贫油、少气、富煤的国家，大量依赖进口石油生产液体燃料和化学品。这关系到国家能源安全。在现代化工中，大多数产品生产都与催化过程息息相关。但是，由于催化过程的复杂性，催化的作用机理难以被清晰认识，一直被视为“黑匣子”。为了国家战略需求，包信和院士瞄准了煤、天然气等非石油资源高效清洁转化，将研究方向锁定在能源小分子转化生产液体燃料和必需化学品领域，立志解密催化“黑匣子”。包信和研究团队另辟蹊径，使得新技术不需要水煤气变换制氢过程，工艺流程短，可显著降低工艺水耗、过程能耗和二氧化碳排放，煤炭的清洁高效开发由此成为可能。该项目的想法来源主要是基于中国的独特资源需求，由科学家创造性地从基础科学问题出发，进行重大科学突破，通过基础研究很好地解决了有关煤化工的战略性需求问题。

在中国科学院和大连化学物理研究所几届领导和学界前辈们的支持与帮助下，包信和与项目组成员20年来共同努力，改用部分还原的复合氧化物作为催化剂，可将煤气化产生的合成气（纯化后 CO 和 H_2 的混合气体）直接转化。创造性地将氧化物催化剂与分子筛复合，巧妙实现了 CO 活化和中间体偶联等两种催化活性中心的有效分离。与传统费托技术不同的是，因氧缺陷位而产生的亚甲基自由基，不会在催化剂表面停留或发生表面聚合反应，而是迅速进入分子筛孔道，在孔道限域环境中进行择形偶联反应，形成目标产物——低碳烯烃。新过程将催化剂表面“漫无目的、无拘无束”生长的“自由基”控制在这个分子筛所构建的“笼”中，通过限制其行为，实现最终的定向生成，大大提高了产物的选择性。研究人员通过对分子筛孔道和酸性质的调控，进而实现产物分子的可控调变，破解了传统催化反应中活性与选择性此消彼长的“跷跷板”难题，为高效催化和催化反应过程的设计提供了指南。

包信和团队也一直在探索合成气直接转化制取烯烃更加高效的新方法。随着纳米孔道限域与界面限域概念的形成和完善，研究团队另辟蹊径，将界面限域与孔道限域耦合创立了 OXZEO 催化体系，实现了煤经合成气高选择性地一步直接制取乙烯、丙烯和丁烯等低碳烯烃，从原理上摒弃了传统费托（FT）合成路线，省去了耗水、耗能的水煤气变换和水—氢循环过程，并成功突破了目标产物选择性理论极限。具体地，将一氧化碳 / 氢气活化与碳—碳键偶联的活性中心分开，让它们“各司其职”，实现催化过程中转化率和选择性的解耦。沿着这条思路，科研团队创制出一种新型复合双功能催化体系 OXZEO，突破了近百年来传统费托合成产物分布难以逾越的 ASF 极限①。

2. 团队带头人的科研之路

20 世纪 90 年代，得知中国科学院希望引进一批国际高层次人才，远在德国的包信和放弃国外优越的科研环境和待遇，毅然来到大连化学

① 指在某一特定反应条件下，催化剂选择性达到最高值的烯烃分布情况。

物理研究所。包信和于 1995 年 5 月从德国马普协会 Fritz-Haber 研究所回国工作，担任大连化学物理研究所催化基础国家重点实验室研究员，将研究重点瞄准催化中的关键问题，立志解密催化“黑匣子”。在包信和看来，中国的催化事业更需要年轻的“催化剂”。他带着埃尔特和西罗格教授赠送的两大集装箱的仪器回到中国，来到了大连化学物理研究所。

包信和院士长期从事表面化学、金属催化材料以及多孔材料等相关的催化基础研究和应用开发工作。回国之前，他已在德国从事研究工作 5 年有余，在表面催化学科已经做出了重要成绩。回国后，他很快将工作重心定位在解决与能源相关的催化基础研究问题上，带领团队瞄准煤、天然气等非石油资源的高效清洁转化利用，努力创新高效、环境友好的催化过程，将研究方向锁定在能源小分子转化生产液体燃料和必需化学品领域。在大连化学物理研究所的林励吾院士、厦门大学的万惠霖院士等前辈的支持下，他起草了一份“甲烷、低碳烷烃及合成气转化的催化基础”研究的建议书。这份前后写了 37 稿的建议书，最终得到了科技部的支持。对此包信和解释道：“开始时，大家虽然有意向，但是对其中的科学问题认识得还不够，正是这一次又一次的反复讨论，使我们更加明确了需要解决的关键问题是什么，确定了主攻方向。”

1997 年 1 月，一个由 8 家单位、50 位科研人员组成的国家基础研究“攀登”团队诞生了。包信和与厦门大学的万惠霖院士一起，被推举为项目的牵头人。1999 年 10 月，该项目的主要工作进入“天然气、煤层气优化利用的催化基础”的“973”项目，包信和被推举为首席科学家。在大家的共同努力下，项目取得了突出的进展。“甲醇制烯烃”“煤制油”和“天然气制芳烃”等一系列成果脱颖而出。包信和带领的这个项目组，也被科技部命名为“973”项目有突出贡献的团队。

2006 年，包信和研究团队在将三氧化二铁纳米粒子填充到碳纳米管的过程中，发现某些实验数据超出预判：碳纳米管不但能限制纳米粒子的尺寸，而且管内三氧化二铁的还原温度随着管径减小而降低，同时低于直接附着在管外的纳米粒子，碳纳米管内外的纳米粒子活性存在较大的差别。而这一现象立刻引起了包信和的关注，随即开展专注于目标的大量周密的实验设计和研究。团队发现，卷曲的管壁导致原本对称分配在碳纳米管两侧的电子云由管内向管外偏移，让原本惰性碳层的电子结构发生畸变，在管内外形成电势差，促进了管内纳米粒子的还原，从而形成配位不饱和的金属活性中心。碳纳米管独特的纳米级管腔结构及其电子限域环境，导致管内物质性质改变，甚至诱导管内物质产生新的特性。基于此，包信和团队提出狭义的“限域催化”概念。后续研究发现，除碳纳米管外，金属—氧化物界面也能稳定配位不饱和的活性中心，于是将该概念拓展至二维和界面相互作用的电子调控体系，即“界面限域催化”概念，这二者共同构成了“纳米限域催化”概念中狭义限域和广义限域的两个方面。“精准调控化学反应过程一直是催化化学追求的目标，在当今能源高效转化、资源优化利用及生态环境优化的需求推动下，需要催化过程更加温和，催化反应更加精准和高效。”包信和说。

（二）技术研究团队获得资助情况

包信和获得了1995年国家杰出青年科学基金资助，同时也获得了1996—2000年度香港求是基金杰出青年学者奖。表10-1归纳了包信和院士团队主要成员承担的科研项目情况。国家自然科学基金从项目早期就起到了重要的资助作用，中间阶段也有中国科学院先导专项、中国科学院国际合作项目等的支持，但大多数资助来源于国家自然科学基金。这也与包信和院士团队一开始就是从基础研究出发解决煤制烯烃的问题有很大的关系。

表 10–1　包信和团队主要成员承担科研项目清单

科学家姓名	年份	课题名称	课题来源	课题经费（万元）
包信和	2001	规整表面催化反应过程的实时动态研究	国家自然科学基金项目	
	2002	纳米银粒子的微观结构与催化反应性	国家自然科学基金项目	38
	2006—2008	基于量子阱态的表面催化活性精细调控	国家自然科学基金面上项目	36
	2007	模型氧化物表面担载金属纳米粒子的催化基础	国家自然科学基金重大研究计划	110
	2011	新型碳材料的催化作用本质研究	国家自然科学基金项目	260
	2013—2017	聚焦资源高效利用的纳米催化技术	中国科学院先导专项	38000
	2014—2016	碳资源优化利用的纳米催化基础研究	国家自然科学基金创新群体项目	600
	2014	聚焦产业变革的能源化学发展战略研究	国家自然科学基金项目	3600
	2015—2017	纳米限域催化的高分辨与原位动态研究	中国科学院国际合作项目	100
	2016—2017	表界面化学发展战略研究	国家自然科学基金专项基金	50
傅强	2007—2009	催化纳米二极管模型调控金属荷电状态及催化性能的研究	国家自然科学基金青年项目	25
	2010	两维石墨烯晶体的表面化学和表面催化研究	国家自然科学基金项目	3
	2009—2011	两维石墨烯晶体的表面化学和表面催化研究	国家自然科学基金面上项目	38
	2011—2013	基于高分辨光发射电子显微镜技术的单纳米粒子催化研究	国家自然科学基金面上项目	38
	2011—2015	石墨烯的可控制备、物性与器件研究子课题“石墨烯的功能器件”	国家重点基础研究发展计划（“973”计划）项目	
	2012	催化新材料、新反应和新研究方法的探索研究	创新研究群体科学基金	450
	2013—2015	表面与界面催化	国家自然科学基金优秀青年基金项目	100
	2014	石墨烯限域下的奇异界面化学及催化反应研究	国家自然科学基金面上项目	85
潘秀莲	2008	碳纳米管担载的铑基催化剂用于合成气高效制备 C_2– 含氧化合物	国家自然科学基金项目	26
	2011—2014	催化剂结构及催化过程原位动态研究	国家自然科学基金重点项目	250

续表

科学家姓名	年份	课题名称	课题来源	课题经费（万元）
潘秀莲	2011—2015	金和银高效利用与替代的纳米催化剂	国家重点基础研究发展计划（“973”计划）	
	2012—2015	碳纳米管的协同限域效应催化作用基础	国家自然科学基金面上项目	66
	2014	碳基非金属催化乙炔制氯乙烯的基础研究	国家自然科学基金项目	83
邓德会	2013—2015	二维纳米材料的制备和催化性能研究	中国科学院大连化学物理研究所“百人计划”	
	2013—2017	变革性纳米产业制造技术聚焦—聚焦资源高效利用的纳米催化技术	中国科学院战略性先导科技专项	
	2014—2016	二维金属基纳米材料的可控制备和催化性能研究	国家自然科学基金青年基金	25
	2016—2019	二维层状材料封装非贵金属的电子传递效应及催化特性研究	国家自然科学基金面上项目	67
杨帆	2014	氧化铈表面活性氧化物种的分子尺度调控	国家自然科学基金项目	26
	2015	铁活性中心限域催化的分子尺度构建与表征	国家自然科学基金项目	88
姜鹏	2013	拓扑绝缘体的表面化学和催化研究	国家自然科学基金项目	82

资料来源：国家自然科学基金委员会网站。

各类项目对课题组的支持，不仅仅针对研究工作，还有一部分项目支持团队成员的成长。根据对包信和团队主要成员教育背景的进一步分析统计，我们总结出各个成员获得各类高层次人才资助的情况，如表10–2所示，其中高层次人才资助项目包括：中国科学院“百人计划”、国家杰出青年科学基金、海外高层次人才引进计划。可以看出，这几位成员都至少获得过一个项目的资助，其中中国科学院“百人计划”的入选者最多。这可能与“百人计划”的特点有关，即鼓励自由探索，其资助重点在于培养人才、培育团队，而不是完成既定的科研任务，在管理上限制较少，对于新进入研究的研究人员作用较大。

表 10-2　包信和团队主要成员获得各类高层次人才项目资助的情况

成员	中国科学院“百人计划”	国家杰出青年科学基金	海外高层次人才引进计划
包信和		1995 年	
傅强	2007 年		
潘秀莲		2014 年	
姜鹏	2011 年		
杨帆			2013 年
邓德会	2013 年		

资料来源：根据包信和课题组网站数据整理。

（三）纳米限域催化技术成果的领先性与产业化

经历了 20 多年的努力，团队开发出的新催化剂和过程已成功颠覆了煤化工领域沿袭 90 余年的传统费托合成路线，创造性地直接采用煤气化获得合成气（经纯化），在一种新型复合催化剂的作用下，高选择性地一步反应获得低碳烯烃，此项成果更被业界誉为“煤转化领域里程碑式的重大突破”。2016 年 3 月 4 日，美国 *Science* 杂志发表了大连化学物理研究所包信和院士及潘秀莲研究员团队的研究成果，认为未来该过程在工业上将具有巨大的竞争力。

包信和院士团队关注中国特有需求引致的基础研究，其核心团队成员大部分都具有长时间海外留学和研究的背景，也在国际顶级期刊上发表了大量文章。截至 2016 年底，包信和院士共发表 SCI 收录学术论文 600 余篇，总 SCI 他引超过 12500 次。潘秀莲作为通讯作者（包括共同通讯作者和第一作者）已发表 SCI 论文近 30 篇，总 SCI 他引超过 800 次，H 因子 15。傅强共发表 SCI 论文 64 篇，其中以第一作者或通讯作者发表论文 50 篇，论文被引用超过 860 次，H 因子 16。邓德会共发表 SCI 论文 23 篇，其中以第一作者或通讯作者发表论文 21 篇，论文被引用 1000 余次。课题组整理了包信和团队核心成员顶级期刊论文发表数量（见表 10-3）。

表 10-3　包信和团队核心研究人员顶级期刊论文发表数量

人员	年份	论文期刊	数量（篇）
包信和	2009 年以来	*Science*	3
		Journal of the American Chemical Society	5
		Angewandte Chemie International Edition	6
		Accounts of Chemical Research	3
		Nature Communications	3
		Advanced Materials	1
		Energy & Environmental Science	6
邓德会	2010 年以来	*Science*	1
		Nature Nanotechnology	1
		Science Advances	1
		Angewandte Chemie International Edition	3
		Energy & Environmental Science	3
		Advanced Materials	1
傅强	2010 年以来	*Science*	1
		Nature Communications	2
		Journal of the American Chemical Society	2
		Angewandte Chemie International Edition	1
		Advanced Materials	1
潘秀莲	2007 年以来	*Nature Materials*	1
		Journal of the American Chemical Society	2
		Angewandte Chemie International Edition	1
		Advanced Materials	1
		Accounts of Chemical Research	1

资料来源：课题组根据相关资料整理。

“经过评估，目标产物的选择性得到提高，新发现的煤气化直接制烯烃过程明显简化了工艺路线，缩短了反应流程，降低能耗，也就意味着二氧化碳排放的减少，避免了结构性废水的产生，新过程有望节约反应过程中水耗的 1/3 左右。”包信和介绍，在摒弃了高耗能和高耗水的水煤气变换反应后，团队以 CO 替代氢气来消除烃类产物形成中多余的氧原子，在反应结构上不再需要水循环作用，从原理上开创了一条低耗水煤转化的崭新途径，成功地解决了煤化工“能不能少用水甚至不用水进行炼制”的难题。团队成员、大连化学物理研究所研究员潘秀莲表示，早在 2007 年，研究团队就提出采用双功能耦合催化体系，探索合成气一步制烯烃的构想。长期以来，研究结果一直在不断优化和进步，“直到积累了大量理论基础后，才发现活性中心间的距离对双功能耦合催化体系至关重要，‘距离’的确能产生‘美’。”潘秀莲说。

包信和院士团队成功拓展 OXZEO 催化剂设计思想，初步创建了煤经合成气转化新技术平台，完成了系列高值化学品和燃料的定向合成，包括烯烃、芳烃和汽油等，引领了节水、节能高效煤化工发展新方向。在中国科学院院士、时任所长张涛的推动下，包信和、潘秀莲领导的基础研究团队与中国工程院院士、大连化学物理研究所所长刘中民带领的应用开发研究团队通力合作，很快完成了该成果的实验室验证。“纳米限域催化”概念在催化选择氧化和高效加氢等多个重要催化体系中得到验证，引起了国内外同行的高度关注和重视，相关领域成为当今催化基础研究和应用实践的热点之一。在“纳米限域催化”概念指导下，包信和院士团队多项代表性应用成果也已经走到了工业试验阶段。基于界面限域概念设计了配位不饱和的纳米氧化物与贵金属匹配的复合催化体系，用于一氧化碳高选择催化氧化反应。创制的铂铁（Pt-FeO）催化剂与商用燃料电池系统匹配，室温下将重整氢气中的 30ppm（百万分之一）一氧化碳高效脱除到 1ppm 以下，连续工作超过 3500 小时，解决了原料氢气中微量一氧化碳造成燃料电池催化剂失活的难题。

同时，基于该项创新成果，大连化学物理研究所与陕西延长石油（集团）有限责任公司合作，建立了世界首套基于该项创新成果的千吨级规模的煤经合成气直接制低碳烯烃工业试验装置。2019 年完成单反应器试车，一氧化碳单程转化率超过 50%，低碳烯烃选择性大于 75%，多项重要参数超过设计指标。2020 年成功完成工业全流程试验，进一步验证了该技术路线的先进性和可行性。该技术应用前景广阔，合成气制烯烃的催化体系也有望拓展到制芳烃、汽油等领域。“理论指导实践，基于纳米限域催化概念，未来将有更多技术实现产业化应用，届时将提高我国乃至全球的资源利用效率。”包信和说。

（四）纳米限域催化技术成功的关键因素

1. 基础研究重大突破源自研究团队人员坚持多年在某一领域专注深耕

大连化学物理研究所包信和院士团队开创性的催化剂研究，经历了相当长的过程。由于“黑匣子”破解的难度很高，国际上关于这方面的研究曾一度陷入低迷，然而包信和始终笃信已经选择的研究方向，他曾说：“在纳米催化这条研究道路上，团队坚持了 20 多年。但团队始终相信，科学研究只要方向对，就不怕路途遥远。”从 1995 年回国到催化项目的获奖，整整经历了 20 年，而在这之前，包信和在国内外的学习和工作中已经在相关领域内积累了相当丰富的研究成果和经验。包信和表示，为了突破这一难题，团队在“冷板凳”上坐了十几个年头。现在大家能够看到的是已经取得的一点成绩，看不到的是团队背后付出的艰辛。团队成员邓德会也表示，团队经历过很多艰难的阶段，但是团队成员的热情从没减弱，真正的科学研究是需要耐心和恒心的，整个团队都很有信心、锲而不舍。“创新是一个漫长的过程，它需要建立在长期的积累和扎实的基础之上。没有前期大量的工作作为铺垫，是无法实现突破的。”大连化学物理研究所研究员傅强说。包信和表示，为了找到合适的配比，实验过程由化学成分组成到制备需要经历一系列复杂的程序，这项研究一做就是 9 年。项目研究员潘秀莲也感慨道，“科学研究取得现在的成果，感受最深的就是不容易。传统方式都是在做金属催化剂，或是在此基础上的改良，而我们决心探索一条非常规的技术路线。”

2. 基础研究的推进需要多种资助长期投入

包信和院士曾指出，基础研究是一个缓慢的过程，需要政府的支持，没有政府的支持是做不下去的，到了技术优化这一步还需要企业参与进来。研究机构作为技术成果的孕育主体，所需要的资源要素非常广泛，不仅需要专业领域的技术人才和前瞻性的信息收集，还需要国家层面、中国科学院层面的多个项目支持和长期的资金投入。根据案例研究，我们发现纳米限域催化技术产出过程中，少不了对于基础科学的探索和凝练，而对于这部分的研究，周期长、不确定性大，其他类型的基金资助很难去支持。关键节点上给予基础研究的支持对于重大科技成果的产生有重要作用。同时，重大的科学突破成功实现产业化通常需要很长一段时间，很多重大科技成果的产业化，也都是过去科学积淀的成果。以包信和团队为例，虽然从科学上来讲其研发的新型催化剂和过程成功颠覆了煤化工领域沿袭了近百年的传统费托合成路线，从原理上开创了一条崭新的途径，但截至目前其产业化过程仍然面临着较大的挑战。

3. 科研团队的文化凝聚与带头人“传帮带”是科研团队保持活力快速成长的重要支撑

在这个团队中，定期组织科研骨干的工作研讨是常态。为了培养一流人才，包信和为年轻导师的发展创造了许多良好的条件，如项目、经费、设备和学生等。包信和还会定期召集团队成员，讨论每个人的发展规划。这也造就了团队和谐、团结的氛围，培养出一批心无旁骛的“技术宅”。包信和认为，做好研究，导师要与学生在一起，坚持在研究第一线。在大连化学物理研究所，他的办公室就在实验室，当上研究所所长后也是如此。团队成员邓德会 2007 年从四川大学本科毕业后，进入大连化学物理研究所，师从包信和从事催化相关研究。他有困惑总能很快找到老师，得到解答，这让他在短短数年内快速成长。“学生知识积累不够，但通常最了解实验的细节。老师不到一线和学生讨论，就不能发现、提炼问题，真正做出原创成果。”包信和说。20多年间，团队带头人包信和始终坚持在科研一线，他能够敏锐地抓住一个或几个稍纵即逝的实验现象，通过大量的实验验证，探索其科学本质，这既源于科学家的敏锐直觉和长期积累，也得益于该团队严格执行实验记录规范制度。“要时刻保持对‘天上掉馅饼’的警觉。”包信和表示，科研人员不能离开科研一线，不能离开学生，学生受经验积累限制，有时只知道结果，未必了解成因和背景，这时候就需要导师指导，由导师与他们讨论并安排实验细节。实验中，包信和严格要求团队，真实、准确记录实验目的、实验条件、所用试剂、实验现象、表征和反应结果等信息，保证每个实验数据的真实性、可追溯性和可重复性。截至2021年11月，包信和院士所领导的实验室共培养博士研究生125人、硕士研究生14人、博士后40余人，多人已成长为催化领域的优秀人才，在学术界和产业界产生了重要影响。包信和任所长期间，引进留学回国人员40余位，其中入选中国科学院“百人计划”的有18位。在包信和看来，只有“百凰来栖”“百鸟齐鸣”，大连化学物理研究所才能够蒸蒸日上，欣欣向荣。

三、主要启示与建议

纳米限域催化技术将煤制烯烃过程中的甲醇环节省去，直接从合成气出发催化产生低碳烯烃，从科学底层原理出发，实现了煤转化领域里程碑式的重大突破。作为需求引致的重大科技创新成果之一，其成功实践也为我国后续的重大科技成果资助以及突破性创新道路提供了重要的启示和参考价值。

（一）重大科技成果需要具备从现实需求中提炼出科学问题的能力和基础研究能力

包信和院士在第162期双清论坛“面向需求的基础研究资助体制与机制”的演讲中说道，“从能源角度讲，迄今为止二次能源是由化学能源发展来的，现在出现两个现象，第一个现象是化学能源资源现在比较普及，第二个现象是使用化学能源会产生二氧化碳。那么大问题就来了，既然化学能源应用比较普及，二氧化碳排放又要减少，这就是需求。为了解决这个需求问题，社会就会形成技术性的东西，即可再生能源——光能、核能、电能怎么替代由化学能源构成的能源体系。”中国作为发展中国家，有自身独特的需求，既要发展能源，又要注意减排。包信和团队基于煤制油技术的战略优势以及煤化工方向发展过程提出了两个重要的科学问题，煤制油过程中的二氧化碳排放如何减少、如何减少煤化工的大量耗水，从而从深层次的化学反应原理出发，研究了碳、氧、氢元素之间的反应机理。“因为煤气化出来之后还有一个氧元素，之后合成油也好，合成乙烯也好，都没有氧元素，所以一定要用一个东西把氧元素‘拿’走，一个是用氢元素把氧元素‘拿’走变成水，还有一个就是利用一氧化碳把氧元素‘拿’走变成二氧化碳，这样才能做下去。现在看，利用氢元素把氧元素‘拿’走变成水比较好，但是有一个问题，氢元素是怎么来的？是由一氧化碳从水里把氢元素换出来变成氢气和二氧化碳，也就是说一个氢元素就是一个水和一个二氧化碳，这个问题讲清楚以后，我们马上就会知道接下来要做的是想办法不用氢元素‘拿’走氧元素，想办法直接用一氧化碳‘拿’走氧元素，不使用水。这些问题想清楚之后，需求就真正呈现出来了，接下来的关键问题是怎么降低水耗，怎么把里面的二氧化碳排出来。”团队成员详细解释了这一过程，最终团队研制出了重要的新型复合催化剂，大大提高了目标产物的选择性，破解了传统催化反应中活性与选择性此消彼长的“跷跷板”难题，通过基础研究解决了煤化工中的战略需求问题。

在纳米限域催化项目取得成功的背后，是许多科学家多年的基础研究成果不断积累。包信和团队成员在国内外顶尖期刊上发表了相当数量的科学论文，对相关的研究问题不断地深入探索，并一步步地将一条全新的技术路线打通，实现该领域的重大突破。需求驱动的重大科技研究的关键是发现科学问题，但这可能需要科学家经过 10~20 年的研究磨炼，具有深厚的理论功底去发现科学问题并解决科学问题，同时具备优秀的基础研究能力。因此，科研团队长期在某一领域持续深耕培养基础研究能力，是实现重大科技成果的重要基础，这也要求当前我国在青年科研人员的培养时应注重培养其独立思考的能力、提出问题和分析问题的能力。

（二）继续发挥国家自然科学基金对寻找新技术路线的重要支撑作用

科学对于创新的驱动通常表现在两个阶段，一是在科学发现的阶段，二是在科学转化为技术创新的阶段。在科学发现的阶段，追求全新的原创性的基础科学研究，国家或政府部门的资助尤其是国家自然科学基金起到了很重要的作用。一些探索性的、暂时不具有认知合法性的项目很难得到高校或企业等资助主体的支持，需要政府部门的资助以解决科学研究中的不确定性问题。国家自然科学基金自 1986 年成立以来，策源了许多原始的创新想法并为其提供了最初的发展平台。国家自然科学基金通过资助科学家筛选出好的研究想法逐渐形成一些新的技术、方法、仪器，为国家重大的项目、重大的计划、重大的基础设施提供源头的探索。国家自然科学基金和中国科学院往往在基础研究早期就开始进行资助，国家自然科学基金主要针对项目本身进行资助，而中国科学院则往往针对人才进行资助。随着项目的成长，国家自然科学基金逐步展开对人才的资助，而中国科学院则是在人才成长的过程中，逐步发掘出有前景的项目并进行持续的资助。

国家自然科学基金委员会的核心职能除了对科研项目进行资助外，就是发现和培养科学技术人才。虽然国家自然科学基金在资助的起初阶段是针对项目进行的，但是随着资助项目的不断发展，其在此基础上也开始了对人才的选择与资助，并且对选择的人才进行持续稳定的支持。对于科学研究来说，持续稳定的支持至关重要，它可以使科学家全身心地投入基础研究工作，这大大提高了科学研究的效率。国家自然科学基金及其联合基金的资助，能够为实现前瞻性基础研究、引领性原创成果重大突破，增强我国源头创新能力和夯实科技强国建设的根基作出巨大贡献。

（三）重大科技成果的产生需要一代代科学家的传承和“冷板凳”精神

基础研究具有灵感瞬间性、方式随意性、路径不确定性、智力密集性、过程长期性和结果不可预见性等特点。基础研究的关键是发现科学问题，而这可能要科学家经过10~20年的研究磨炼，需要深厚的研究基础。一次实验现象转瞬即逝，但包信和能够敏锐地抓住一个或几个稍纵即逝的瞬间反应，通过大量的实验验证，探索其科学本质，这很大程度上源于科学家的敏锐直觉和长期积累。但实际上当前我国基础研究长期稳定投入占比偏低，不利于科研人员“十年磨一剑”“甘坐冷板凳”，进行长期性潜心研究，导致产出重大原创成果的动能不足[①]。因此，应该健全同基础研究长周期相匹配的科技评价与激励制度，注重建立差异化

① 窦贤康:《以基础研究高质量发展支撑世界科技强国建设》,《中国党政干部论坛》2024年第5期。

的科研绩效评价标准和基金评选与考核机制，长期稳定地支持一些优势团队和重点方向。从案例中可以发现，单纯从论文数量方面考察科学家的能力不利于重大科技成果产出，限制其在一定时间内实现基础研究的突破，也可能影响科学家和团队对于基础科学问题的深层次探索和成果的最终应用转化。绩效评价周期过短也不能准确说明科学家的能力，因为重大科技成果的转化常常需要较长时间。包信和院士团队研发的新型复合催化剂，经历了长期的科学积淀和探索，在突破性成果实现之前“坐了很长时间的冷板凳”，也受到了多轮长期的基金资助。从这个意义上说，造就一流的人才，需要一个良好、宽松、不急功近利的学术环境。

（四）团队内部协作、团队间交叉合作共同推动重大科技成果产生

尽管一路走来困难重重，但包信和的研究团队始终保持和谐团结的学风，以对科学真挚的热情，彼此扶持合作。“纳米限域催化概念及其产业化应用开发需要多个研究团队、上百位研究人员的团结协作，任何一环出现短板或松懈都无法达到今天的效果。”包信和说。研究团队的科研人才虽然以基础研究为主，但不是简单地拘泥于某一个学科，而是形成了涉及基础科学、工程与工业学科的多层次人才体系以及机构内部多团队的支持合作。这样的团队协作不仅体现在大研究团队内部成员之间，通过调研访谈课题组也发现，包信和院士团队新型催化剂的产业化过程还需要刘中民院士团队在产业化过程中积累的相关技术和基础理论作为指导。通过 DMTO 长时间的产业化过程，刘中民院士团队不断产生全新的科学问题，再进一步提升反应过程的效率，积累了大量的小试、中试和产业化经验。在大连化学物理研究所良好的团队协作与适当的竞争氛围推动下，拥有不同经验和能力的团队相互支持，也为包信和团队这条全新的技术成果产业化道路提供了更多的支持和帮助。

团队是科学研究最基本的人员组织模式，团队协作能力大小在很大程度上决定科学研究能力的高低。“主将无能，累死三军”，反之“三军无能”，也会“累死主将”。如果团队成员优势互补、知识互补，就能够形成强大的凝聚力、战斗力，为在研究工作中取得成功打下坚实的基础。因此，科学研究机构应当营造良好的创新氛围，努力打造内外部的合作文化，鼓励跨学科合作，让优势互补的研究团队各自发挥力量，共同推进重大科技成果的产生。

执笔人：柳卸林　　程　鹏　　丁雪辰

第十一章

从自由探索到突破创新，推动密码技术进步

——王小云密码学团队案例研究

王小云密码学团队早在20世纪90年代就提出密码哈希函数（HASH）[①] 的碰撞攻击理论，先后破解了MD5[②]、SHA-1[③] 等5个国际通用哈希函数（HASH）的算法，在密码学领域作出了一系列开创性贡献，并在区块链、后量子密码等新领域持续研究、实施应用。为了研究从自由探索的基础研究到重大科技成果的形成机制和规律，课题组选择王小云密码学团队（以下简称“密码学团队”）开展案例研究。课题组实行访谈调研与文献梳理相结合，梳理和分析了该团队如何从自由探索的基础研究到实现突破创新、成功应用的路径和特点。案例研究显示，自由探索需要自由包容的学术氛围；原创思想及其研究需要“伯乐”支持；对突出人才应提供更大更高的研究平台；基础研究要与应用研究紧密结合，加快成果转化与应用。

一、案例背景

（一）密码学发展简介

当今，计算机网络、移动网络、物联网、卫星网络、大数据，以

① 哈希函数在计算机科学和信息安全领域有着广泛的应用，如数据存储、密码学和数据校验等。

② MD5是一种被广泛使用的密码散列函数，用于确保信息传输完整一致。MD5由美国密码学家罗纳德·李维斯特（Ronald Linn Rivest）设计，于1992年公开。这套算法的程序在RFC 1321标准中被加以规范。

③ SHA-1（安全散列算法1）是一种密码散列函数。由美国国家安全局设计，并由美国国家标准技术研究所（NIST）发布为联邦数据处理标准（FIPS）。

及云计算，这些人们已经熟知的科技场景都离不开密码技术的支撑，需要密码来解决安全问题。王小云曾将密码比作钥匙："没有密码的保障，就相当于有人偷了家里的钥匙，可以随时自由进出你家，而你却浑然不知"。

在现代密码学中，哈希函数占据着基础且重要的地位。当前所有的网络信息安全，需要满足机密性、可认证性、不可抵赖性、完整性与有效性这五大安全属性才可以有效防御黑客的攻击。其中，有效性是指效率问题，而前四个属性中，机密算法保障机密性，即不被窃取、看到；数字签名算法满足的是可认证性和不可抵赖性；哈希函数算法保证信息的完整性，数字签名算法必须和哈希函数一起才能保证可认证性和不可抵赖性。因此，五大安全属性中有三个都离不开哈希函数。

（二）团队领军人的科研之路

王小云，1983 年考入山东大学数学系，1993 年博士毕业后留校任教，先后担任山东大学数学系讲师、副教授。2002 年，王小云晋升为山东大学教授，获省部级科技进步奖一等奖。2005 年受聘为清华大学高等研究中心杨振宁讲座教授。2008 年获国家自然科学奖二等奖[①]。2017 年当选中国科学院院士（见表 11-1）。2019 年获得未来科学大奖"数学与计算机科学奖"，当选国际密码协会会士（IACR Fellow）。

王小云多年从事密码理论及相关数学问题研究，创新密码分析方法，突破了被广泛使用的密码哈希函数的弱点，促成新一代密码函数标准。

2004 年，王小云提出密码哈希函数的碰撞攻击理论，并找到 MD5 密码哈希函数的真实碰撞。这对于密码领域是一个意外的结果，因为

① 主要完成人王小云、于红波（清华大学）。

MD5 是应用非常广泛的哈希函数，经受了来自许多密码学家十几年的攻击，没发现碰撞。

2005 年，王小云与合作者扩展了该分析方法，攻击了其他几个著名的散列函数，包括 MD4、RIPEMD 和 HAVAL-128。同年，与合作者发表了另一个方法，降低了寻找碰撞的操作次数①，后来又进一步降低操作次数，并找到更广泛应用的密码哈希函数 SHA-1 的碰撞。

创新性密码分析方法促使工业界几乎所有软件系统逐步淘汰 MD5 和 SHA-1 哈希函数，推动并帮助新一代密码哈希函数标准的设计，包括 SHA-3、BLAKE2 和 SM3。王小云还主持了中国国家标准密码哈希函数 SM3 的设计。2010 年，该标准发布以来，SM3 已经被中国软件产品广泛使用。

表 11-1　团队带头人王小云的主要研究经历

年份	主要研究工作
1993 年	山东大学数学系博士毕业，留校任教，关注 HASH 函数
1996 年	获得第一笔来自行业主管部门的资金支持
1997 年	破解 SHA-0，随后又破解了 HAVAL-128 和 RIPEMD 等算法
2003 年	获得“863”计划支持，致力于破解算法的计算机实现
2004 年	获得国家自然科学基金面上项目支持
2004 年	参加美国国际密码大会，公布破解 MD5 密码和 SHA-1 密码算法，获得国际同行高度关注和认可
2005 年	获得国家杰出青年科学基金项目支持
2006 年	由 2004 年的国家自然科学基金面上项目升级为重点项目
2007 年	合作申请科技部“973”计划项目，将密码与数学问题相结合
2012 年	独立申请“973”计划项目，研究密码学中的基础数学问题
2017 年	当选中国科学院院士
2018 年	获批国家重点研发计划项目“密码数学难题与密码系统的设计与分析”
2018 年至今	推动学术研究成果落地和应用

资料来源：作者根据相关资料整理。

① 能够在 2^69（2 的 69 次方）次操作内，找到碰撞。

王小云将多年积累的密码分析理论的优秀成果应用到密码系统的设计中，先后设计了多个密码算法与系统，解决了国家需要的有关密码的重大实际问题，为保护国家重要领域和重大信息系统安全发挥了重要作用。一是王小云主持了中国国家标准密码哈希函数 SM3 的设计。自 2010 年发布以来，SM3 经过国内外密码专家的评估，其安全性得到高度认可。该算法获国家发明专利 1 项，并被纳入我国 30 多个行业规范中，经国家密码管理局审批的含 SM3 的密码产品达千余款，涵盖了我国金融、电力、社保、教育、交通、电子政务等重要经济领域。二是王小云设计的两个加密算法用于国家重大航天工程，为保障航天安全通信作出了重要贡献。三是在量子计算机领域，王小云带领团队在国内率先启动了可以抵制量子计算机攻击的格密码算法研究。格密码学是信息安全中的一个热门研究课题，20 世纪 90 年代末，基于格的算法才被用于密码学。这是一种抗量子计算攻击的公钥密码体制，其研究需要深厚的数学理论基础和高超的算法分析技术。王小云带领团队在国内率先开展相关算法研究，已取得重要进展①。

（三）密码学团队的研究和成长过程

王小云及其团队的教学和科研工作获国家和省部级层面的多项基金项目资助，密码学的研究和应用经历了以下 5 个阶段。

1. 以兴趣为导向的自由探索起步

王小云的本硕博均毕业于山东大学数学系②。在大学本科期间，她就非常喜欢代数，后来机缘巧合报考了“解析数论”方向的研究生，导师

① 中国科协常委会女科技工作者专门委员会、中国女科技工作者协会：《大美·中国女科学家》（第二卷），科学普及出版社 2019 年版。

② 山东大学数学系历史悠久、实力雄厚，在 2017 年全国第四轮学科评估中获评 A+，并入选国家首批“双一流”建设行列，在 ESI 排名中持续位于全球前 1%。

为潘承洞教授[①]。潘承洞是当代著名数学家，1982年以在“哥德巴赫猜想研究”中取得的卓越成就，与王元、陈景润共同获得国家自然科学奖一等奖。潘承洞院士是一位战略科学家，也是王小云学术道路上的“引路人”。20世纪80年代初，山东大学开启了密码学研究，潘承洞教授发现王小云在数学领域的天赋，将她引入密码学研究领域。尽管潘承洞院士并不从事密码学研究，但是他非常有战略眼光，会给学生推荐非常重要的、最前沿的密码学文献。王小云就是按照潘承洞院士给她的文献，逐步构建起现代公钥密码学的研究框架。

潘承洞院士对学生的指导主要有两种方式：一是给学生推荐最好的参考文献。例如，潘承洞院士当时送给王小云两本书，一本是流密码领域的杰出密码专家詹姆斯·梅西（James Massey）送给潘承洞院士的自著。后来王小云遇到的各种对称密码问题，基本上都能在这本书上找到答案。王小云做讲师时也用这本参考书给学生上课。另一本是关于因子分解的书，因子分解在公钥密码中非常重要。二是潘承洞教授定期给学生开学术研讨会，启发学生的思想，建立学生与专家的交流平台。这一系列有前瞻性的安排，对做学生和年轻讲师的王小云起到重要的启发和引导作用。

在读研过程中，在潘承洞教授和于秀源老师的建议下，王小云转向“密码学”方向，博士期间的研究方向为“比特安全”。这一研究方向是受到其在研究生阶段到西安电子科技大学（以下简称“西电”）学习的启发。1988年，日本京都大学的密码学专家一松信（Shin Hitotumatu）到西电讲授为期40天的公钥密码课程。课程结束后，王小云在西电图

---

① 潘承洞教授是当代著名数学家，1991年当选中国科学院院士，1995年荣获香港何梁何利基金科学与技术进步奖，曾任山东大学校长。

书馆找到一本讲解比特安全的书①，认为其视角独特，便将其复印带回。这本书后来成为王小云研究密码理论的起点②。

山东大学在自主教学及科研、基本生活保障等方面为王小云提供了充分的保障。1993年博士毕业后，王小云留在山东大学数学系任教。那时山东大学还没有严格的考核任务，教师可以自主开课，研究生也可以自主选课，加上山东大学数学系宽松的学术氛围和研究环境，使王小云在课余时间可以根据兴趣开展研究。她寓研于教，把教学与研究结合起来。她的研究也得到了系里导师和同事们的指导和帮助。

1995年，王小云开始HASH密码研究，研究方向的转变源于兴趣和好奇心的“自由探索”。当时王小云发现，全世界的电子签名都在用HASH函数，就对其安全性产生了质疑并决定深入研究。为此，她自费买了电脑、激光打印机、扫描仪等设备，开始了密码安全方面的研究。对HASH函数进行了三四个月的研究后，王小云发现用“函数”方法会导致雪崩③很慢的状况，随后她巧妙地转换思路，决定用“方程”来控制，由此打开了新思路。基于方程的思想，经过1996年一年的研究之后，1997年王小云给出了SHA-0的碰撞攻击。1998年和1999年，又破解了HAVAL-128和RIPEMD等算法。

2002年，山东大学成立信息安全专业，王小云开始给学生讲授“数论与代数”。这门课程的讲义是王小云院士与学生一起编写的。在编写教材的过程中，王小云始终在考虑一个问题：“信息安全专业的学生如何快速学懂密码学”。经过一个多月的写作，“数论与代数结构”的讲

① 该书作者沙菲·戈德瓦塞尔（Shafi Goldwasser）和西尔维奥·麦克林（Silvio Micali）获得2012年图灵奖。

② 王涛、王坤：《王小云访谈录》，《数学文化》2019年第10卷第2期。

③ 此处指密码学中的雪崩效应，指当输入发生最微小的改变时，也会导致输出的不可区分性改变。

义终于完成，后来定名为“公钥密码学的数学基础”①。在这期间，王小云将自己的研究思路进行了梳理，上升到理论高度。

2. 用户需求提供了研究的“第一桶金”

在探索性研究 HASH 密码函数的过程中，王小云获得了科研道路上的“第一桶金”。1995 年，国家密码管理部门拟设立科技计划项目支持“重点领域”“重要单位”“重要人才”的科学研究工作。山东大学数学系是密码学研究的基地之一，但王小云只是普通讲师，不属于“重要人才”。在一般情况下，这类项目一个单位只支持一个项目和学者。当时山东大学数学系的另一位符合“重要人才”标准的老师已经十拿九稳可以获得项目资助。王小云的研究生导师鼓励她也试试，于是她提交了关于研究 HASH 函数的项目申请书。最终，王小云得到了 6 万元经费资助。这是她科研道路上的“第一桶金”。相同专业的两位教师得到同一科技计划的支持，而且讲师职称就能够获得支持，实属罕见，突破了当时支持项目的条条框框。后来王小云得知，她遇到了一批“伯乐”。那时国家密码管理部门科技计划项目的评审专家中有几位德高望重的老专家，如肖国镇院士、蔡吉人院士等。他们认为，虽然王小云只是一个讲师，但其选择的研究方向在国内是空白，而且研究方案有新意，思路和逻辑清楚，应该让她试试。因此，建议给予立项。正是这些“伯乐”使得真正有前景、有价值的基础研究人才脱颖而出。在采访中，王小云坦言，如果没有这个项目，她可能不会将 HASH 函数研究坚持下去②。实际上这也是王小云科研成果获得同行认可和关注的第一步。因为在我国科研体系中，个人的研究通常要通过各级科技项目成果的评审才能得到认可。

① 这本讲义于 2013 年由科学出版社正式出版，被收录在李大潜院士主编的“大学数学科学丛书”中，潘承彪作序。后来该书在 2015 年入选“经典中国出版国际工程”。

② 根据作者对王小云的访谈整理及《数学文化》2019 年第 10 卷第 2 期的相关报道。

3. 国家自然科学基金项目、国家“863”计划项目、“973”计划项目，以及国家重点研发计划相继给予支持，研究工作实现了突破性进展

（1）2003 年，王小云团队获得国家高技术研究发展计划（“863”计划）的支持。“863”计划是解决事关国家长远发展和国家安全的战略性、前沿性和前瞻性高技术问题，发展具有自主知识产权的高技术，统筹高技术的集成和应用，引领未来新兴产业发展的计划。

完成部门项目后，王小云的 HASH 函数研究得到好评。但那时数学模型的几百个方程都是用手工一个一个推导出来的。因此，王小云申请“863”计划开展对算法进行计算机实现的研究，并于 2003 年获得支持。该项目致力于破解算法的计算机实现，大大提高了破解密码的效率和速度。MD5 的破解就与“863”计划项目有直接关系。在鉴定会上，一些专家认为王小云有非常好的研究基础，建议其继续破解 MD5。王小云采用创新性的方法，仅用两个月就取得了突破。

（2）2004 年起，王小云及其团队多次获得国家自然科学基金项目支持，用于破解算法的基础理论研究和人才培养。2004 年，国家自然科学基金面上项目“分组密码的分析与设计”立项。2005 年，王小云获得国家杰出青年科学基金资助，开展“计算机保密与编码理论”研究，在对称密码及公钥密码体制分析与设计等方面开展深入研究。最终在杂凑函数研究领域、MAC① 分析领域、分组密码研究领域等取得了系列突破性进展。除此之外，还在公钥密码分析与设计、椭圆曲线密码快速实现方面初步取得了系列重要研究成果。该课题的代表成果发表在美国密码学会、欧洲密码学会、亚洲密码学会三大国际密码学会组织举办的三大顶级密码学术会议上。2006 年，国家自然科学基金又将其 2004 年的面上项目升级为重点项目，立项题目为“HASA 函数与分组密码的

① MAC（Message Authentication Code），中文注释为“消息认证码”，是一种用于验证消息完整性和来源真实性的加密工具。

分析与设计”。该项研究围绕对称密码领域开展深入研究，主要研究内容包括：对已有的SHA-1分析结果进行了改进，从原有的理论破解效率改进为可以实现的实际破解效率；对基于MD5的HMAC[①]和NMAC进行区分攻击；在流密码算法领域，跟踪欧洲序列密码标准的制定过程，成功破解（部分）两个密码算法；在分组密码算法领域，研究了国际密码算法标准AES的安全性；同时研究了一系列国际通用算法CAST-256、CAST-128[②]、CAMELLIA[③]的安全性（见表11-2）。

表11-2 王小云作为负责人获国家自然科学基金资助状况概要

序号	项目名称	资助类别	资助金额	起止时间
1	分组密码的分析与设计	面上项目	25万元	2004年1月1日到2007年12月31日
2	计算机保密与编码理论	“杰青”项目	160万元	2006年1月到2009年12月
3	HASA函数与分组密码的分析与设计	重点项目	180万元	2006年1月1日到2008年12月31日

资料来源：课题组根据相关资料整理，以下同。

在研究过程中，王小云重视团队建设和年轻研究人员培养。随着研究的不断深入、拓展，研究团队不断扩大，年轻研究人员快速成长，逐步开始独立承担项目，获得国家自然科学基金的支持（见表11-3）。

表11-3 王小云团队获得国家自然科学基金资助情况（部分）

姓名	项目名称	资助类别	依托单位	批准年份	批准金额
王美琴	分组密码算法的分析	面上项目	山东大学	2010年	30万元
王美琴	分组密码算法的新型分析与设计理论的研究	面上项目	山东大学	2015年	64万元

① HMAC(Hash-based Message Authentication Code)，中文注释为“基于哈希运算消息认证码”。

② 是由加拿大的密码学家Carlisle Adams和Stafford Tavares于1996年设计的算法。

③ CAMELLIA是一种在国际上应用广泛的密码算法。

续表

姓名	项目名称	资助类别	依托单位	批准年份	批准金额
王美琴	新一代网络环境下对称密码算法的自动化分析与设计技术研究	重点项目	山东大学	2020 年	297 万元
郭淳	新型分组密码结构的可证明安全性分析	青年基金	山东大学	2020 年	24 万元
董晓阳	对称加密算法的比特分析法和自动化分析技术研究	青年基金	清华大学	2019 年	24 万元

（3）2007 年开始，密码学团队先后两次获得“973”计划项目支持，重点研究密码学中的基础数学问题，实现了科学研究的落地。国家重点基础研究发展计划（“973”计划）是具有明确国家目标、对国家的发展和科学技术进步具有全局性和带动性的基础研究发展计划，旨在解决国家战略需求中的重大科学问题，以及对人类认识世界将会起到重要作用的科学前沿问题，提升我国基础研究自主创新能力，为未来高新技术的形成提供源头创新。2007 年，王小云团队与姚期智团队合作申请科技部“973”计划项目开展“安全计算学重大理论问题研究”。该项目分为两个专题：“计算复杂性理论与量子计算的安全计算问题研究”和“密码理论和数论、代数的安全计算问题研究”。姚期智院士为总课题的首席科学家，并负责第一个专题。王小云主持“密码理论和数论、代数的安全计算问题研究”，重点围绕安全计算的 4 个主要方向展开研究。她把密码和数学相关的内容结合起来，超额完成了原定计划，在开创新数学方法解决计算复杂性的瓶颈问题，以及量子计算、量子实用密码等方面取得了一系列有代表性的重大研究成果，并举办了一系列高级别的国际学术会议，人才培养成绩显著。

2013 年，王小云团队独立申请“973”计划项目——“现代密码学中若干关键数学问题研究及其应用”，研究密码学的基础数学问题及其应用，重点解决三类问题：一是密码学中的科学问题如何支撑国家平台；二是将实际问题转换成密码问题，例如数字货币；三是研究与密码相关领域的基础数学问题，如借鉴数学工具、思想、方法论等。

（4）2018年，王小云团队获得国家重点研发计划“变革性技术关键科学技术”的支持，开展“密码数学难题与密码系统设计与分析”专项研究。该项研究聚焦区块链中的密码问题，包括“抗量子攻击”的相关问题（见表11-4）。

表 11-4　王小云团队获得各部门的协调资助情况

序号	项目名称	资助类别	性质	起止时间
1	关于HASH函数的研究	行业部门	需求导向	1996年1月1日
2	算法实例	“863”计划	计算机实现	2003年
3	“安全计算学重大理论问题研究”一子课题：“密码理论和数论、代数的安全计算问题研究”	“973”计划	解决实践中的复杂瓶颈问题	2007—2011年
4	现代密码学中若干关键数学问题研究及其应用	“973”计划	密码问题导向的数学研究与应用	2013年
5	密码数学难题与密码系统的设计与分析	国家重点研发计划	RD&D一体化设计	2018—2023年

4. 从国内走向国际平台

1997年破解了SHA-0之后，王小云准备将破解的算法形成实例。2003年，在“863”计划项目的支持下，王小云团队成功实现了算法的计算机程序化。在“863”计划项目的鉴定会上，专家认为王小云团队有非常好的研究基础，建议其破解当时还在广泛通用的国际密码标准MD5。

基于前期的研究经验，王小云已形成了一套系统较为完备的破解理论，需要进一步创新方法来破解技术难题。2004年，王小云推导出破解MD5的数学方程，并参加了在美国举办的“国际密码大会”。这次会议本来并没有安排王小云作大会发言，但她告诉大会主席詹姆斯·休斯

（James Hughes）关于破解 MD5 的结果后，当天晚上休斯先生就宣布有人破解了一系列哈希函数。同时，王小云和团队的来学嘉老师将结果放到网上，立即收到大会专家，包括国际顶级密码分析学家艾力·比哈姆（Eli Biham）的回复邮件。比哈姆回信说算法和攻击结果都没有问题，但发现攻击结果的数值有问题，经分析是因为引用的初始值有偏差。王小云紧急让在国内的研究生输入正确初始值，8 小时后就实现了正确破解。比哈姆当即说“恭喜你突破了 MD5”。会议随即安排王小云作大会介绍，引起了轰动。在采访中，王小云院士说，现在一些顶级刊物的文章追热点问题，而一些顶级国际专业会议上会有许多新的思想火花，专家能够开诚布公、严谨地进行讨论，互相促进。王小云团队经常通过这些国际会议发现新的研究趋势，交流新观点。2004 年 11 月，王小云去德国波鸿大学访问。在多伯丁教授的启发下，仅用了不到 3 个月的时间就成功完成了对 SHA-1 的攻击。国际著名安全公司的负责人曾对王小云说：“就凭这一成果，你可以在美国任何一所大学获得职位。”但王小云放弃了参与设计新国际标准密码算法，而是选择参与和主持设计国内的密码算法标准。

国际密码专家对王小云及其团队的工作给予了高度评价。2010 年，美国数学会发表“数学与网络安全”专栏文章，介绍了 14 世纪以来包括图灵、沙米尔等 5 位图灵奖得主在内的 19 位密码学家的工作，王小云是其中之一。

5. 边研究边应用

密码学是用科学的数学方法来设置密码和破解密码，研究与应用密切联系，成果转化的时间较短。如当 MD5 和 SHA-1 被破解时，原来的密码体系就失效了，引起了新一轮密码标准的研制。针对 MD5 和 SHA-1 的破解，美国国家标准与技术研究院（NIST）于 2005 年和 2006 年专门举办两次研讨会，探讨 MD5 和 SHA-1 破解带来的安全威胁，研究征集新的哈希函数标准的竞争策略，并出台了哈希函数新标准 SHA-3 的五年设计工程。王小云也主持了中国国家标准密码哈希函数 SM3 的设计。经过国内外密码专家的评估，该标准密码被纳入我国 30 多项行业规范中。此外，王小云还设计了两个加密算法，用于国家重大航天工程，为保障航天安全通信作出了重要贡献。

随着数字经济的发展，特别是网络安全、区块链和数字货币等领域的产业化，加密技术的复杂度加大，需求大大增加。近年来，密码学团队继续致力于将学术研究成果更广泛应用于经济和生活领域。2009 年，清华大学成立了“密码理论与技术研究中心”，该中心与国内外科研机构和企业建立了长期紧密的合作关系。2018 年，王小云密码学团队申请获批国家重点研发计划“变革性技术关键科学技术”重点专项中“密码数学难题与密码系统设计与分析”的专题研究。该项目聚焦解决区块链中的密码问题和系统安全问题的研究。2021 年，“国家金融业密码应用研究中心”获得山东省支持，其未来成果将直接在山东省试点。

二、案例研究的主要发现

（一）自由探索和突破性创新需要自由包容的学术氛围

王小云对密码学的研究起源于兴趣导向的自由探索。在早期研究阶段，她是山东大学数学系的讲师。山东大学在稳定工资、自主教学及科研方面没有太多考核等，为教师的兴趣导向研究提供了基本保障和宽松的环境。最初密码学的研究生课程没有专门教材，王小云遴选该领域内国际知名专家的早期论文，并编纂成教材为学生开课，寓研于教，为开展密码学研究与人才培养奠定了良好的基础。

（二）原创思想及其研究需要“伯乐”支持

在王小云成长和研究过程中，不乏“伯乐”的身影。基础研究的早期探索往往是进入科学研究的“无人区”，面临很大风险和不确定性，甚至是质疑。在这一阶段，有能够发现真正研究价值的“伯乐”至关重要，可以及时给予研究者肯定和支持。1995 年，王小云第一次申请主管部门研究课题时，由于申请条件限制，入选可能性很低。但评审专家认为国内关于哈希函数的研究还处于空白阶段，开展此项研究具有重要意义。加上申请方案思路清楚、逻辑合理，专家认为“可以做做试试”。正是因为几位老专家的大力支持，王小云得到了科研路上的“第一桶金”，给了她将这一研究持续深入下去的勇气和信心。2004 年，在专家、同事和领导的鼓励下，王小云赴美国参加国际密码大会。本来并没有被安排作大会发言，但当她告诉大会主席詹姆斯·休斯（James Hughes）关于破解 MD5 算法的结果后，经专家们讨论，随即被安排作大会介绍，获得了国际同行专家的认可，从而确立了这项研究成果在国内外密码界的地位。

（三）对突出人才要提供更高更大的研究平台

杨振宁先生对王小云及其团队的工作给予高度认可与支持，邀请王小云到清华大学高等研究院工作。2005 年 7 月，清华大学授予王小云“杨振宁讲座教授”。王小云进入清华大学高等研究院是经过清华大学和山东大学校领导双方协商的。考虑到山东大学的学科发展需要，她以双聘教授的身份进入清华大学高等研究院工作，既在清华大学招生，也在山东大学招生。清华大学高等研究院尽可能为山东大学团队的学生们提供办公和生活场所。这样既给了王小云一个更大的平台，又稳定了山东大学数学系的人才队伍。一方面，王小云团队在更高的平台上，接受更多国家级研究任务，持续提升科研能力。另一方面，王小云团队也时常得到杨振宁等顶级专家对密码学、区块链等领域前沿科学问题的指导。杨振宁先生对王小云团队的研究工作给予了实际支持，包括在清华大学计算机系成立密码理论与技术研究中心，在高等研究院引进年轻密码学研究人员，推荐王小云担任山东大学网络空间安全学院院长等。

（四）国家自然科学基金对科研人才培养和团队建设发挥了重要作用

国家自然科学基金资助体系功能多样、结构比较合理，项目之间既有联系又有分工。多年来，王小云从个人研究到组建密码学团队，均得到过国家自然科学基金的支持，包括面上项目、“杰青”项目和重点项目等。在采访中，王小云院士表示，国家自然科学基金的支持对研究团队建设发挥了重要作用，尤其是项目结余资金可以由科学家支配，用于自主选题，带队伍，开展可持续的探索性研究。多年来，王小云作为学术带头人，致力于人才培养。目前，密码学团队已成长为一支优秀的研究团队，其骨干研究人员也能独立申请和主持国家自然科学基金项目，有的研究人员还获得国家杰出青年科学基金项目支持，团队的研究力量不断壮大、能力不断提高。

但是，在调研中不少专家反映，目前国家级的基础研究青年基金只有国家自然科学基金。许多大学将中青年教师申请国家自然科学基金项目作为重要的人才评价指标，特别是国家杰出青年科学基金项目成为“人才帽子”，与待遇、职称挂钩。结果导致“万马齐过独木桥”。各类青年基金的竞争非常激烈，一些年轻教师把精力放在申请项目而不是认真做研究上。因此，应改变部分学校将承担国家自然科学基金项目作为人才评价和学校评价指标的倾向。

（五）各类科技计划协同支持，基础研究与应用研究紧密结合，加快成果应用

在研究的各个阶段，都有基础研究和应用研究的转换，需要不同类型的资金支持，不断解决理论与应用结合的问题，促进研究不断深入，应用实施不断加强。特别是随着产业化应用深度和广度的增加，需要从理论和实践中不断解决许多新问题。从 1995 年获得第一个研究项目支持至今，王小云团队边研究边应用。从基础研究、应用研究到成果转化、推广应用各个阶段，王小云团队获得了各类科技计划的支持，包括国家自然科学基金、“973”计划、“863”计划、重点研发计划等，发挥了各项计划的不同功能。尤其在网络安全、区块链和数字货币等产业化应用阶段，团队还得到地方政府和企业的支持。

三、主要启示与建议

（一）发挥“伯乐”的作用，建立原创项目遴选机制

案例研究表明，在研究项目和人才遴选中，不能简单地按照条条框框去限制申请项目，对非共识原创项目的评审要增加德才兼备的专家的话语权，发挥“伯乐”的作用。建议有关部门设立顶级专家库用于原创项目评审。入库专家不仅是某一领域的一流专家，而且要具备开阔的视野、前瞻性判断力、跨学科理解力，以及良好的学术声望。

（二）构建基础研究与应用研究联动的资助机制

目前申请国家自然科学基金的纯理论基础研究项目不多，大部分是应用导向的基础研究，而实际中许多项目的基础研究与应用研究紧密

联系，难以严格区分。因此，要进一步探索资助自由探索的基础研究与目标任务导向的基础研究相结合的实现路径，在保持一定比例自由探索类项目的同时，抓好应用基础研究的资助管理。加强国家自然科学基金资助项目的中后期评估，适时开展延续资助，提高研究成果可转化的效率。对国家自然科学基金的各类项目实行科学的功能定位，青年基金项目和面上项目要鼓励自由探索；对于延续支持的项目，如重点项目和国家杰出青年科学基金项目等则应加强目标导向的基础研究，并改进评价标准。要加强国家自然科学基金与其他科技计划的沟通协调，加强对应用导向的科研项目给予持续支持。同时，鼓励科技型领军企业与大学和科研院所合作，支持以应用为导向的科学研究，提高重大科技成果的可用性和转化率。

（三）拓宽青年科研工作者的学术上升通道

增加不同来源的青年基金数量，鼓励社会捐助的科学基金支持青年人才从事基础研究，开辟多样化的青年科研工作者的学术上升通道。尽快改变青年学术人才评价“唯国家自然科学基金是瞻”的倾向，尽量减少“人才帽子”和排名导向的评价体系，缩小国家级人才和校内人才的薪酬、待遇差别。在教育部学科评估时，要坚持按照实际贡献考量，而不是按“人才帽子”考核，尽可能克服因评价体系不合理而导致的不公平问题，避免人才浪费[①]。

（四）加强对参与和举办国际专业会议的支持

在调研中，专家们指出，国内一些专家学者常常通过顶级国际会议发现新的研究趋势、交流新观点。因此，有关部门应进一步增加对举

---

① 来自课题组对王小云院士的采访。

办或参加国际顶级专业会议的支持力度，并要求举办者或参会者提供会议动态报告，将国际顶级专业会议的学术动态作为科技计划资助指南和前沿布局的参考。同时，要为办好国际专业学术会议提供必要的便利条件，不断提升我国优势学科的国际影响力。

执笔人：吕 薇 李 瑞

第十二章

国家自然科学基金在重大科技成果形成中的作用

——对国家自然科学奖和国家技术发明奖获奖者的问卷分析

一、问卷调查背景和过程

为全面了解国家自然科学基金项目（以下简称基金项目）在我国重大科技成果形成中的作用，课题组选择以国家自然科学奖（以下简称“自然科学奖”）和国家技术发明奖（以下简称“技术发明奖”）的获奖成果为重大科技成果的观察对象，对获奖人开展问卷调查。开展问卷调查的目的，一是通过更大规模的调查问卷，验证案例发现的关键因素和动力机制的一般性，并进一步揭示基金项目和产学研合作对重大科技成果的影响机制和规律性因素。二是挖掘案例调查没有发现的一些普遍性问题，为全面、精准激励重大科技成果提供决策依据。

自然科学奖和技术发明奖都是我国重要的国家科学技术奖项，前者授予在基础研究和应用基础研究中，阐明自然现象、特征和规律、做出重大科学发现的中国公民；后者授予运用科学技术知识做出产品、工艺、材料及其系统等重大技术发明的中国人。课题组系统整理了 2008—2020 年荣获自然科学奖一等奖和二等奖与荣获技术发明奖一等奖和二等奖的 4086 位获奖者信息，其中自然科学奖获奖者 1863 人、技术发明奖获奖者 2223 人。以这些获奖者为问卷调查对象，重点围绕基金项目和其他国家科技计划对获奖者的资助情况等进行信息收集（问卷内容见附录）。

问卷的发放和回收工作集中在 2023 年 5 月 5 日至 6 月 7 日完成。课题组以邮件形式发放问卷 4086 份，回收问卷 559 份，剔除存在信息缺失的不合格问卷，共收集有效问卷 555 份（回收率为 13.68%，问卷有效率为 99.28%）。样本分布基本信息统计见表 12–1。

表 12-1　样本分布基本信息

样本分布	具体类别	数量（人）	所占比例（%）
获奖者的获奖类型	国家自然科学奖一等奖	13	2.34
	国家自然科学奖二等奖	274	49.37
	国家技术发明奖一等奖	11	1.98
	国家技术发明奖二等奖	257	46.31
所属学科领域	数学和物理科学	59	10.63
	化学科学	60	10.81
	生命科学	82	14.77
	地球科学	61	10.99
	工程与材料科学	187	33.69
	信息科学	76	13.69
	管理科学	1	0.18
	医学科学	22	3.96
	其他	7	1.26
所属研究类型	自然科学一般原理及规律的研究	208	37.48
	工程技术、农学、医学等应用学科一般原理及规律的研究	102	18.38
	重要的（产品、工艺）技术与方法的建立与原理的研究	107	19.28
	重要的基础数据的系统收集整理与分析	5	0.90
	有明确应用目标的技术研究或产品研发	132	23.78
	其他	1	0.18
成果研究时长	5 年以内	5	0.90
	5~10 年	151	27.21
	11~15 年	241	43.42
	16~20 年	106	19.10
	20 年以上	52	9.37
获奖时的年龄	30~35 岁	73	13.15
	36~40 岁	127	22.88
	41~45 岁	122	21.98
	46~50 岁	111	20.00
	51~55 岁	79	14.23

续表

样本分布	具体类别	数量（人）	所占比例（%）
获奖时的年龄	56~60 岁	25	4.50
	60 岁以上	18	3.24
性别	男	480	86.49
	女	75	13.51
海外经历	有长期海外留学经历	143	25.77
	无长期海外留学经历	412	74.23

注：因各项数据只保留至小数点后两位，因此加总不是 100%，特此说明，以下同。
资料来源：课题组自制，以下同。

二、问卷调查的主要发现

（一）近九成获奖者曾获得国家自然科学基金项目资助，自然科学奖获奖者受资助比例更高

图 12–1 显示，近 90%（497 人）的获奖者曾经获得与获奖成果内容相关的基金项目资助。比较来看，98% 以上的国家自然科学奖获奖者获得过基金项目的资助，显著高于国家技术发明奖获奖者中获得基金项目资助的人员占比。13 位国家自然科学奖一等奖获奖者均曾主持或参与过与获奖成果研究内容相关的基金项目，受资助率达 100%；获得国家自然科学奖二等奖的 274 人中，98.18%（269 人）曾受基金项目资助开展与成果相关的科研活动；11 位国家技术发明奖一等奖获得者中，72.73%（8 人）曾受基金项目资助开展与成果相关的科研活动；257 位国家技术发明奖二等奖获得者中，80.54%（207 人）曾受到成果相关的基金项目资助（见图 12–2）。

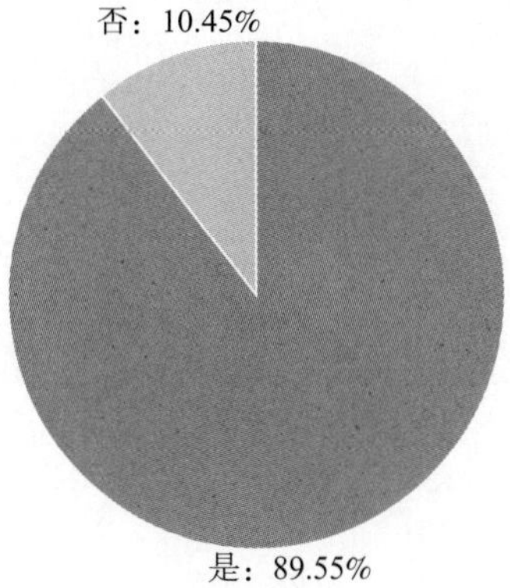

图 12-1 获得基金项目资助的人员比例

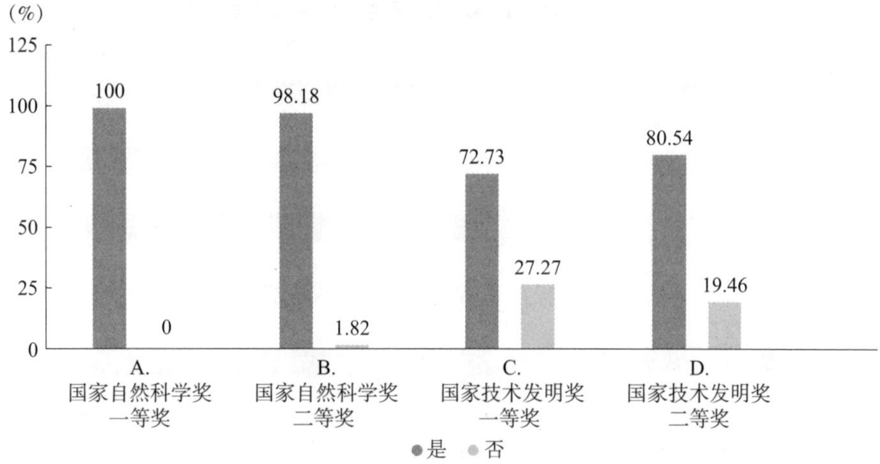

图 12-2 各类获奖人员获得基金项目资助的比例

从学科领域看，在数学和物理科学、地球科学、化学科学、生命科学、医学科学等基础学科领域，90% 以上的获奖人获得过基金项目的资助，其中在数学和物理科学领域中资助率更是达到 100%（见图 12-3）。从研究类型看，基础研究类成果[①]的基金项目覆盖率超过 95%（见图 12-4）。

① 图 12-4 中所示的前 4 种研究（A、B、C、D）统称为基础研究，第 5 种研究为应用研究。基础研究的分类结合了《中国基础研究百例》中的分类标准。引用信息：中国科学院政策与管理科学研究所《中国基础研究百例》课题组：《中国基础研究百例》能源出版社 1990 年版。

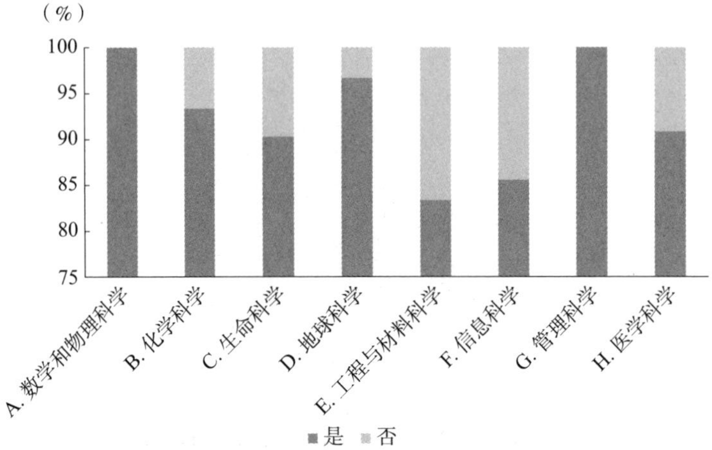

图 12-3　不同学科领域获奖人获得基金项目资助的比例①

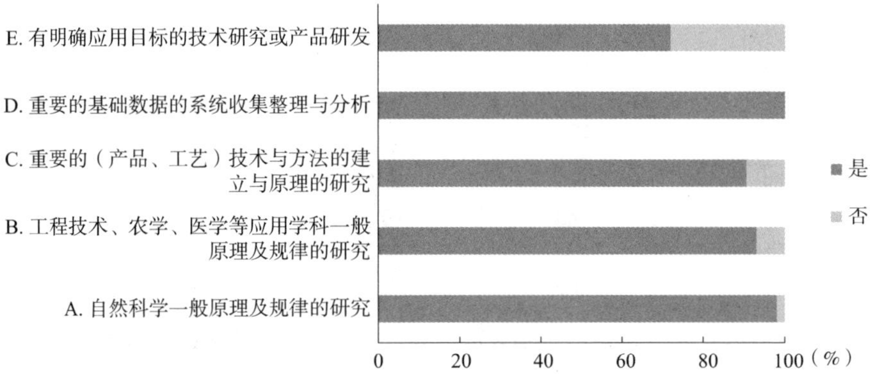

图 12-4　不同研究类型的获奖人获得基金项目资助的情况②

（二）面上项目的覆盖率最高，两类成果获奖人承担基金项目类型呈现差异

统计显示（见图 12–5），在 497 位获得基金项目资助的获奖人中，有 410 位获奖者（占比约为 82.49%）曾受到过国家自然科学基金面上项目的资助，其中 231 位是自然科学奖获奖者、179 位是技术发明奖获奖者。其

① 注：管理科学类成果受资助比例也是 100%，但作答者只有 1 位，样本总量太低，故未被用于分析，以下同。

② 注：其中 D 类样本量较小（只有 5 个），受资助比例可参考性较低。

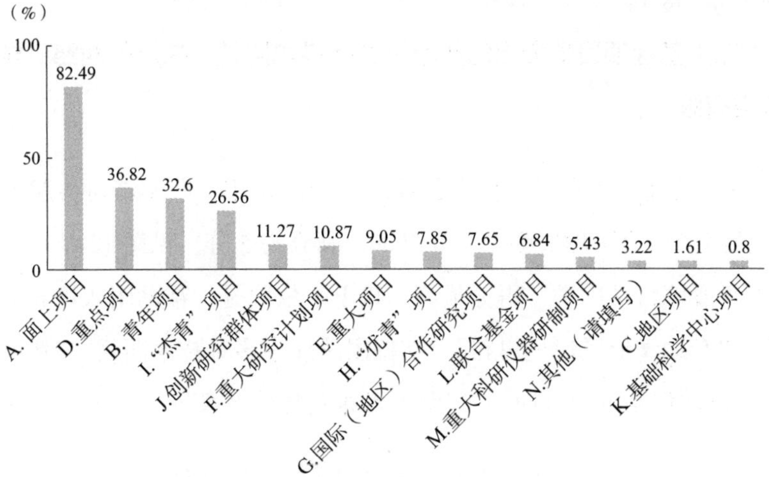

图 12-5 获奖者获得基金资助项目类型分布

余依次为重点项目（36.82%）、青年项目（32.6%）、国家杰出青年科学基金项目（26.56%）。有 4 人获得基础科学中心项目资助，其他项目有 16 人填写，填写内容包括应急项目、专项项目、培育项目、省自然基金等。

比较来看，自然科学奖获奖人中承担“杰青”项目、创新研究群体项目、重点项目的人员占比更高；而技术发明奖获奖者在重大科研仪器研制项目和地区项目上受资助的比例明显更高。两类成果获奖者承担面上项目获资助的比例相当（见图 12-6）。

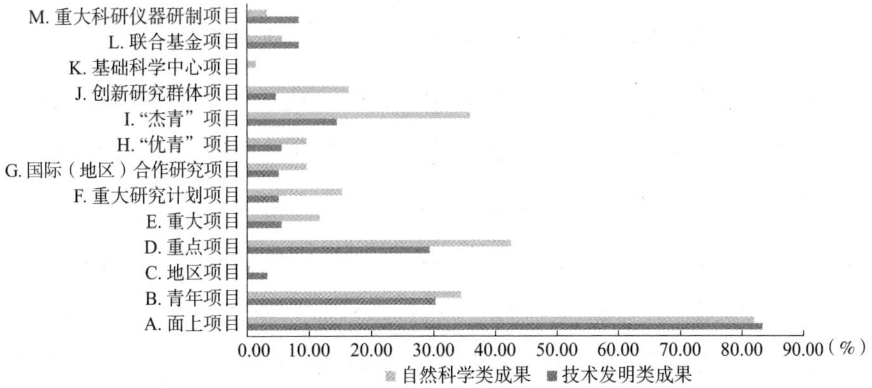

图 12-6 两类成果获奖者获得各类基金项目资助的占比

（三）基金项目最突出的作用是凝练科学问题，在培养战略科学家方面作用有限

关于基金项目在形成重大科技成果中的作用，获奖者对各题项都给予了较高的评价（均值都在 4 分以上，满分为 5 分，见图 12–7），其中，“有助于凝练科学问题”得分最高，接下来依次是“帮助团队培养了后备人才”“有助于形成原创思路”“支持团队探索多种技术路线”“帮助团队补齐了薄弱但重要的方向”“有助于培养战略科学家”。

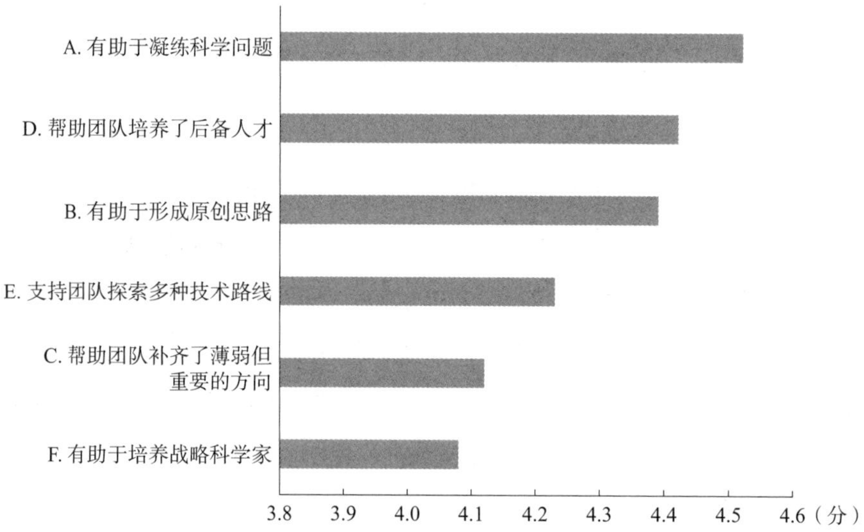

图 12–7　评价基金项目对重大科技成果形成的作用

图 12–8 对比分析了国家自然科学奖、国家技术发明奖两类成果的获奖者对基金项目在重大科技成果形成过程中发挥作用的打分均值。两类成果获奖者均对“有助于凝练科学问题”这项作用给予了最高评分。从均值水平上看，技术发明奖获奖人员对此题项的认同程度（4.58 分）高于自然科学奖获奖人员（4.48 分）。在自然科学奖获奖者中，得分排第 2 的题项是“帮助团队培养了后备人才”（4.43 分）；而在技术发明奖获奖者中，排在第 2 位的是“有助于形成原创思路”（4.48 分）。

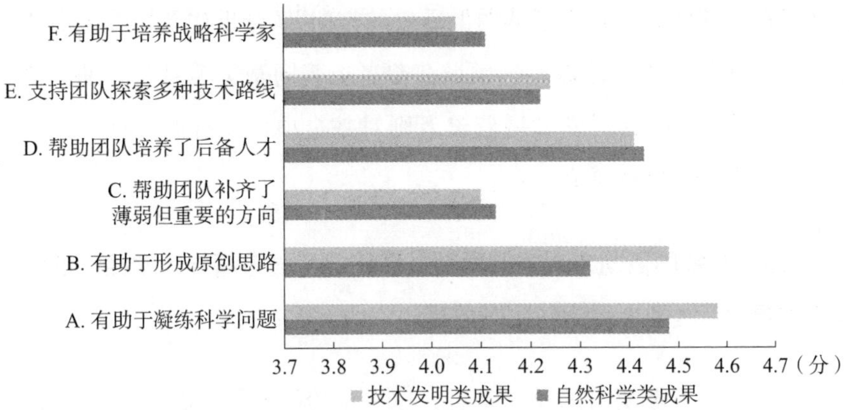

图 12-8　两类成果获奖者对基金项目作用的评分

分学科领域来看，不同领域的成果获奖者对基金项目作用的评价也有差异（见图 12-9）。信息科学领域获奖者对“支持团队探索多种技术路线”的评分明显高于其他学科领域。医学科学领域获奖者更加认可基

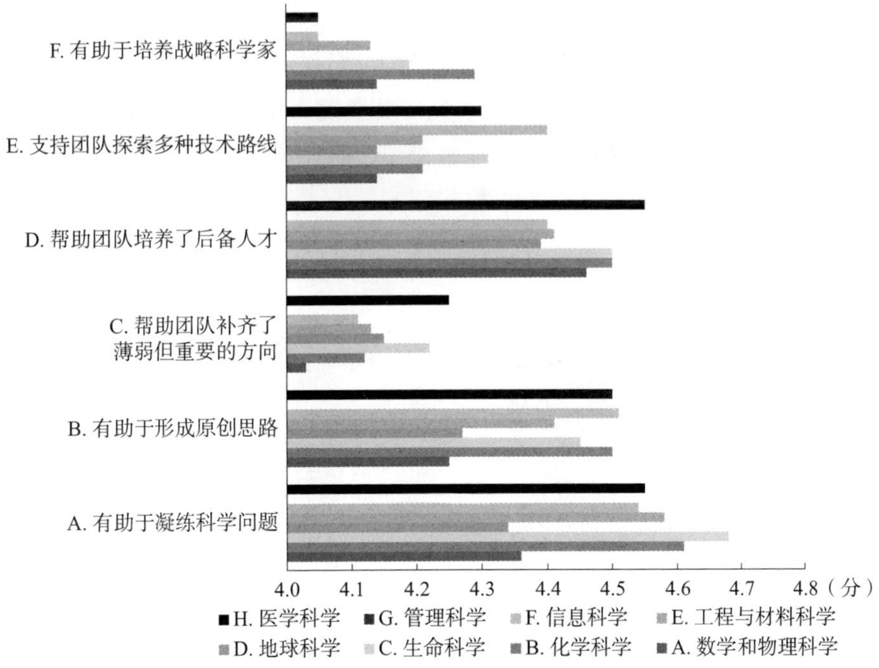

图 12-9　不同学科领域获奖者评价基金项目作用

金项目在“帮助团队补齐了薄弱但重要的方向”“帮助团队培养了后备人才”等方面的作用。地球科学领域获奖者更赞同基金项目“有助于培养战略科学家”，生命科学领域获奖者则对基金项目“有助于凝练科学问题”的作用给予最高评价。

（四）基金项目助力人才的早期发现和培育，有海外留学经历的获奖者在重要项目类型上受资助比例更高

从 30~45 岁获奖者的反馈来看，这一年龄段人员中有 20% 左右仅承担过基金项目而未获得过其他国家科技计划的资助；在 30~35 岁的获奖者中，则这一比例提高至 30%。这表明基金项目为许多有潜力的青年学者提供了宝贵的“第一桶金”。

对有、无海外经历的两类获奖者承担基金项目情况进行比较分析发现：143 位有海外留学经历的获奖者中仅有 1 人没有承担过基金项目，142 人曾经参与或者主持过与获奖成果研究内容相关的基金项目，占比约为 99.30%；而在 412 位无海外留学经历的获奖人中，有 355 人（占比约为 86.17%）曾获得基金项目资助（见图 12–10）。

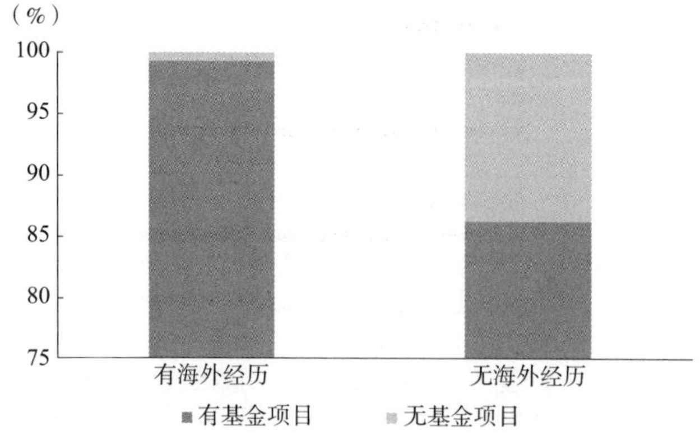

图 12–10　有、无不同海外经历获奖者承担国家自然科学基金资助情况

如图 12-11 所示，以有、无海外经历划分的两类获奖者在承担基金项目类型上存在着差异。有海外经历的获奖者在“杰青”项目、重点项目、创新研究群体项目、国际（地区）合作研究项目、重大研究计划、重大项目等这些重要类型项目上获资助的数量和比例明显高于无海外经历的获奖者。只在青年项目一类项目上，无海外经历获奖者的受资助比例超过了有海外经历获奖者。

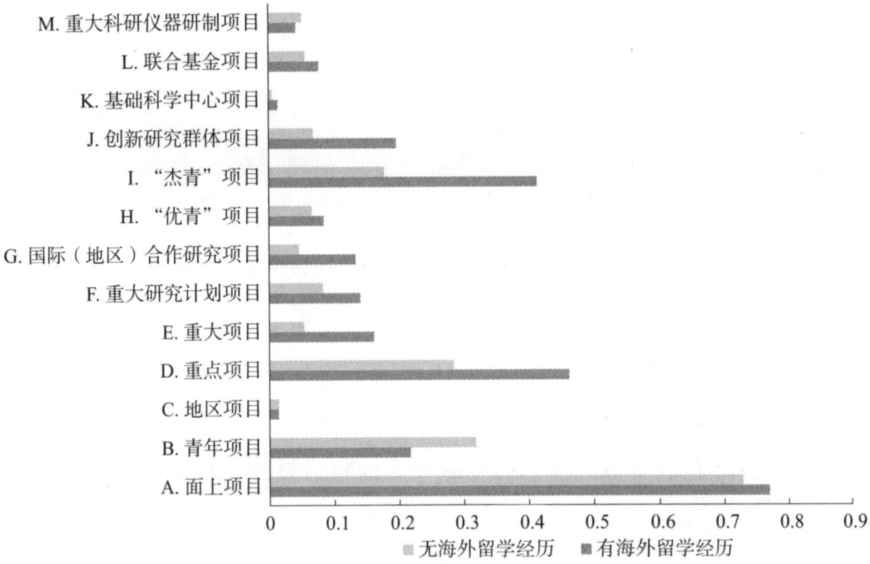

图 12-11 有、无海外经历获奖者受国家自然科学基金资助项目类型分布

（五）高校获奖者比科研机构获奖者更认可基金项目的积极作用

图 12-12 对比了来自高校和科研机构的获奖者承担基金项目类型的差异，可以发现：高校获奖者中承担面上项目和联合基金项目的比例高于科研机构；而科研机构获奖者承担重点项目、“杰青”项目、创新研究群体项目的比例明显高于高校获奖者。

对基金项目在重大科技成果形成过程中发挥作用的评价上，高校和科研机构的获奖者略有差异。高校获奖者对“有助于凝练科学问题”一

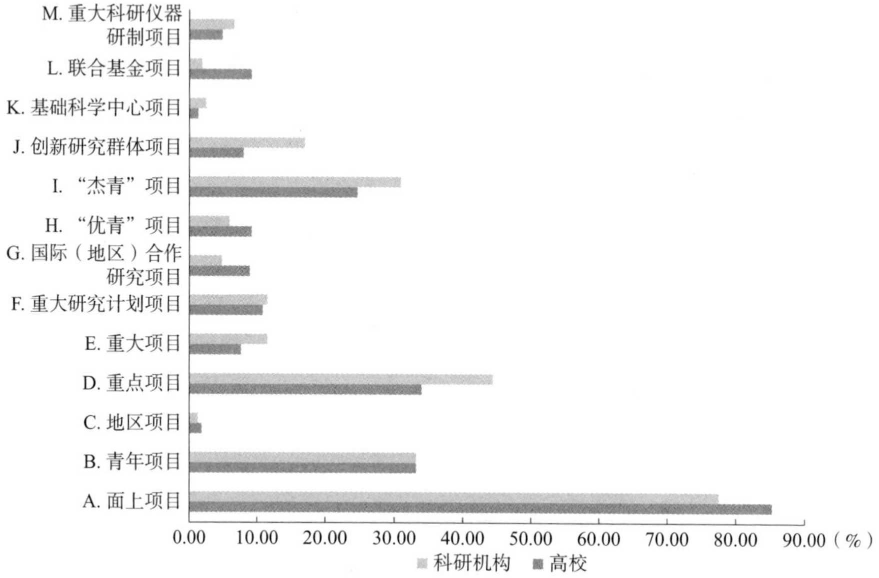

图 12-12　不同单位获奖者承担基金项目类型占比分布

项的打分最高，对“帮助团队补齐了薄弱但重要的方向”一项赞同程度最低。科研机构获奖者对基金项目“帮助团队培养了后备人才”一项打分最高，对“有助于培养战略科学家”一项打分最低（见图 12-13）。

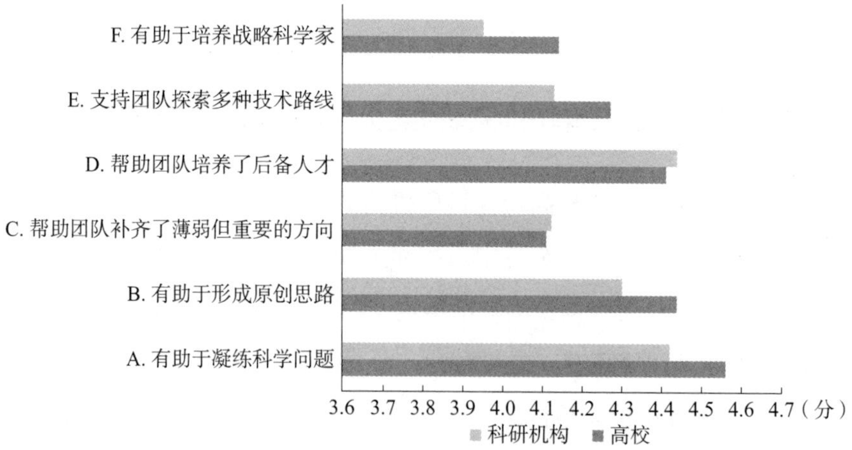

图 12-13　不同单位获奖者对国家自然科学基金作用的评价

（六）基金项目与其他国家科技计划和企业资助形成补充，共同促成重大科技成果产出

在555位接受调研的获奖者中，有459人曾主持或参与过与获奖成果相关的其他国家级科技项目，占比约为82.70%。其中，在287位国家自然科学奖的获奖者中，有220人曾获得其他国家科技计划项目的资助，占比约为76.66%；268位国家技术发明奖的获奖者中则有239人曾获其他国家科技计划项目资助，占比约为89.18%。图12–14展示了各类成果获奖者接受其他国家科技计划项目资助的占比情况：获得国家自然科学奖一等奖的13位获奖者均获得过其他国家科技计划项目的资助，获得国家自然科学奖二等奖的274人中有207人（占比约为75.55%）曾获得过其他国家科技计划项目的资助；获得国家技术发明奖一等奖的11位获奖者中有10人（占比约为90.91%）获得过其他国家科技计划项目的资助，获得国家技术发明奖二等奖的257人中有229人（占比约为89.11%）曾获得过其他国家科技计划项目的资助。

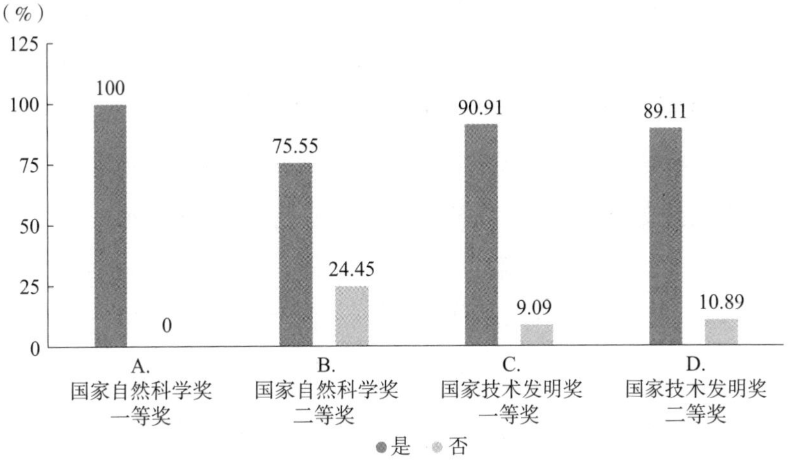

图12–14　不同获奖类型成果受其他国家级科技计划项目资助比例

在 459 位获得其他国家科技计划项目资助的获奖者中，同时承担过基金项目的有 410 人。410 位获奖者中，153 人承担基金项目和其他国家科技计划项目的规模相当，占比约为 37.32%；经费更多来源于基金项目的有 13 人，占比约为 3.17%；经费更多来源于其他国家科技计划项目的有 244 人，占比约为 59.51%（见图 12–15）。

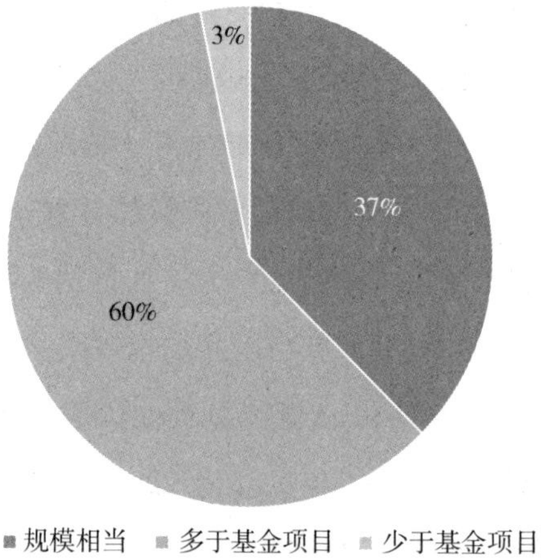

图 12–15　其他国家级科技计划项目与基金项目资助规模对比

410 位同时承担基金项目和其他国家科技计划项目的获奖者中，249 位来自科研机构，145 位来自高校。图 12–16 描述了高校获奖者和科研机构获奖者分别承担基金项目和其他国家科技计划项目的规模差异。可以发现，在 249 位科研机构获奖者中有 65.52% 的人接受其他国家科技计划项目资助的经费规模更高，高校获奖者中这一比例为 55.02%。

很显然，许多重大成果的产生都不是单一科技计划资助的结果，而是依赖于不同类型科技计划的接续资助。这一结论也与获奖者们的观点相符：在回答“影响重大科技成果形成的因素”这一问题时，“重大科技成果需要各类科技计划接力支持”一项的得分最高，达到 86.84 分（满分 100 分，见图 12–17）。

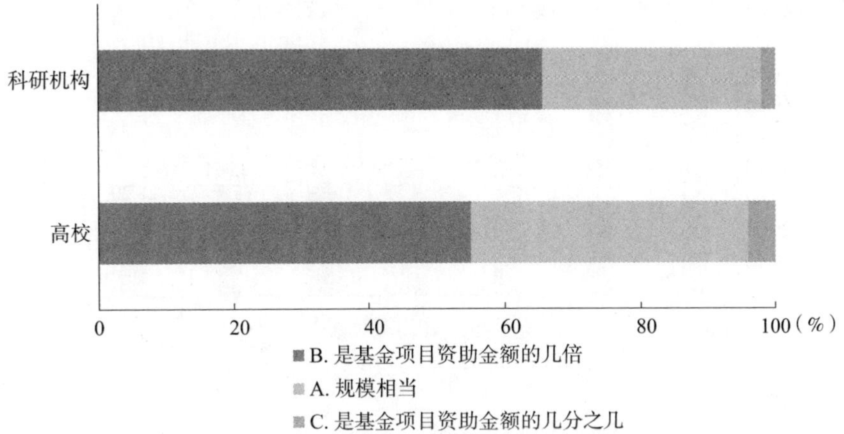

图 12-16　不同单位的获奖者受不同资助规模对比

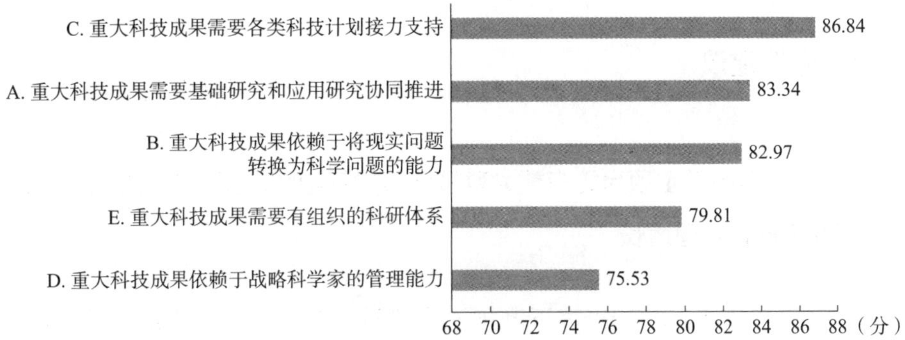

图 12-17　影响重大科技成果的各因素重要性评价

在 555 位接受调研的获奖者中，有 266 人回复在重大科技成果研究过程中曾获得企业资金支持，占比约为 47.93%。接受企业资助合作开展研究的内容，根据人员占比依次为：技术工艺的应用和升级（72.56%）、具体产品应用推广（71.43%）、试验设备自主研发（40.60%）、合作申请专利（40.23%）、具体研究问题的凝练（36.84%）、合作培养人才（35.71%）、合作发表论文（28.20%）（见图 12-18）。

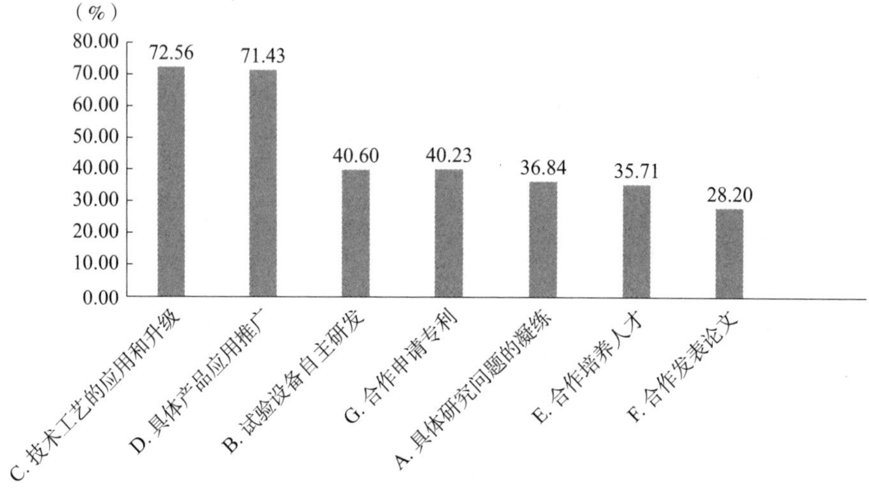

图 12-18　与企业合作研究的内容

三、相关建议

（一）重视基金项目培育重大科技成果的基础性作用，保持国家自然科学基金规模合理增长

重大科技成果的产出离不开国家自然科学基金项目的资助，基金项目不仅提供了必要的财力支持，还在凝练科学问题和提供原创思路方面发挥积极作用。特别是基础性科学研究的应用潜力和商业价值难以预测，不易争取其他科研项目资助①；但这些研究对于培育重大成果和促进长期科技进步至关重要。国家自然科学基金在发现和资助此类研究中发挥着重要作用。

国家自然科学基金长期以来持续支持各学科领域的基础科学研究，确保早期探索的顺利开展，为潜在的重大科技成果产出奠定了基础。有

① 贺德方、陈涛、刘辉，等:《科技活动全链条政策体系构建研究》,《中国软科学》2024 年第 6 期。

必要保持国家自然科学基金在规模上的合理增长，覆盖各学科的多样化需求，持续增强对基础研究的支持力度，助力我国各类重大科技成果的持续涌现。

（二）重视扩大国家自然科学基金面上项目的资助规模，提高面上项目资助率

无论是在自然科学奖还是技术发明奖的获奖者中，面上项目的覆盖率最高，显示出其在促进重大科技成果产出中的基础性作用。作为国家自然科学基金成立之初就设立了的资助项目类型，面上项目通过广泛支持自主选题的自由探索行动研究，为重大科技成果产出提供了持续而稳定的推动力。

据科技部发布的《中国科技人才发展报告（2022）》，近十年来国家自然科学基金整体经费增加 40%，但面上项目的金额自 2014 年达到 119.35 亿元后未再有显著增长，资助率从 2014 年的 25.35% 下降到 2023 年的 16.99%，资助强度也从每 4 年 79.57 万元降至每 4 年 49.46 万元。考虑到近年来科研人员队伍的持续扩大，有必要适当扩大面上项目的资助规模，提高其资助率。充分发挥国家自然科学基金在涵养科学生态和包容支持多样化研究中的关键作用，避免有潜力的科研项目因缺乏共识而无法获得资金支持，为长期孕育形成更多重大科技成果提供基础性保障。

（三）增加人才类项目的数量，培养更多青年学者

为增强国家自然科学基金在培养青年学者方面的效果，建议增加人才类项目的数量，形成对青年科研人才广泛而持续的资助体系。

青年基金是许多青年学者申请和承担的第一个国家级项目，使其有机会自主选择研究方向和独立开展研究。特别是在支持本土青年学者的

科研起步方面，青年基金发挥重要作用。建议扩大青年基金项目的规模，提高资助比例，鼓励更多有潜力的青年学者在科研起步阶段获得更多机会、资源和信心。同时，完善“优青”“杰青”项目的遴选、管理和评估机制，侧重对青年学者科研潜力和创新能力的有效考核。加强人才类项目对本土青年学者的培养作用，在项目评审和考核中更加重视成果对国家重大任务、经济和社会发展的支撑力。

（四）慎把国家自然科学基金项目作为战略科学家的遴选机制

从接受调研的获奖科学家反馈来看，获奖科学家普遍对基金项目在培养战略科学家方面的作用给予了较低分值。由于战略科学家的成长具有复杂性，依赖于长期科研实践和多维能力的积累，而不仅仅是对某一项科研项目的承担。因此，不应简单地将承担过某类基金项目作为衡量其是否为战略科学家的标准，避免将承担过某一项目作为申请“更高级别”项目的门槛条件，减少阶梯型遴选机制。在项目评审中，应当更加注重科研人员在实际研究中的长期表现和贡献，通过评价选题能力、创新成果和团队领导力等，而不是依据单纯的项目履历来给科学家贴上战略科学家的标签。

（五）加强基金项目与其他科技计划支持和企业支持的衔接

各类科技计划的接力支持是促进重大科技成果产出最为重要的经验。作为科技创新链条中的其中一个资助机构，国家自然科学基金委员会无须追求在内部形成全链条的资助覆盖，而应重视建立跨部门的联动机制，与其他国家科技计划管理部门加强信息共享，确保不同类型的科技计划能够互相补充和支持，形成分工明确、有效衔接的资助体系。

与自然科学类成果相比，技术发明类成果产出还高度依赖企业资助，凸显出产学研合作在技术创新领域的重要性。建议基金项目在促进高校和科研机构学者与企业之间的合作方面发挥更加积极的作用，如扩大“联合基金项目”的规模和参与范围，鼓励并支持企业与高校、科研机构共建“合作实验室”等。通过建立基金资助与企业资助的联动机制，撬动社会资源、打造产学研深度融合平台，加快促进市场需求导向的基础研究和重大成果产出。

执笔人：温　珂　　游玎怡　　丁　琪　　张　宜

附录

问卷内容

尊敬的被访者：

感谢您在百忙之中填写此问卷。接受国家自然科学基金委员会的委托，课题组正围绕重大科技成果的资助规律和政策需求开展一项调研，本项工作由国务院发展研究中心牵头，中国科学院大学和中国科学院科技战略咨询研究院联合承担。基于课题组前期开展的背景调查，了解到您所在团队曾获国家自然科学奖或国家技术发明奖一等奖或二等奖，因此想请您结合参与获奖成果研究过程的个人经历，谈谈您的意见和建议。

第一部分　与获奖成果相关信息

1. 您参与获奖成果的类型：（单选）[单选题] *

○ A. 国家自然科学奖一等奖

○ B. 国家自然科学奖二等奖

○ C. 国家技术发明奖一等奖

○ D. 国家技术发明奖二等奖

2. 该获奖成果所属学科领域：（按基金委学部划分）（单选）[单选题] *

○ A. 数学和物理科学

○ B. 化学科学

○ C. 生命科学

○ D. 地球科学

○ E. 工程与材料科学

○ F. 信息科学

○ G. 管理科学

○ H. 医学科学

○ I. 其他（请填写）__________________ *

3. 您认为该获奖成果属于哪种类型？（单选）[单选题] *

○ A. 自然科学一般原理及规律的研究

○ B. 工程技术、农学、医学等应用学科一般原理及规律的研究

○ C. 重要的（产品、工艺）技术与方法的建立与原理的研究

○ D. 重要的基础数据的系统收集整理与分析

○ E. 有明确应用目标的技术研究或产品研发

○ F. 其他（请填写）________________ *

4. 据您了解，该获奖成果从启动研究到获奖经历了多久？(单选) [单选题] *

○ A. 5 年以内

○ B. 5~10 年

○ C. 11~15 年

○ D. 16~20 年

○ E. 20 年以上

5. 您个人是否主持或参加过与获奖成果研究内容相关的国家自然科学基金项目？（单选）[单选题] *

○是　○否

5-1.（关联 5 中“是”的选项）获得了哪些类型的基金项目资助？（可多选）[多选题] *

☐ A. 面上项目

☐ B. 青年项目

☐ C. 地区项目

☐ D. 重点项目

☐ E. 重大项目

☐ F. 重大研究计划项目

☐ G. 国际（地区）合作研究项目

☐ H. “优青”项目

☐ I. “杰青”项目

☐ J. 创新研究群体项目

□ K. 基础科学中心项目

□ L. 联合基金项目

□ M. 重大科研仪器研制项目

□ N. 其他（请填写）________________*

5-2.（关联 5 中“是”的选项）关于基金项目对形成重大成果的作用，您在多大程度上同意以下判断？ [矩阵量表题] *

	完全不同意	不太同意	有点不同意	比较同意	完全同意
A. 有助于凝练科学问题	○	○	○	○	○
B. 有助于形成原创思路	○	○	○	○	○
C. 帮助团队补齐了薄弱但重要的方向	○	○	○	○	○
D. 帮助团队培养了后备人才	○	○	○	○	○
E. 支持团队探索多种技术路线	○	○	○	○	○
F. 有助于培养战略科学家	○	○	○	○	○

6. 您是否主持或参加过与获奖成果相关的国家自然科学基金项目之外的其他国家级科技项目？（单选）[单选题] *

○是

○否

6-1. 您主持或参与过的国家级科技项目有哪些？（可多选）[多选题] *

□ A. 星火计划

□ B.“863”计划

□ C. 火炬计划

☐ D.“973”计划

☐ E. 支撑计划

☐ F. 公益性行业科研专项

☐ G. 国家重点研发计划

☐ H. 国际科技合作与交流专项

☐ I. 产业技术研究与开发基金

☐ J. 其他（请填写）________________*

依赖于第 6 题第 1 个选项

6–2.（关联 6 中“是”的选项）从资助金额来看，其他国家级科技项目与获得国家自然科学基金项目相比：（单选）[单选题] *

○ A. 规模相当

○ B. 是基金项目资助金额的几倍 ________________ *

○ C. 是基金项目资助金额的几分之几 ________________ *

7. 在该重大成果研究过程中，是否获得过企业资金支持？（单选）[单选题] *

○是

○否

7–1.（关联 7 中“是”的选项）与企业开展合作研究的内容包括：（可多选）[多选题] *

☐ A. 具体研究问题的凝练

☐ B. 试验设备自主研发

☐ C. 技术工艺的应用和升级

☐ D. 具体产品应用推广

☐ E. 合作培养人才

☐ F. 合作发表论文

☐ G. 合作申请专利

☐ H. 其他（请填写）________________*

7-2.（关联 7 中“是”的选项）您在多大程度上认同下列对于与企业合作的描述 [矩阵量表题] *

	完全不同意	不太同意	有点不同意	比较同意	完全同意
A. 对于我们发现科学问题很重要	○	○	○	○	○
B. 对于我们获得研究经费很重要	○	○	○	○	○
C. 有助于我们不断迭代和优化技术	○	○	○	○	○
D. 是成果应用转化的必要路径	○	○	○	○	○
E. 有助于研究生培养	○	○	○	○	○
F. 是实现科学家社会价值的重要路径	○	○	○	○	○
G. 与企业建立合作的难度较大	○	○	○	○	○
H. 与企业维持长期合作的难度较大	○	○	○	○	○
I. 分散了研究精力	○	○	○	○	○

8. 结合您参与获奖成果的研究经历，请对以下判断的重要性作出评价：[矩阵文本题] [输入 0 到 100 的数字] *

A. 重大科技成果需要基础研究和应用研究协同推进 ______________

B. 重大科技成果依赖于将现实问题转换为科学问题的能力 ________________________

C. 国家自然科学基金项目的作用是支持寻找技术新路线 ________________________

D. 重大科技成果需要各类科技计划接力支持 ____________________

E. 重大科技成果依赖于战略科学家的管理能力 __________________

F. 重大科技成果需要有组织的科研体系 ________________________

第二部分 个人基本信息

1. 您在该获奖成果中排名第 ____; [填空题] *

2. 您获奖时的职称是:(单选) [单选题] *

○ A. 教授 / 研究员 ○ B. 副教授 / 副研究员 ○ C. 助理教授 / 助理研究员 ○ D. 正高级工程师 ○ E. 高级工程师

○ F. 其他 (请填写) ________________ *

3. 您获奖时的年龄:(单选) [单选题] *

○ A. 30~35 岁 ○ B. 36~40 岁 ○ C. 41~45 岁

○ D. 46~50 岁 ○ E. 51~55 岁 ○ F. 56~60 岁

○ G. 其他 (请填写) ________________ *

4. 您获奖时的工作单位:(单选) [单选题] *

○ A. 教育部属高校 ○ B. 中央级 (部委属) 科研机构 ○ C. 行业主管高校 ○ D. 地方高校 ○ E. 地方科研机构 ○ F. 企业

○ G. 其他 (请填写) ________________ *

5. 您的性别:(单选) [单选题] *

○男

○女

6. 您开始参与该获奖成果的研究时,是什么职称:(单选) [单选题] *

○ A. 研究生

○ B. 助理教授 / 助理研究员 / 工程师

○ C. 副教授 / 副研究员 / 高级工程师

○ D. 教授 / 研究员 / 正高级工程师

○ E. 其他 (请填写) ________________ *

7. 您在参与获奖成果研究之前的最高学位:(单选) [单选题] *

○ A. 国外博士 ○ B. 国内博士 ○ C. 国内硕士 ○ D. 国外硕士

○ E. 国内学士　○ F. 国外学士　○ G. 其他（请填写）________________ *

8. 您在参与获奖成果研究前是否拥有博士后工作经历？（单选）[单选题] *

○ A. 国内博士后　○ B. 国外博士后　○ C. 否

后 记

我国已开启全面建设社会主义现代化国家新征程。面对百年未有之大变局和新旧动能转换，党的二十大报告提出加快实施创新驱动发展战略，实现高水平科技自立自强。基础研究在国家创新体系中的战略地位大大提高。

党的十八大实施创新驱动发展战略以来，基础研究和创新的环境发生了重大变化。一方面，国家加强战略科技力量的布局，培育高水平研究型大学，构建国家实验室体系，发挥科技领军企业的作用，为国际创新中心和区域创新中心积聚创新要素。另一方面，基础研究支出大幅增加，基础研究的条件不断改善，从事基础研究的人才不断增多，能力不断增强，国家自然科学基金的资助方式和组织模式不断改进和创新，涌现出更多高质量的优秀成果。本书案例的起步阶段大都已距今 20~30 年，因为所处时代不同和受我们认识上的局限，案例研究主要反映了当时条件下的经验和做法，不能完全反映当今的情况。温故而知新，希望我们对过去经验的总结和研究，能够对读者有一定的启示。

2023 年 12 月，习近平总书记在中央经济工作会议上强调，要以科技创新推动产业创新，发展新质生产力①，加快促进科技成果转化为生产力。发展新质生产力对基础研究提出了更高要求。新形势下，需要进一

① 《中央经济工作会议在北京举行 习近平发表重要讲话》，新华社，2023 年 12 月 12 日。

步总结新的经验，优化基础研究支出结构和资助方式，提高基础研究质量和支出效能，增强基础研究对前沿技术创新、颠覆性创新和原始创新的重要支撑能力，加快实现高水平科技自立自强。

在此感谢国家自然科学基金委员会对“重大科技成果资助管理经验与政策研究”的支持，感谢计划与政策局的姚玉鹏、孟庆峰等同志对课题研究的关心和指导。